Berufliche Möglichkeiten im Ruhestand

Thomas Schneider

Berufliche Möglichkeiten im Ruhestand

Arbeits-, steuer- und sozialrechtliches
Wissen, Strategien und Geschäftsideen

Thomas Schneider
Essen, Deutschland

ISBN 978-3-658-47554-3   ISBN 978-3-658-47555-0 (eBook)
https://doi.org/10.1007/978-3-658-47555-0

Die Deutsche Nationalbibliothek verzeichnet diese Publikation in der Deutschen Nationalbibliografie; detaillierte bibliografische Daten sind im Internet über https://portal.dnb.de abrufbar.

© Der/die Herausgeber bzw. der/die Autor(en), exklusiv lizenziert an Springer Fachmedien Wiesbaden GmbH, ein Teil von Springer Nature 2025

Das Werk einschließlich aller seiner Teile ist urheberrechtlich geschützt. Jede Verwertung, die nicht ausdrücklich vom Urheberrechtsgesetz zugelassen ist, bedarf der vorherigen Zustimmung des Verlags. Das gilt insbesondere für Vervielfältigungen, Bearbeitungen, Übersetzungen, Mikroverfilmungen und die Einspeicherung und Verarbeitung in elektronischen Systemen.
Die Wiedergabe von allgemein beschreibenden Bezeichnungen, Marken, Unternehmensnamen etc. in diesem Werk bedeutet nicht, dass diese frei durch jede Person benutzt werden dürfen. Die Berechtigung zur Benutzung unterliegt, auch ohne gesonderten Hinweis hierzu, den Regeln des Markenrechts. Die Rechte des/der jeweiligen Zeicheninhaber*in sind zu beachten.
Der Verlag, die Autor*innen und die Herausgeber*innen gehen davon aus, dass die Angaben und Informationen in diesem Werk zum Zeitpunkt der Veröffentlichung vollständig und korrekt sind. Weder der Verlag noch die Autor*innen oder die Herausgeber*innen übernehmen, ausdrücklich oder implizit, Gewähr für den Inhalt des Werkes, etwaige Fehler oder Äußerungen. Der Verlag bleibt im Hinblick auf geografische Zuordnungen und Gebietsbezeichnungen in veröffentlichten Karten und Institutionsadressen neutral.

Springer ist ein Imprint der eingetragenen Gesellschaft Springer Fachmedien Wiesbaden GmbH und ist ein Teil von Springer Nature.
Die Anschrift der Gesellschaft ist: Abraham-Lincoln-Str. 46, 65189 Wiesbaden, Germany

Wenn Sie dieses Produkt entsorgen, geben Sie das Papier bitte zum Recycling.

Interessenkonflikte

Der/die Autor*in hat keine für den Inhalt dieses Manuskripts relevanten Interessenkonflikte.

Inhaltsverzeichnis

1 Einleitung 1
   1.1 Aktiv erleben oder passiv erleiden? 1
   1.2 Zielgruppe 4
   1.3 Dank 4
   Literatur 4

2 Das große Ganze 5
   2.1 Ziele und Perspektiven 5
   2.2 Arbeitskräfteknappheit 6
      2.2.1 Auswirkungen für Unternehmen 6
      2.2.2 Politische Entwicklungen 7
   2.3 Rentenentwicklung 7
   2.4 Auswirkungen 9
   2.5 Leistungsfähigkeit 10
   2.6 Lebenskonzepte 11
   Literatur 12

3 Lebensinventur 13
   3.1 Von der Gegenwart in die Zukunft 13
   3.2 Rechtliche Vorkehrungen 14
   3.3 Alleine oder gemeinsam? 16
   3.4 Einkommen und Vermögen 18
      3.4.1 Einkünfte 19
      3.4.2 Ausgaben 21

	3.4.3 Differenzen	21
	3.4.4 Optionen	22
	3.4.5 Schenkungen	22
3.5	Pflegefall	23
3.6	Erbe, Vermögensübergang	24
3.7	Gesundheit	25
3.8	Soziales Leben	26
3.9	Akzeptanz und Veränderung	27
3.10	Viel früher in den Ruhestand	28
Literatur		29

4 Lebensplanung, Lebensentwürfe — 31

4.1	Bedürfnisse	31
	4.1.1 Im Leben, nicht vor dem Leben	31
	4.1.2 Unterstützung	32
4.2	Das persönliche Umfeld	33
4.3	Willensstärke	33
4.4	Auszeit nach der Berufstätigkeit	34
4.5	Die negative Perspektive	35
4.6	Vorsätze	35
4.7	Die vierte Dimension	36
	4.7.1 Sinn des Lebens?	36
	4.7.2 Suchen und finden	37
4.8	Verbindung von Risiko und Glück	39
4.9	Fragwürdige Perspektiven	40
4.10	Abgrenzung	41
Literatur		41

5 Selbst- und Fremdeinschätzung — 43

5.1	Was geht, was geht nicht (mehr)	43
5.2	Beteiligte und Spielregeln der Fremdeinschätzung	44
5.3	Notwendigkeit der Außensicht	45
5.4	Beurteilungsmodelle	46
	5.4.1 Beurteilung, nicht Bewertung	46
	5.4.2 Blumenübung	47
	5.4.3 Beurteilungen im Einzelfall	48
	5.4.4 Aus- und Weiterbildung?	50
	5.4.5 Loslegen	50
Literatur		51

6 Rente, Steuern und Sozialabgaben 53
6.1 Machen oder machen lassen 53
6.2 Gesetzliche Rente 54
6.3 Das Ziel 55
6.4 Einkunftsarten 55
    6.4.1 Einkünfte aus Land- und Forstwirtschaft 56
    6.4.2 Einkünfte aus Gewerbebetrieb 56
    6.4.3 Einkünfte aus Vermietung und Verpachtung 57
    6.4.4 Einkünfte aus selbstständiger Arbeit 57
    6.4.5 Einkünfte aus nichtselbstständiger Arbeit 58
    6.4.6 Einkünfte aus Kapitalvermögen 58
    6.4.7 Sonstige Einkünfte, Renteneinkünfte 58
6.5 Steuerbelastung 59
6.6 Steuerpflicht und Wohnort 59
6.7 Steuergestaltung 60
6.8 Steuererklärung 63
6.9 Sozialversicherungsbeiträge 64
6.10 Umfangreiche, komplexe Lösungen 65

7 Ehrenamtliche Tätigkeit 67
7.1 Sinn und Glück 67
7.2 Freiwilliges Engagement 68
7.3 Steuerliche Sachverhalte 70
7.4 Persönliche Haftung 72
7.5 Vererben 72
7.6 Hobby zum Beruf 72
Literatur 73

8 Weiterarbeiten 75
8.1 Vorbereitung 75
    8.1.1 Eigendynamik 76
    8.1.2 Ansprache des Themas 76
    8.1.3 Der richtige Zeitpunkt 77
8.2 Ausgestaltung der weiteren Tätigkeit 78
8.3 Arbeitsrechtliche Vorgaben 80
8.4 Revision der Entscheidung 81
Literatur 82

9 Wechsel des Arbeitgebers ... 83
- 9.1 Wechselgründe ... 83
  - 9.1.1 Für und wider eines Wechsels ... 83
  - 9.1.2 Persönliches Attraktivität für den Arbeitsmarkt ... 84
  - 9.1.3 Geheimhaltung ... 85
  - 9.1.4 Ansprüche und Erwartungen ... 86
- 9.2 Dauer der Arbeitsplatzsuche ... 87
  - 9.2.1 Spontan handeln oder sorgfältig abwägen? ... 87
  - 9.2.2 Zeitraum ... 88
- 9.3 Unterlagen und Auftreten ... 89
- 9.4 Stellenbewerbungen ... 90
- 9.5 Finden lassen ... 92
- 9.6 Verkaufen ... 95
  - 9.6.1 Ablehnungen sind kaum vermeidbar ... 95
  - 9.6.2 Quantität schlägt Qualität ... 96
- 9.7 Nachhalten, dokumentieren, nachfassen ... 96
- 9.8 Berechtigte Fragen ... 97
- 9.9 Arbeitsrechtliche Situation ... 98
  - 9.9.1 Befristung des Arbeitsverhältnisses ... 98
  - 9.9.2 Arbeitsumfang und Entlohnung ... 98
  - 9.9.3 Tätigkeit und Arbeitsumfeld ... 99
  - 9.9.4 Arbeitsvertrag ... 99
- 9.10 Berufswechsel ... 101

10 Berufstätigkeit in und für die Familie ... 103
- 10.1 Unterstützungsmöglichkeiten ... 103
- 10.2 Arbeitsverhältnisse im familiären Umfeld ... 104
- 10.3 Kurzfristige Beschäftigung ... 105
- 10.4 Steuerlich begünstigte Sachleistungen ... 106
- 10.5 Umgekehrtes Vorgehen ... 106
- 10.6 Fremdvergleich ... 107

11 Freiberufliche Tätigkeit ... 109
- 11.1 Ruheständler als Unternehmer ... 109
- 11.2 Freiberufliche Tätigkeiten ... 110
  - 11.2.1 Geschäftsmodell ... 110
  - 11.2.2 Preisermittlung ... 112
- 11.3 Gewerbliche oder freiberufliche Tätigkeit ... 113
- 11.4 Umsatzsteuer ... 114

11.5	Sozialversicherungen	115
11.6	Steuerliche Gewinnermittlung	115
11.7	Steuerlich abzugsfähige Kosten	116
11.8	Versicherungen	118
11.9	Ausländische Betriebsstätte	118

12 Selbstständige Tätigkeit 121

12.1	Unbewusste Schwarzarbeit oder Freundschaftsdienst	121
12.2	Gewerbliche Tätigkeiten	123
12.3	Vom Einzelfall zum Geschäftsmodell	123
12.4	Neue Ideen	124
12.5	Förderung	125
12.6	Geschäftsplan	126
12.7	Geschäftsentwicklung	128
12.8	Tragfähigkeit	129
12.9	Gründung mit oder gegen den bisherigen Arbeitgeber	130
12.10	Einbindung der Angehörigen	131
12.11	Kleingewerbe	131
12.12	Bartering	132
12.13	Firmenname, Firmenauftritt	133
12.14	Verkaufsförderung	134
12.15	Gesellschaftsform	134
12.16	Buchführungspflicht	135
12.17	Zukünftige Entwicklung	136
Literatur		136

13 Kooperation, Beteiligung 137

13.1	Ideen	137
13.2	Alleine oder gemeinsam	138
13.3	Weiterentwicklung	138
13.4	Unterstützung Dritter	139
13.5	Möglichkeiten der Zusammenarbeit	140
13.6	Investieren	140
13.7	Entscheidungsprotokoll	141
13.8	Entscheidungsprotokoll	142
13.9	Entscheidungssitzung	143
13.10	Konfliktlösung, Trennung	144
13.11	Gesellschaftsform	144

14 Einkommens- und Vermögensentwicklung — 147
- 14.1 Spezielle Situation der Ruheständler — 147
- 14.2 Individuelle Situation — 149
  - 14.2.1 Ziele — 149
  - 14.2.2 Späterer Rentenbeginn — 150
- 14.3 Freiwillige Vorsorge — 151
- 14.4 Hantelstrategie — 152
  - 14.4.1 Nießbrauch — 154
  - 14.4.2 Vermögensentwicklung durch weitere Berufstätigkeit — 156
- Literatur — 156

15 Praxisbeispiele — 157
- 15.1 Weitermachen, zu meinen Bedingungen — 157
- 15.2 Beamter im Unruhestand — 159
- 15.3 Der Rückruf — 161
- 15.4 Deckungsengpasskosten — 162
- 15.5 Der Wechsel zur Konkurrenz — 164
- 15.6 Arbeiten, wo andere Urlaub machen — 166
- 15.7 Hobby zum Beruf — 168
- 15.8 Expertenwissen für andere Interessierte — 169
- 15.9 Weiter die Welt sehen — 171
- 15.10 Die Start-up Welt — 172
- 15.11 Andere Ruheständer unterstützen — 174

1 Einleitung

Zusammenfassung Glücklich sein möchte alle Menschen, zu jeder Lebenszeit, in jeder Lebensphase. Wie dieser Zustand erreicht wird, darüber gehen die Meinungen auseinander. Gäbe es eine einfache, universelle Lösung, wäre diese längst bekannt. Dennoch: durch aktives Handeln kann man der Unzufriedenheit entkommen und die Kontrolle über das eigene Leben (zurück) gewinnen. Das vorliegende Buch folgt dem Grundgedanken von Reinhard Sprenger: „Glück ist keine Glückssache". Glück, was auch immer darunter zu verstehen ist, ist nichts, was Menschen zustößt. Glück ist das Ergebnis von selbstverantwortlichem, entscheidendem Handeln (Sprenger, 2016, S. 44–48).

1.1 Aktiv erleben oder passiv erleiden?

Bekanntlich können Menschen nicht zum Jagen getragen werden. Im bildlichen Sinne entscheidet der Einzelne, wann der Schlusspfiff des regulären Berufslebens ertönt, ob er das Spielfeld verlässt oder in die Verlängerung geht, ob er auf der Tribüne des Lebens Platz nimmt oder ein anderes Spielfeld aufsucht. Die Leser verfügen über vielfältige Berufs- und Lebenserfahrung, benötigen vom Autor sicherlich keine pauschalen Vorgaben, keine einfachen Kochrezepte. Hilfreich kann allerdings ein anderer Blick, eine veränderte Perspektive sein, die nicht zu Handlungen drängen, verführen, vielleicht manipulieren soll, als vielmehr im ersten Schritt zu Überlegungen anhält, um darauf aufbauen die Vor- und Nachteile möglicher Lösungen zu präsentieren. Entscheiden soll, entscheiden muss der Leser.

Sind wir aber selbst- oder fremdbestimmt? Können wir die Zukunft aktiv gestalten oder müssen wir sie passiv akzeptieren? Haben wir einen eigenen Willen und setzen diesen konsequent um oder lassen wir uns von anderen beeinflussen, vielleicht nur passiv treiben? Fragen, die jeder Einzelne anders beantwortet und zu der auch die Wissenschaft keine einheitliche Meinung hat.

Viele Wissenschaftler haben in eindrucksvollen Experimenten nachgewiesen, dass Menschen allenfalls begrenzt rational handeln. Daniel Kahneman und Richard Thaler erhielten für den Nachweis dieser Aussage den Alfred-Nobel-Gedächtnispreis für Wirtschaftswissenschaften. Studiert man die Fülle ihrer Experimente und deren Ergebnisse wundert man sich, dass Menschen überhaupt zu eigenständigen, zielgerichteten Entscheidungen in der Lage sind. Die Konsequenz dieser Sichtweise ist klar: Menschen können nicht rational überzeugt werden, müssen vielmehr zu ihrem Glück gezwungen, zumindest angestoßen werden. Hierzu dient sog. „Nudges", wenn bspw. ein persönlicher Beitrag zur betrieblichen Altersvorsorge automatisch geleistet wird, soweit dem nicht explizit widersprochen wird.

Andere Fachvertreter lehnen diese Sichtweise grundsätzlich ab. Nassim Taleb bezeichnet Menschen wie Thaler als „intellektuelle Idioten", die in beispielloser Ignoranz zu wissen glauben, was für andere das Beste ist, verwendet für sie den deutschen Begriff „Bildungsphilister", den Friederich Nietzsche entwickelte (Taleb, 2018, S. 125). Gerd Gigerenzer betont, dass Menschen schnelle und sparsame Heuristiken, sog. Daumenregeln, anwenden, die trotz enger Zeit- und Wissensgrenzen zu guten Lösungen und Entscheidungen führen (Taleb, 2014, S. 415).

Die Länge und Intensität der Auseinandersetzung lässt darauf schließen, dass beide Perspektiven ihre Berechtigung haben. Menschen, die ihr Leben aktiv gestalten, nicht passiv erleiden möchten, sollten und können, allen Einschränkungen zum Trotz, sich auf die Möglichkeiten, nicht die Grenzen ihrer Entscheidungen konzentrieren.

Das vorliegende Buch wendet sich nicht an Menschen, die noch den Großteil ihres Lebens vor sich haben, sondern an Ruheständler, deren Lebenszeit begrenzt ist. Allerdings hat sich die Lebensdauer im Ruhestand erheblich erhöht. Die durchschnittliche Rentenbezugsdauer bei Altersrenten lag 2022 bei Männern bei 18,8 Jahren, bei Frauen bei 22,2 Jahren. 2017 betrugen diese Werte 17,9 Jahre bei Männern und 21,8 Jahre bei Frauen.

Wer bspw. als Profisportler seinen Berufsweg gefunden hat, verfügt bereits bei Aufnahme seiner Tätigkeit bspw. mit 18 Jahren über die Möglichkeit, seine Karriere für weitere 20 Jahre aufrecht zu erhalten, kaum länger. Diesen Zeitraum haben Ruheständler im Durchschnitt zur Verfügung.

Selbstverständlich gibt es Grenzen, die Ruheständler zu akzeptieren haben, vor allem im körperlichen Bereich. Ein Abbau der Leistungsfähigkeit lässt sich verlangsamen, aber nicht aufhalten. Einschränkungen erfahren jedoch alle Menschen in dem einen oder anderen Lebensbereich. In der Fähigkeit, diese zu akzeptieren, sind Ruheständler meist sehr viel besser als junge Menschen. Es sind zahlreiche Betätigungsfelder vorhanden, in denen Ruheständler sich in ihrer Leistungsfähigkeit nicht hinter jüngeren Menschen verstecken müssen, diese häufig sogar übertreffen.

Der Leser kann sich nur selbst in die Kategorien Tab. 1.1 einordnen. Wer die Lebensanpassung wählt, wird vielfältige Anregungen im vorliegenden Buch erhalten. Auch wer Lebensbeherrschung anstrebt, wird von den Ausführungen profitieren. Bei einer Lebensbetrachtung wird die Lektüre wenig Nutzen bieten, wer die Lebensflucht wählt, wird andere Perspektiven verfolgen.

Allerdings berechtigt bereits der Griff zum vorliegenden Buch zu der Hoffnung, dass der Leser seine Zukunft nicht passiv erdulden, sondern aktiv gestalten will.

Die Frage, wie alt ein amerikanischer Präsident sein kann, sein darf, wurde während der Buchverfassung Buch-verfassung intensiv diskutiert. Die zähen Diskussionen um Joe Biden bewegten die Weltöffentlichkeit bis zu dessen Verzicht auf eine erneute Kandidatur. Ob das mächtigste Amt der Welt an einen über 80-Jährigen fallen sollte, erscheint fraglich, wobei der zweite Kandidat, Donald Trump, dieses Alter am Ende seiner Amtszeit überschritten hätte. Das aber auch in diesem Zusammenhang Alter eine Frage der Perspektive ist, zeigte augenzwinkernd Ronald Reagan mit 73 Jahren auf, als er gegenüber seinem Gegenkandidaten Walter Mondale der 56 Jahre alt war in einer Präsidentendebatte 1984 aussagte: „Ich möchte, dass Sie wissen, dass auch ich das Alter nicht zu einem Thema dieser Kampagne machen werde. Ich werde die Jugend und Unerfahrenheit meines Gegners nicht für politische Zwecke ausnutzen." Reagan gewann bei der anschließenden Wahl 525 Wahlleute, Mondale 13.

Tab. 1.1 Lebensverhältnis und Lebensanpassung

	Aktives Lebensverhältnis (Können das Leben verändern)	Passives Lebensverhältnis (Können das Leben nur aushalten)
Lebensbejahung (positives Lebensbild)	Lebensanpassung	Lebensbetrachtung
Lebensverneinung (negatives Lebensbild)	Lebensbeherrschung	Lebensflucht

1.2 Zielgruppe

Die primäre Zielgruppe des Buches sind Menschen, die abhängig beschäftigt sind oder waren, im steuerlichen Sinne primär Einkommen aus unselbstständiger Tätigkeit beziehen, bereits den Ruhestand angetreten oder kurz davorstehen. Laut statistischem Bundesamt sind in Deutschland 46 Mio. erwerbstätig, davon 35 Mio., 88 %, sozialversicherungspflichtig (Destatis, 2024). Die 12 % nicht sozialversicherungspflichtig Beschäftigten sind primär Selbstständige. Bei diesen stellt sich die Situation im Ruhestand unterschiedlich dar. Mancher sorgt regelmäßig vor oder hat ausreichend Vermögen erwirtschaftet, um damit den Ruhestand finanzieren zu können, andere stehen vor einer schwierigen Situation. 33 % der ehemals Selbstständigen erhalten weniger als 700 € Nettorente, 45 % müssen im Alter erhebliche finanzielle Abstriche machen (Handwerk Magazin, 2014). Entsprechend besteht für Betroffenen in noch höherem Maße die Notwendigkeit aktiv zu werden. Auch diese Gruppe findet im vorliegenden Buch Anregungen, wenn auch einzelne Kapitel, wie die Weiterbeschäftigung beim bisherigen Arbeitgeber, keine Relevanz besitzen.

1.3 Dank

Die großartige, beharrliche Unterstützung durch Frau Regine Presch, ihre zahlreichen, stets zielführenden Vorschläge haben dieses Buch maßgeblich verbessert. Vielen Dank Frau Presch.

Literatur[1]

Destatis. (2024). www.destatis.de/DE/Themen/Arbeit/Arbeitsmarkt/Erwerbstaetigkeit/_inhalt.html. Zugegriffen am 05.08.2024.
Handwerk-magazin.de. (2014). *Altersarmut: Selbstständige haben im Alter weniger Rente*. Zugegriffen am 05.08.2024.
Sprenger, R. (2016). *Die Entscheidung liegt bei dir*. Campus.
Taleb, N. (2014). *Antifragilität*. btb.
Taleb, N. (2018). *Skin in the game*. Random House.

---

[1] Im aktuellen Dokument sind kein Quellen vorhanden.

2

Das große Ganze

Zusammenfassung Vom Allgemeinen auf das Spezielle, von der Situation in Deutschland, insbesondere aus der wirtschaftlichen Perspektive, auf die Situation des einzelnen Lesers zu blicken, schafft die Grundlagen, bildet die Ausgangslage des einzelnen Lesers, um darauf aufbauend das weitere Vorgehen zu gestalten. Dabei sollten sich der Leser nicht auf die Risiken konzentrieren, die aus dem ungünstigeren Verhältnis von Beitragszahler und -empfänger resultiert, als vielmehr die Chancen erkennen, die der wachsende Mangel an Fachkräften bietet. Damit verbunden ist eine andere Wahrnehmung Älterer, die nicht mehr als „altes Eisen" diffamiert, sondern als wertvolle Ressource wahrgenommen werden. Vielfältigere, individuelle Lebensentwürfe werden möglich, die der Leser ergreifen und gestalten kann.

2.1 Ziele und Perspektiven

Jedes Leben ist anders; Ziele und Perspektiven sowie deren Abgleich mit der Realität und den Möglichkeiten sind stets individuell. Dennoch, vergleichbar mit einem Sportereignis, ist es hilfreich, die Spielregeln und das Spielfeld zu kennen, bevor man es betritt. Auf dieser Ausgangsbasis lassen sich Ziele präziser bestimmen und Erfolgschancen besser beurteilen.

Eine erfreuliche Feststellung zu Beginn: die Chancen der weiteren Berufstätigkeit sind gut, so gut wie noch nie, wahrscheinlich so gut wie nie wieder.

Die Fakten sind allseits bekannt: Vor 60 Jahren wurden in beiden Teilen Deutschlands 1.357.304 Menschen geboren, ein historischer Höchststand.

2013 lag die Geburtenrate mit 693.000 Menschen gut halb so hoch. Die Geburtenrate je Frau ist seit 1964 von 2,5 auf 1,5 zurückgegangen. Der Anstieg der Bevölkerung ist ausschließlich durch die Zuwanderung zustande gekommen, wobei sich die Hoffnungen auf die Zuwanderung qualifizierter Arbeitskräfte bisher nur in geringem Maße verwirklicht haben.

Aus diesen Fakten lässt sich die zukünftige Entwicklung für einen langen Zeitraum präzise vorhersehen. Mögen Vorhersagen stets eine gewisse Unsicherheit beinhalten, kann dennoch festgehalten werden, dass eine Umkehrung der Bevölkerungsentwicklung nicht absehbar ist. Selbst massive staatliche Förderungen bei der Kindererziehung und den Möglichkeiten der weiteren, bzw. schnelleren Wiederaufnahme der Berufstätigkeit der Mütter werden nicht dazu führen, dass die für eine stabile Bevölkerungszahl notwendige Geburtenziffer von über 2 in absehbarer Zeit erreicht wird. Da die Bevölkerung weltweit aktuell langsamer wächst und zukünftig zurückgehen wird, wird die Zuwanderung qualifizierter Fachkräfte nach Deutschland kaum zunehmen und den Geburtenrückgang nicht mehr kompensieren. Deutschland wird schrumpfen.

2.2 Arbeitskräfteknappheit

2.2.1 Auswirkungen für Unternehmen

Arbeitskräfteknappheit trifft Unternehmen mit zunehmender Wucht und stellt für viele Betroffene das entscheidende Hindernis dar, nicht nur des weiteren Wachstums, sondern auch für die Aufrechterhaltung des Betriebes. Ein differenzierter Blick zeigt deutliche Unterschiede auf. Renommierte, große Unternehmen mit attraktiven Gehältern finden noch ausreichend Mitarbeiter, während es für Mittelständler, insbesondere in ländlichen Regionen zunehmend schwieriger, teilweise unmöglich ist freie Stelle adäquat zu besetzen.

Sicherlich gibt es immer Ausbildungen und Beschäftigungen, die besonders attraktiv für junge Menschen sind. Hier gibt es selten Arbeitskräfteknappheit, aber Ruheständler verfügen meist über andere Qualitäten. Diese mögen häufig nicht im Mittelpunkt stehen, allerdings fällt deren Bedeutung auf, wenn es an Mitarbeitern mit der entsprechenden Qualifikation mangelt.

2.2.2 Politische Entwicklungen

Politische Entwicklungen vorherzusagen, mag sehr viel schwieriger sein, als die demografischen Entwicklungen zu kommentieren. Dennoch lassen sich aus der tatsächlichen Entwicklung der Berufstätigen bzw. deren Verhältnis zu den Nichtberufstätigen Entwicklungen ableiten, wenn auch deren genaues Eintrittsdatum unbestimmt ist.

Ältere gewinnen zunehmend an politischem Einfluss. Bei der Bundestagswahl 2021 waren 39 % der Wählerinnen und Wähler 60 Jahre und älter. Das waren 3 Prozentpunkte mehr als bei der letzten Bundestagswahl. Dagegen ging der Anteil der 30- bis 59-Jährigen um 2 Prozentpunkte auf 47 % und der Anteil der 18- bis 29-Jährigen um einen Prozentpunkt auf 14 % zurück. Die Wahlbeteiligung ist mit 76,6 % gegenüber der Bundestagswahl 2017 mit 76,2 % leicht gestiegen. Dabei haben sich die 50- bis 59-Jährigen mit 80,2 % am stärksten beteiligt (Destatis, 2022). Diese wachsende Wählergruppe wird mit dem Versprechen gewonnen, zumindest die Bedingungen für den Ruhestand nicht zu verändern. Jüngere Menschen dagegen erwarten Einschränkungen bei der finanziellen Ausstattung von Ruheständlern, um überhaupt noch leistungsfähige Sozialsysteme zu erleben.

2.3 Rentenentwicklung

Wie geht die Politik mit dieser Entwicklung um? Bisher mit der „Vogel–Strauß–Politik". Die Äußerungen der Bundesregierung sind eindeutig: Die drei entscheidenden Parameter sollen nicht geändert werden. Nicht das Eintrittsalter in den Ruhestand, nicht die Höhe der gesetzlichen Rente, nicht die Versicherungsbeiträge in der gesetzlichen Rentenversicherung. Dies ist nicht unmöglich, aber praktisch unbezahlbar. Der Beginn einer Kapitaldeckung erfolgt langsam und zögerlich; die eingestellten Beträge zu gering, als das signifikante Entlastungen möglich wären. Die Sozialversicherungsbeiträge sind von 27 % im Jahr 1970 bis 2024 auf 41 % des zu versteuernden Einkommens der Bürger angestiegen. Bis 2040 wird eine Steigerung auf 50 % erwartet. Aktuell stehen einem Rentenbezieher 2,1 Beitragszahler gegenüber; 2030 werden dies 1,5 und 2050 bereits 1,3 sein.

Die Entwicklung wird durch zusätzliche Leistungen, die der Gesetzgeber in den letzten Jahren eingeführt hat, weiter verstärkt. Ob die vorgezogene Altersrente, auch als Rente mit 63 bekannt, die Grundrente für langjährig Versicherte oder die Berücksichtigung von Kindererziehungszeiten – als Folge steigen die Bundeszuschüsse zur Rentenversicherung weiter an. 2022 beliefen sich die Einnahmen der deutschen Rentenversicherung auf rund 363 Mrd. €; 86 Mrd. waren Bundeszuschüsse. In dieser Betrachtung sind die Beamtenpensionen unberücksichtigt, die einer vergleichbaren Entwicklung folgen und unverändert anstiegen.

Praktisch unvermeidlich ist deshalb, dass sich alle drei Beeinflussungsgrößen in einer Richtung entwickeln, wenn auch das Ausmaß unbekannt ist.

Das tatsächliche Renteneintrittsalter ist bereits angestiegen. Die Erwerbstätigkeit in der Gruppe der 60- bis unter 65-Jährigen hat sich so stark erhöht wie in keiner anderen Altersgruppe. Von 47 % im Jahr 2012 auf 63 % 2022. Die Anzahl derjenigen, die zwischen 65 und 70 noch arbeiten, hat sich bis 2022 auf 19 % verdoppelt. Dies hängt sicherlich mit dem Anstieg des offiziellen Renteneintrittsalter auf 67 und den Leistungskürzungen bei frühzeitigem Bezug zusammen. Der Gesetzgeber hat in Zeiten höherer Arbeitslosigkeit versucht, diese durch frühzeitigen Renteneintritt zu reduzieren; diese Vorgehensweise hat sich mittlerweile ins Gegenteil umgekehrt. Längeres Arbeiten wird zunehmend finanziell attraktiver, wobei bisher nicht am Postulat der Freiwilligkeit gerüttelt wird – noch nicht. Wirtschaftsexperten fordern einhellig eine Verlängerung der Lebensarbeitszeit, möglichst gekoppelt an die steigende Lebenserwartung. Von den zusätzlichen Jahren sollen bspw. zwei Drittel dem Ruhestand und ein Drittel der Lebensarbeitszeit zugeschlagen werden. Damit wird sich die Zeit der Wahl, der freiwilligen Entscheidung, ob und wie bearbeitet wird für Betroffene reduzieren.

Die Rentenbeiträge und die Bundeszuschüsse werden voraussichtlich weiter steigen, wobei auch die Kranken- und Pflegeversicherung teuer werden. Wie der Verteilungskampf zwischen der jüngeren und älteren Generation ausgeht, ist ungewiss. Diese Entwicklung wird einen gewissen Vorteil für Ruheständler haben, die keine Beiträge mehr zahlen müssen. Ob dies jedoch so bliebt oder der Gesetzgeber kreative Wege findet, Betroffene zur Kasse zu bitten, bleibt unsicher. Mit dem Ansteigen der Bundeszuschüsse werden höhere Steuern unabdingbar, womit auch für Rentner das Nettoeinkommen zurückgeht.

Die Rentenhöhe wird sinken. Damit steht Ruheständlern weniger Geld zur Verfügung. Für viele Menschen bedeutet dies, dass die Möglichkeit, weiterzuarbeiten eine Notwendigkeit wird. Unklar bleibt, ob die Stellen für Ruheständler oder die Nachfrage nach diesen schneller zunehmen.

Zwar war es immer ein Trugschluss, dass Einzahlungen in die Rentenkasse für die eigene Rente quasi zurückgelegt wurden; dennoch wurde das Äquivalenzprinzip grundsätzlich eingehalten. Die Rentenkasse im Gegensatz zu den Steuern und Krankenkassenbeiträge nicht zur Umverteilung genutzt. Mit sinkender Rentenhöhe würden allerdings zunehmend Menschen in Armut fallen. Die Standardrente – auch Eckrente genannt – lag: 2022 in den alten Bundesländern bei 1598,40 € brutto, in den neuen Bundesländern erhielt ein Standardrentner 1620,90 €. Mittels einer Umverteilung innerhalb des Systems werden weniger Menschen in die Grundrente fallen; allerdings stehen diejenigen die viel eingezahlt haben schlechter da.

Die Politik reagiert langsam, weg von der frühen Verrentung und der Förderung des Ausscheidens aus dem Berufsleben, hin zur Förderung der weiteren Berufstätigkeit.

Als das älteste Industrieland der Welt gilt Japan. Die Geburtenraten entwickelten sich vergleichbar mit Deutschland, auf den ausgleichenden Faktor der Zuwanderung junger Menschen wurde jedoch verzichtet. Japan reagiert nicht allein mit einem massiven Zuwachs an älteren Arbeitnehmer, sondern einem grundsätzlichen Perspektivenwechsel. Auch in Deutschland wird das Thema immer stärker in den Blick geraten. Zum Zeitpunkt der Manuskripterstellung steht das Buch „Altern" von Elke Heidenreich auf Patz 1 der Bestsellerliste für 2024.

Auf der Webseite von Destatis können eigene Daten eingegeben werden, Geburtenhäufigkeit, Lebenserwartung und Wanderungssaldo eingeschätzt und die Auswirkungen erfasst werden (Destatis, 2022).

2.4 Auswirkungen

Aus der Entwicklung resultieren Folgen für die Gesellschaft, für die Unternehmen, für den Einzelnen.

Ältere Berufstätige werden nicht mehr als Exoten, als bedauerliche Individuen abgetan, die bis zum sprichwörtlichen Umfallen arbeiten müssen, sondern als Menschen, die die bewusste Entscheidung getroffen haben, ihr Leben aktiv zu gestalten, anstatt Vorgegebene, standardisierte Lebensentwürfe zu befolgen. Gegenüber potenziellen Arbeit- bzw. Auftraggebern treten sie selbstbewusst auf, nicht als Bittsteller, nicht als altes Eisen. Betroffene wissen was sie können, als auch, was sie nicht (mehr) können. Der Eintritt ins Rentenalter wird als Ausgangspunkt für Neues und nicht als Endpunkt von Altem aufgefasst.

2024 können sich bereits 47 % der Deutschen über 50 Jahre vorstellen, im Ruhestand zu arbeiten. Allerdings tun dies bisher nur 8 % der Rentner. Eine große gesellschaftliche Veränderung bahnt sich damit an. Was heute noch erklärungsbedürftig erscheint, wird zunehmend zur Selbstverständlichkeit. Sicherlich gibt es Ruheständler, deren Rente nicht zum Lebensunterhalt ausreicht; diese stellen dennoch die Ausnahme, nicht die Regel dar. Fast zwei Drittel nennen als ihre Motivation Freunde an der Arbeit zu haben, nur ein Drittel die Notwendigkeit, zusätzlich zur Rente Einkommen erzielen zu wollen. Der Rentenbezug ermöglicht Freiheiten, die seit dem Eintritt in das Berufsleben, der Selbstständigkeit vom Elternhaus nicht mehr bestanden (NRZ, 2024).

Arbeit war über lange Zeit fast ausschließlich körperliche Arbeit. Es gab keine Rente, keinen Renteneintritt. So lange wie möglich, eigentlich bis zum Lebensende, wurde gearbeitet. Mit nachlassender Leistungsfähigkeit wurden andere Aufgaben im Familienverbund übernommen. Irgendwann die Verantwortung an die nachfolgende Generation, primär den ältesten Sohn übergeben. Selbst die wenigen Handwerker und Verwaltungskräfte stellte das Alter vor kaum zu bewältigende Herausforderungen. Die Altersweitsicht konnte erst ab dem 13. Jahrhundert mit der Einführung der Brille korrigiert werden.

2.5 Leistungsfähigkeit

Wollen Ältere weiter berufstätig sein, macht diese auch unter den heutigen, veränderten Voraussetzungen aus Arbeitgebersicht nur Sinn, wenn die notwendige Leistungsfähigkeit (noch) vorhanden ist. Mit dem zunehmenden Altersdurchschnitt der eigenen Mitarbeiter, sowie der externen Ansprechpartner, wird dies im arbeitstäglichen Miteinander erfahren. Darüber hinaus gibt es Untersuchungen, die sich wissenschaftlich mit dem Thema beschäftigen.

Das Munich Research Institute for the Economics of Aging and SHARE Analyses hat vielfältige Untersuchung zur Berufstätigkeit im Alter durchgeführt (Munich Resarch Institute).

Dabei wurden in einer Langzeituntersuchung die Fehler der Mitarbeiter als Kriterium herangezogen. Tatsächlich bestätigte sich das Vorurteil, dass Älteren mehr Fehler unterlaufen. Die Fehler der Jüngeren waren allerdings schwerwiegender und kostspieliger als die der Älteren, deren Produktivität schlussendlich höher lag (Heckel, 2024, S. 12).

Bisher ist die Perspektive eines langfristig stabil angelegten Lebenslaufes verbreitet. Je nach Tätigkeitsfeld war die maximale Leistungsfähigkeit spätestens mit 40 erreicht, danach ging es im wörtlichen Sinne bergab. Ein anderes Konzept verfolgt das Lebensphasenmodell. Leben wird im Ruhestand nicht schlechter, sondern anders. Die Rentenzahlungen, die nicht mehr bestehende Notwendigkeit, die eigenen Kinder oder die eigenen Eltern zu unterstützen, ermöglichen in finanziellen Fragen einen sehr viel größeren Freiheitsgrad. Die eigenen Wünsche können umgesetzt werden. Für viele eine Freude, für einige eine Last.

Damit steigt die Wahrscheinlichkeit, dass Unternehmen die Mitarbeiter bekommen, die sie sich häufig wünschen, keine devoten Befehlsempfänger, sondern selbstbewusste Persönlichkeiten, die widersprechen wo es aus ihrer Sicht sinnvoll ist, die aus ihrem Erfahrungsschatz Lösungen anbieten und umsetzen können.

Sicherlich haben Jüngere andere Vorteile, die Unternehmen ebenfalls benötigen. Wenn aber divers aufgestellte Unternehmen erfolgreicher sein sollen, bezieht sich Diversität nicht nur auf Geschlecht oder Herkunft, sondern auch auf das Alter der Mitarbeiter.

2.6 Lebenskonzepte

Kurz geht es bergauf, dann langsam bergab mit der Leistungsfähigkeit der Menschen. Diese lange, nicht hinterfragte Lebensverständnis hat seine Berechtigung, allerdings nur für eine verschwindend kleine Gruppe von Menschen, bei denen nicht allein körperliche Leistungsfähigkeit, sondern absolute Höchstleistung notwendig ist. Bei den meisten Sportarten nimmt die Leistungsfähigkeit mit 30 ab, mit Mitte 30 ist nur noch in Ausnahmefällen Spitzensport möglich. Allerdings ist diese Situation in der Wirtschaft nicht gegeben. Der erste deutsche Bundeskanzler trat 1963 im Alter von 87 Jahren ab. Nur gehört zu einer Betrachtung auch dazu, dass Ältere nicht immer freiwillig eine Position räumen, was insbesondere zu Problemen führt, wenn es keine Möglichkeiten der Einflussnahme von außen gibt. Ein trauriges Beispiel war die Politikerriege, die die Sowjetunion vor Michael Gorbatschow führte. Zu Recht erinnert sich niemand mehr an Juri Andropow oder Konstantin Tschernenko. Den richtigen Zeitpunkt des Aufhörens zu finden ist schwer. Eine solche Entscheidung ist durchaus mit der Abgabe des Führerscheins zu vergleichen. Keiner kann unbefangen über Menschen urteilen, nicht über andere, nicht über sich selbst. Betroffene sollten für sich persönlich drei Menschen wählen, die bei Hinweisen und Aufforderungen, die Berufstätigkeit zu beenden, um ihre Meinung gebeten werden. Teilen zwei diese Einschätzung sollte Schluss sein.

Besser als dem statischen Modell des Lebensalters zu folgen, ist der Ansatz der „Lebenskonzepte", bestimmten Phasen, die nicht unbedingt zeitlich hintereinander ablaufen können. So kann eine berufliche Neuorientierung mit 50 oder 70 erfolgen (Heckel, S. 16). Jeder kennt Menschen, die mit 40 die gleichen Ansichten wie mit 20 vertreten und deshalb wie 60 wirken, ebenso andere, die zeitlebens offen für Neues blieben. Ein Kritiker urteilte einmal über den Managementguru Peter Drucker, der bereits fast 100 Jahre alt war: „Still the youngest mind".

Diese veränderte Perspektive wird sich weiterverbreiten, weil immer mehr Alte diesem Bild entsprechen. Längeres Arbeiten mit dem Schlagwort des „Arbeitens bis zum Umfall" zu verknüpfen ist ein weitverbreiteter Unsinn. Das Gegenteil ist der Fall. Längeres Arbeiten wirkt sich positiv auf die Gesundheit aus (Heckel, 2024, S. 29).

Literatur

Destatis. (2022). *Bundestagswahl 2021: Jüngere Wählerinnen und Wähler gingen häufiger zur Wahl.* https://www.destatis.de/DE/Presse/Pressemitteilungen/2022/01/PD22_036_14.html. Zugegriffen am 19.09.2024.

Heckel, M. (2024). *Der Weg in den Unruhestand.* Redline.

NRZ. (2024, August 12). *Fast jeder Zweite denkt über Arbeit im Ruhestand nach.*

3

Lebensinventur

Zusammenfassung Eine Inventur bedeutet keinen Abschluss, sondern eine Bestandaufnahme. Vergleichbar mit der handelsrechtlichen Definition geht es darum, alle Vermögenswerte und Schulden zu erfassen, wobei der Begriff nicht wortwörtlich zu nehmen ist. Wobei zusätzlich das Privatleben einzubeziehen ist, womit sich die Perspektive von der quantitativen zur qualitativen Ebene verschiebt. Selten gibt es im Privatleben rechtlich verbindliche Absprachen, häufig wurden aber Vereinbarungen getroffen, an die sich die Beteiligten zu Recht gebunden fühlen. Dennoch können neue Erkenntnisse zu neuen Zielen, zu veränderten Prioritäten, führen. Dies sich und anderen einzugestehen ist nicht immer einfach, aber notwendig, um den richtigen Weg zu finden und zu bestreiten.

3.1 Von der Gegenwart in die Zukunft

Eine Inventur erfasst die relevanten Daten zu einem Stichtag; interessanter jedoch ist die Weiterentwicklung, wobei die Ungenauigkeit mit längerem Zeitrahmen größer wird. Deshalb gilt es, die wahrscheinliche Entwicklung fortzuschreiben, die Entwicklung, die stattfindet, wenn nicht aktive Schritte einleitet werden, diese zu verändern. Womit der Weg gegangen bzw. akzeptiert wird, der für die meisten Menschen die Realität darstellt: Der Eintritt in den Ruhestand, die Beendigung der Berufstätigkeit.

Hilfreich ist in jedem Fall eine eindeutige Trennung, erst wird festgestellt, wo man steht, dann, wohin man möchte, bzw. kann. 20-Jährige sollten berechtigterweise die umgekehrte Herangehensweise wählen, für 60-Jährige ist dies unsinnig. Dies bedeutet nicht, dass 60-Jährige keine Ziele haben dürfen oder keine Ziele haben sollen. Es sei nochmals an die zeitliche Perspektive erinnert: Das statistische Bundesamt geht für den Jahrgang 1964 von einer erwarteten durchschnittlichen Lebensdauer von 17,1 Jahren für Männer und 23,2 Jahren für Frauen aus. Diesen Zeitraum sollte lang genug sein, um ihn aktiv zu gestalten, anstand passiv zu erleben.

Eine genaue Trennung von Bestandaufnahme und Entwicklungen ist nicht sinnvoll. Was geändert, was gestaltet werden soll, ja muss, unabhängig davon, wie sich die Zukunft entwickelt wird, sollte vorgenommen werden. Meist war die Notwendigkeit bereits längere Zeit vorhanden. Dinge noch weiter aufzuschieben, bis man Zeit hat und Muße verspürt, ist unsinnig. Wer gestalten möchte, sollte damit nicht erst beginnen, wenn der Ruhestand eintritt. Sicherlich bestehen im Ruhestand zeitlich andere Möglichkeiten, die jedoch viel zielgerichteter genutzt werden, wenn bereits vorab erste Schritte eingeleitet wurden. So mag man sich vornehmen die Hälfte des Jahres in einem Wohnmobil zu verbringen. Besser als diese dann mit dem Ersparten zu erwerben und loszufahren, ist es, bereits während der Berufstätigkeit in einem Urlaub mit einem gemieteten Fahrzeug festzustellen, ob Erwartungen und Erfahrungen einander entsprechen.

Idealerweise erfolgt die Bestandaufnahme einige Zeit, spätestens ein Jahr, vor dem Eintritt in den Ruhestand. Dann besteht bspw. die Möglichkeit, die bisherige Berufstätigkeit lückenlos fortzusetzen, was zu einem späteren Zeitpunkt nicht möglich wäre. Im Umkehrschluss sollten allerdings nicht darauf verzichtet werden, die Zukunft zu gestalten, nur weil der Ruhestand bereits eingetreten ist. Der größte Umbruch im Leben seit dem Eintritt in das Berufsleben kann bei aller Sorgfalt nicht vollständig antizipiert werden. Das Leben wird anders aussehen, auch anders, als es sich Betroffene vorgestellt haben. Dann macht es wenig Sinn, an Entscheidungen festzuhalten. Nicht alles soll beim ersten Widerstand umgeworfen werden; stellt man allerdings fest, dass es schlicht nicht „passt", gilt es, Dinge zu ändern.

3.2 Rechtliche Vorkehrungen

Das vorliegende Buch stellt die weitere Berufstätigkeit in den Mittelpunkt. Dennoch soll auf einige Punkte knapp eingegangen werden, die für alle Menschen wichtig und für Ruheständler noch wichtiger sind, sofern eine Steigerung möglich ist. Kein Leser soll belehrt werden; dennoch ist es besser, erst die „Pflicht" zu absolvieren, bevor die „Kür" angegangen wird.

Die dauerhafte Unfähigkeit, das Leben eigenverantwortlich zu führen, als auch der eigene Tod sind schwierige Themen. Als einziges Lebewesen ist der Mensch sich der eigenen Sterblichkeit bewusst. Sicherlich ist eine dauerhafte Auseinandersetzung damit nicht empfehlenswert, dennoch sollte man sich dem Thema stellen. Schriftliche Regelungen sind notwendig, nicht zuletzt, weil selbst in einer engen Partnerschaft, in der alle Schritte abgestimmt und alle Informationen geteilt werden, ein Partner eher verstirbt.

Das zentrale Vorsorgeregister der Bundesnotarkammer ermöglicht die rechtssichere Dokumentation der im weiteren vorgestellten Schritte.

Die Generation, die sich dem Ruhestand nähert, war die erste, die das Internet intensiv genutzt hat. Früher lief der Informationsfluss schlicht über die Post, Dokumente lagen in Papierform vor, heute in immer größeren Umfang elektronisch. Wer hat nicht schon über die Vielzahl der Passwörter gestöhnt, die bei verschiedenen Anwendungen erforderlich sind? Manche Programme werden täglich, andere nur sporadisch genutzt, nicht wenige Anwendungen sind längst vergessen. Angehörige können nicht wissen, wo der Ruheständler aktiv ist, wo später ein formeller Abschluss und wo eine kurze Weiterführung sinnvoll ist. Vielfach bestehen Kontakte ausschließlich über das Internet. Diese sollte eine Information über den Ausfall ihrer Ansprechpartner, sei es bei Krankheit oder beim Tod erhalten. Eine Aufzeichnung über die genutzten IT-Lösungen, verbunden mit dem Hinweis, was beim persönlichen Ausfall oder Ableben erfolgen soll und dem Passwort ist zu erstellen, ergänzt um mögliche weitere Informationen, die in Textdateien oder Tabellenkalkulation erfasst sind. Dass diese Aufstellung besonderen Schutz bedarf, ist offensichtlich.

Das Testament und die damit verbunden Vererbung von Vermögen, vielleicht von Schulden, wird im Kap. 4 ausführlich behandelt. An dieser Stelle sei kurz auf eine Patientenverfügung verwiesen, die Vorgaben macht, welche Maßnahmen im Falle einer Krankheit ergriffen bzw. nicht ergriffen werden sollen. Hierzu gibt es zahlreiche Mustervorgaben, auf die zurückgegriffen werden kann. Eine Rücksprache mit dem Hausarzt ist ebenso hilfreich.

Das größte Risiko für die Angehörigen besteht allerdings nicht im Tod des Partners, im Berufs- und/oder Geschäftsleben, sondern im Verlust der Geschäftsfähigkeit, der Möglichkeit eigenverantwortlich sein Leben zu gestalten. Das dies Menschen in der Mitte des Lebens ohne jede Vorwarnung treffen kann, hat der Fall Michael Schumacher eindrucksvoll vor Augen geführt. Ist ein Betroffener primär Arbeitnehmer oder ausschließlich Ruheständler und wird das einzige Bankkonto gemeinsam mit dem Partner geführt, mag das Risiko überschaubar sein. Bei (weiteren) beruflichen bzw. geschäftlichen Aktivitäten droht jedoch ein Stillstand. Aufträge können nicht abgeschlossen werden, Zahlungen nicht ausgelöst, Rechnungen nicht bezahlt und erstellt werden, solange kein Bevollmächtigter eingesetzt. Die Einsetzung erfolgt durch ein Betreuungsgericht. Wurde vom Betroffenen keine Person festgelegt, wird dies ein fremder Dritter sein, der sich einerseits in die Sachverhalte einarbeiten muss, andererseits nicht immer dem Willen des Betroffenen folgt, auch weil er diesen nicht kennen kann. Deshalb sollte eine Vollmacht festgelegt werden. Dem Bevollmächtigten kommt eine große Verantwortung, vielleicht auch ein hoher Arbeitsaufwand zu, weshalb die Auswahl sorgfältig erfolgen und regelmäßig überprüft werden sollte.

3.3 Alleine oder gemeinsam?

Die Zahl der Alleinstehenden hat sich in den letzten Jahrzehnten stetig erhöht. Lebenslange Beziehungen stellen keine Ausnahme dar, haben jedoch abgenommen. Auch Kinderlosigkeit hat sich vom seltenen Phänomen zu einem häufigen Lebensmodell entwickelt. Dennoch lebt die Mehrzahl der Menschen mit anderen zusammen, wobei die Familie das übliche Modell darstellt.

Ehe und Familie stehen gemäß Artikel 6 unter dem Schutz des Grundgesetzes. Daraus ergeben sich vielfältige rechtliche Folgen. Angehörige tragen füreinander Verantwortung. Insbesondere Eltern und Kinder sind zur gegenseitigen Unterstützung verpflichtet, nicht allein in den Zeiten, in denen Kinder ihre Leben noch nicht eigenverantwortlich gestalten, sondern bis ins hohe Alter hinein, wenn bspw. Eltern nicht ihren Lebensunterhalt finanzieren können. Dagegen ist die Verantwortung von Ehepartner füreinander differenzierter. Diese können die rechtliche Form wählen, soweit sie die Standardform der Zugewinngemeinschaft abändern. Ansonsten haften sie füreinander unbeschränkt und werden für den Lebensunterhalt des anderen herangezogen, bevor staatliche Hilfen greifen. Wird eine Ehe aufgelöst, das Vermögen verteilt, können Ansprüche gegeneinander bestehen blieben, insbesondere die zukünftigen Leistungen der gesetzlichen Rentenversicherung werden aufgeteilt. Weiterhin bestehen steuerliche Vorteile, da sowohl die Steuerbelastung sinkt als auch mögliche Freibeträge verdoppelt werden. Beim Erbe werden Angehörigen Vorteile eingeräumt, allerdings auch ein Pflichtteil vorgegeben, womit die Entscheidungsfreiheit eingeschränkt wird.

Viele nicht verheiratete Paare erwägen mit höherem Alter die Eheschließung, weil nur dann Witwenrente geleistet wird. Auch hier gilt es, nicht zu lange zu warten, da zwischen Eheschließung und Tod des Partners mindestens ein Jahr liegen muss, um Ansprüche zu erwerben.

Eine Ehe kann rechtlich gestaltet und aufgelöst werden, die rechtliche Verbindung zu Eltern und Kindern nur im Ausnahmefall unter beachtlichem rechtlichem Aufwand beendet werden. Eine „Enterbung", der Ausschluss vom gesetzlichen Pflichtteil ist nur bei außergewöhnlichen Vorkommnissen möglich.

Die gesetzlichen Vorgaben, die Standardlösungen, welche greifen, wenn nicht aktiv Veränderungen vorgenommen werden, sind nicht falsch, bilden aber eine Realität ab, welche für zunehmend weniger Menschen gilt: die lebenslange Ehe, der Mann als Hauptverdiener, gemeinsame Kinder und ein ungetrübtes Verhältnis zueinander. Zwar reagiert der Gesetzgeber auf die gesellschaftlichen Veränderungen, bspw. bei gleichgeschlechtlichen Partnerschaften, die Vielfalt kann aber nur unvollständig berücksichtigt werden. Selbst wenn dies möglich wären, wird es bei Betroffenen immer eine Zeit dauern, bis an ein verändertes Lebensmodell die rechtliche Situation angepasst wird. So ist bspw. die Trennung von Ehepartnern auch bei gemeinsamen Kindern heute keine Ausnahme mehr. Kommt eine neue Partnerschaft zustande mit einem Menschen, der wiederum Kinder in die Beziehung einbringt, entsteht eine sog. „Patchworkfamilie", die der rechtlichen Gestaltung im Sinne der Betroffenen bedarf.

Entspricht aber die rechtliche der gewünschten Situation? Veränderungen im Leben ergeben sich häufig langsam, fast unmerklich, während die aktive Umgestaltung, die rechtlich verbindliche Festlegung, einen einmaligen Schritt darstellt. Diesen zu gehen, ist nicht immer einfach. Lebensmodelle müssen revidiert, Träume losgelassen werden. Oft ist mit Widerstand von Betroffenen zu rechnen; vielleicht wird eine bereits labile Beziehung endgültig beendet. Dennoch gilt es die Frage zu beantworten, für wen Verantwortung übernommen werden soll und wer Verantwortung für einen selbst übernehmen soll, wenn dies erforderlich wird. Innerhalb der rechtlichen Grenzen gilt es auf dieser Basis die eigene Familie festzulegen.

Stimmen die gesetzliche Definition und die eigenen Vorstellungen überein, besteht kein unmittelbarer Handlungsbedarf. Anders sieht es aus, wenn Differenzen existieren. Im Einzelfall mag es zur heftigen Auseinandersetzung und zum lauten Knall kommen, häufiger findet eine langsame Abwendung von Verwandten und/ oder eine Zuwendung zu anderen Menschen statt. Ändern mag sich immer noch vieles, Hektik und Schnellschüsse sind nicht anzuraten. Dennoch gilt es, das Gespräch zu suchen, Betroffene davon zu unterrichten, warum man die aktuelle Situation nicht passiv akzeptieren, sondern aktiv gestalten möchte. Da innerhalb der Familie Emotionen eine Rolle spielen, kann erwogen werden, den Prozess durch Dritte moderieren zu lassen. Man ist anderen nichts schuldig, wenn eine Ehe geschieden und Kindern eine Ausbildung ermöglicht wurde. Die in Kap. 4 anzusprechende finanzielle Situation wird in die Gesamtlösung einfließen; Betroffene legen fest, inwieweit vorhandenes Vermögen übertragen oder später vererbt werden soll. Alternativ kann Vermögen aufgebraucht oder für andere Zweck eingesetzt werden.

Bei anderen Punkten ist eine gemeinsame Betrachtung nicht möglich, so betrifft die Gesundheit stets den Einzelnen. Bei weiteren Themen sollten die Ergebnisse bewusst alleine ermittelt werden. So werden Diskussionen und Relativierungen vermieden.

Aufgaben im hier behandelten Themengebiet sind stets persönlich und oft unangenehm. Gerne werden diese gegenüber den Betroffenen dann im Ungefähren, im Ungewissen belassen. Es würde sich schon darum gekümmert, es sei noch so viel Zeit. Vielleicht wird auch ein ungefähres Datum vorgegeben, verknüpft mit einem bestimmten Ereignis. Wenn man in den Ruhestand geht, wenn eine Berufsausbildung abgeschlossen ist, wenn die eigenen Eltern verstorben sind. Alle Ausflüchte nutzen jedoch nichts, man muss sich dem Thema stellen. Wie ausgeführt, hat kein Angehöriger explizites Recht auf ein Erbe, allerdings darf er zumindest Klarheit erwarten und die Möglichkeit, den eigenen Lebensentwurf ggf. anzupassen. Ebenso sollte „ wenn – dann" Aussagen vermieden werden. „Wenn du deinen Abschluss hast, wenn du die Firma übernommen hast, wenn du eigene Kinder" hast etc. Keine Festlegung ist in Stein gemeißelt, aber Dritte im Unsicheren zu belassen, von erwachenden Menschen zu erwarten, dass dies ständig beweisen der Gunst des Betroffenen würdig zu sein ist unanständig.

Aber es soll sich doch was ändern, ist manchmal der Eindruck, vielleicht das ungefähre Gefühl. Dann soll man es ändern. Jetzt! Dann findet die Inventur anschließend oder erneut statt.

3.4 Einkommen und Vermögen

Hinweise und Tipps lassen sich in diesem Bereich zuhauf finden. Verschiedene Anbieter, insbesondere Banken und Versicherer, offerieren ihre Lösungen und lassen diese selbstverständlich im besten Licht erscheinen. Dagegen ist nichts einzuwenden, allerdings ist Vorsicht anzuraten. Eine grundsätzlich gute Empfehlung sind die Hinweise der Stiftung Warentest und von finanztip. Beide Organisationen sind gemeinnützig und informieren bestmöglich im Sinne der Betroffenen. Allerdings gilt es, den Zeitpunkt der Veröffentlichung einer Information zu beachten; sind doch regelmäßige gesetzliche Veränderungen eher die Regel als die Ausnahme.

3.4.1 Einkünfte

Renten haben gegenüber anderen Einkunftsarten einen großen Vorteil: die Sicherheit. In Kap. 2 wurde aufgezeigt, dass die derzeitige Lösung dauerhaft nicht finanzierbar ist. Dass aber Rentner reale Kürzungen erleiden müssen, ist unwahrscheinlich. Ebenso scheinen regelmäßige Anpassungen an die allgemeine Preisentwicklung in absehbarer Zeit nicht gefährdet. Auch für andere Renten, wie „Riester" und „Rürup" oder für Betriebsrenten und Zahlungen aus Pensionskassen hat der Gesetzgeber für hohe Sicherheit gesorgt. Mit einem Ausfall ist nicht zu rechnen, wobei die Sicherheit mit relativ geringen Renditen erkauft wird.

Weiterhin ist die Höhe der gesetzlichen Rente(n) eindeutig festgelegt. Regelmäßige Informationen darüber erhalten alle zukünftigen Bezieher. Kurz Zeit vor dem Bezugsbeginn bestehen keine Möglichkeiten mehr, die Höhe in größerem Umfang nach oben oder unten zu beeinflussen. Über die Belastungen an Steuern und Sozialabgaben sind Informationen einfach zu erhalten. Berechnungsmodelle stehen im Internet zur Verfügung; bei komplexen Fragen können Steuerberater Antworten geben. Eine große, kompetente Hilfe sind die Versicherungsältesten der Rentenversicherung, die Betroffene ehrenamtlich beraten.

Schlussendlich ergibt sich eine Differenz zwischen den bisherigen und dem zukünftigen Einkommen. Dabei sind ergänzend mögliche Sonderzahlungen wie Weihnachts- und Urlaubsgeld sowie erfolgsabhängige Einkommensbestandteile zu berücksichtigen. Die bisherigen Zugänge werden für die monatliche Betrachtung gezwölftelt.

Wenn es auch hoffentlich in weiterer Ferne liegt, gilt es eine mögliche Witwenrente zu antizipieren. Diese beträgt grundsätzlich 55 % der Rente des Verstorbenen; allerdings erfolgt eine Anrechnung möglicher Einkünfte.

Die Differenz wird in der überwiegenden Zahl der Fälle signifikant sein. Die Standardrente eines „Eckrentners", der 45 Jahre Beiträge für ein Durchschnittsentgelt eingezahlt hat, beträgt 1692 € brutto. Nach Abzug der Beiträge zur Kranken- und Pflegeversicherung bleiben 1503 € netto vor Steuern. 2023 lag das Rentenniveau bei 48 %, der Durchschnittsverdiener bekam damit nach Renteneintritt ca. die Hälfte des vorherigen Einkommens. Allerdings beziehen sich diese Daten ausschließlich auf die gesetzliche Rente, private Vorsorge ist nicht berücksichtigt, ebenso spielt privater Immobilienbesitz und das mietfreie Wohnen keine Rolle.

Eine Inventur, eine Bestandsaufnahme bei Wertpapieren, ist einfach. Bei Immobilien dagegen schwieriger. Eine gewisse Vorstellung ist meistens vorhanden, basiert selten jedoch auf belastbaren Fakten. Ein Nachbar soll zum Preis x verkauft, der Bekannte eines Freundes zum Preis y eine vergleichbare Immobilie erworben haben. Der Kaufvertrag wurde allerdings nicht vorgelegt. Sicherlich sind die Immobilienpreise in den letzten Jahren stark abgestiegen, einem kurzen Rückgang zum Trotz. Die weitere Entwicklung mag nicht exakt vorhersehbar sein, allerdings ist eine stärkere Differenzierung zu erwarten. In wachsenden Regionen und Lagen sind weitere Steigerungen absehbar, während in Regionen mit zurückgehender Bevölkerung die Preise sinken, teilweise deutlich und selbst attraktive Immobilien keine Käufer finden. Eine valide Wertschätzung macht Sinn, die Anpassung der Vorstellungen an die Realität ist manchmal schmerzhaft, aber sinnvoll.

Häufig gibt es aus verschiedenen Absicherungen Einmalzahlungen; so bspw. bei Direktversicherungen. Steuerliche Belastungen sind nicht zu erwarten, allerdings Krankenkassenbeiträge von ungefähr 16 %. Teilweise sind die Einnahme fest verplant, bspw. um Immobilienkredite abzubezahlen; teilweise wird nach Nutzungsmöglichkeiten gesucht. Eine Idee ist in selten Fällen vorteilhaft: den Vorschlägen der Banken und Versicherungen zu folgen, die das Kapital bisher verwalten. Diese sind über den Zeitpunkt der Auszahlung informiert und werden entsprechende Angebote unterbreiten. Betroffene sollten verschiedene Möglichkeiten abwägen und Vergleichsangebote einholen.

Sichere Vermögenserträge sind nur in vergleichsweise geringer Höhe zu erhalten. So lassen sich mit erstklassigeren, sicheren festverzinslichen Wertpapieren zum Zeitpunkt der Manuskripterstellung weniger als 4 % erzielen. Werden bspw. 400 € monatlich benötigt, (4800 €/ jährlich), müssen hierzu 160.000 € angelegt werden, bei Berücksichtigung der Kapitalertragssteuern noch 25 % mehr. Zwar liegen die Gewinne von Aktieninvestments im langjährigen Schnitt bspw. beim deutschen Leitindex, dem DAX, mit 8 % deutlich höher, setzten sich allerdings aus Dividenden und Kursgewinnen zusammen, womit sich wiederum die Frage stellt, wie lange das Vermögen reichen kann.

Vermögen kann aufgebraucht werden, allerdings ist die Frage, bis wann, erst mit dem Tod zu beantworten, der hoffentlich in weiter Ferne liegt. Es gibt die Möglichkeit, gegen Einmalzahlungen eine dauerhafte Rente zu beziehen, allerdings überzeugen die Anlageformen wenig. Finanztipp rät davon ab. Werden die angeführten 160.000 € angelegt, bieten für 1958 Geborene gute Anbieter ca. 480 € an, wobei allerdings das Vermögen an den Anbieter transferiert und nicht mehr anders genutzt oder verschenkt/ vererbt werden kann.

3.4.2 Ausgaben

Meistens hat sich das Leben in eine gewisse Richtung entwickelt, ein Lebensstandard etabliert, der mit dem Einkommen in Einklang steht. Es ist dann nicht erforderlich, die Ausgaben im Ruhestand explizit zu planen, als vielmehr zu betrachten, was sich verändern wird.

Möglichweise entfallen Vorteile, die der Arbeitgeber gewährt hat und deren sog. geldwerter Vorteil versteuert wurde. Davon sind insbesondere Dienstwagen betroffen. Hier gilt es, zukünftige, eigene Ausgabe zu planen. Entfallene Kosten betreffen primär den Arbeitsweg. Im privaten Bereich werden durch die häufigere Anwesenheit Zuhause Strom und Heizkosten voraussichtlich ansteigen.

3.4.3 Differenzen

Auf dieser Basis wird die mögliche Differenz ermittelt. Übersteigen die Einkünfte die Ausgaben, ist dies unkritisch; andersherum stellt sich die schlichte Frage, wie lange vorhandenes Vermögen ausreicht, um die Differenz zu schließen. Meistens nicht lange.

Inwieweit Reduktionen möglich sind, ist eine individuelle Frage. Mancher Betroffene hat seine Ausgaben sprichwörtlich im Griff, kennt alle Kniffe und Tricks, bei denen er als echter Sparfuchs noch etwas einsparen kann und dokumentiert in einem Haushaltsbuch akribisch alle Ausgaben, andere gehen lockerer, vielleicht leichtsinniger, mit dem Thema um. Womit der Einzelne zufrieden, ja glücklich, wird, muss dieser entscheiden. Allerdings kann keine positive Zukunft erwartet werden, wenn der Tatsache ins Auge geblickt wird, dass der bisherige und/ oder angestrebte Lebensstandard noch x Monate oder Jahre beigehalten werden kann.

Eine Analyse der Ausgaben wird sinnvoll sein, weil sich das Leben verändert. Finden ohnehin beruflich einschneidende Veränderungen statt, können damit auch freiwillige Verhaltensveränderungen einher gehen. Schlussendlich bleibt auch mehr Zeit, sich um entsprechende Sachverhalte zu kümmern.

Die eigene, selbstgenutzte Immobilie stellt für viele einen wichtigen Eckpfeiler der finanziellen Sicherheit dar. Oft wurde sie 20–30 Jahre vor Ruhestandseintritt erworben und ist bei Ruhestandseintritt schuldenfrei. Allerdings sollte möglicher Modernisierungs- und Erhaltungsaufwand nicht verdrängt werden. Die 3 % des Gebäudewertes, die der Gesetzgeber als jährliche Abschreibung auf den Gebäudewert ansetzt, sollten für erwartbare Ausgaben zurückgelegt werden.

Eine kritische Situation kann sich ergeben, wenn Kredite im Ruhestand nicht nur bedient, sondern verlängert bzw. neu aufgenommen werden müssen. Banken sind generell kritisch bei älteren Menschen; vor allem bei längeren Laufzeiten nimmt das Risiko des Todesfalls zu. Kreditgeber beurteilen das Ausfallrisiko neu, sehen sie keine Deckung der Rückzahlung durch die Einnahmen des Ruheständlers, wird es schwierig, teilweise unmöglich, einen Kredit zu erhalten. Entsprechend gilt es, frühzeitig das Gespräch zu suchen und Möglichkeiten zu finden.

3.4.4 Optionen

Die schlechteste Option ist sicherlich darauf abzuwarten, dass die tatsächliche Entwicklung eintritt, wenn die Ausgaben die Einnahmen überstiegen. Selbst größere Vermögenswerte werden rasch aufgebraucht, wenn monatliche Geldbeträge zur Erhaltung des Lebensstandards notwendig sind.

Geringe Einnahmen beruhen primär auf einer niedrigen gesetzlichen Rente, darauf dass ein geringes Einkommen zu geringen Beiträgen führte und/ oder die Beitragszeiten kurz waren. Die Grundrente stellt allerdings die Untergrenze der Rentenbezüge dar und liegt oberhalb der Grundsicherung. Um diese zu erhalten, müssen mindestens 33 Jahre an sogenannten Grundrentenzeiten vorhanden sein. Wenn diese Zeit nur knapp unterschritten wird, kann ein Weiterarbeiten bis zum Erreichen sinnvoll sein.

Der Zuschlag beläuft sich allerdings im Schnitt nur auf 86 € monatlich. Die Deutsche Rentenversicherung prüft die Vorrausetzungen selbstständig und zahlt der Grundrentenzuschlag aus. Zwischen Bürgergeld und Grundsicherung gibt es keinen Unterschied; bei Bürgergeld handelt es sich um eine Grundsicherung für Arbeitsuchende. Während die Grundsicherung im Alter gewährt wird muss keine Erwerbstätigkeit mehr angestrebt bzw. angenommen werden. Bei der Grundsicherung müssen allerdings nicht Vermögenswerte aufgebraucht werden.

3.4.5 Schenkungen

Wie angeführt, behandelt dieser Abschnitt den aktuellen Stand, nicht die Gestaltung. Man gibt besser mit der warmen als mit der kalten Hand, sagt ein Sprichwort; sollte die Schenkung also der Vererbung vorziehen. Wer nicht handelt, gibt automatisch mit der kalten Hand, sofern etwas zu geben ist.

Schenkungen sind aus zwei Perspektiven zu berücksichtigen. Einerseits können steuerliche Freibeträge nach zehn Jahren erneut genutzt werden. Anderseits werden Schenkungen ebenfalls bis zu zehn Jahre zurückverfolgt, wenn es um den Eigenanteil bei Pflegekosten geht. Selbst ein 50 € Sparplan für einen Enkel kann zurückverlangt werden, wie das OLG Celle entschieden hat. Bei der Rückforderung einzelnen Beträge kommt es darauf an, wofür das Geld eingesetzt wurde. Wertgegenstände müssen verkauft werden, erfolgte Konsum ist keine Rückzahlung erforderlich. Deshalb sollten Schenkung, wo möglich explizit für Konsumanlässe wie die Ausrichtung einer Hochzeit oder eine Traumreise gewährt werden.

Der Fiskus verfolgt die Entwicklung mittels der Bankbewegungen der Betroffenen, weshalb dringend davon abzuraten ist, erfolgte Schenkungen abzustreiten.

3.5 Pflegefall

Die Möglichkeit zum „Pflegefall" zu werden, nicht mehr im eigenen Haushalt zu wohnen, in seiner geistigen und körperlichen Mobilität zunehmend eingeschränkt zu werden, ist keine attraktive Vorstellung. Fast jeder Ruheständler wünscht sich, ja träumt davon, bis kurz vor dem Ableben aktiv zu sein, am liebsten plötzlich und unerwartet aus dem Leben zu scheiden, zumindest in der eigenen Wohnung sein Leben beenden. Die Realität sieht allerdings anders auf. 2023 steht die Pflegequote laut der Gesellschaft für wirtschaftliche Strukturforschung auf einem Rekordhoch von 5 Mio. Pflegebedürftigen. Das entspricht einer Verdopplung der Pflegebedürftigen innerhalb der letzten 10 Jahre. Über 82 % der Menschen, die das 90. Lebensjahr vollendet haben, gelten in Deutschland als pflegebedürftig und über 79 % aller Pflegebedürftigen sind 65 Jahre oder älter. Die Pflegebedürftigen sind in Deutschland überwiegend weiblich. 62 % aller Pflegebedürftigen sind Frauen und nur rund 38 % sind Männer.

Unabhängig vom Pflegegrad wird der Großteil der Pflegebedürftigen, nämlich 80 % der pflegebedürftigen Personen, zuhause versorgt, wobei die Pflege meist durch Angehörige erfolgt. Oft werden diese zusätzlich durch einen ambulanten Pflegedienst unterstützt. Nur rund 20 % der Pflegebedürftigen wohnen in einem Pflegeheim. Dies ist allerdings teuer. Die gesetzliche Pflegeversicherung übernimmt einen Teil der Heimkosten, rund 1000 € monatlich. Dabei handelt es sich um eine Unterbringung, die den gesetzlichen Anforderungen genügt. Wer höhere Ansprüche hat und in eine private Residenz ziehen möchte, zahlt nicht selten monatlich 5000 €, teilweise mehr.

Den Eigenanteil von durchschnittlich 2500 € muss der Bewohner selbst aufbringen, wobei dieser weiterhin deutlich ansteigt. Durchschnittlich werden Mensch 2,5 Jahre gepflegt. Sozialbehörden prüfen, ob eine Immobilie vorhanden ist, die nicht mehr selbst bewohnt wird, diese ist zu veräußern.

3.6 Erbe, Vermögensübergang

Die meisten Erben bleiben steuerfrei. Die erheblichen Freibeträge, bei Ehegatten 500.000 €, bei Kindern 400.000 €, werden selten überschritten. Bei nicht verwandten Erben blieben nur 20.000 € steuerfrei, meistens ist die Bindung aber nicht so eng, als dass dies ein wichtiges Thema für den Erblasser wäre.

Übersteigt das Erbe den Freibetrag muss nur der Betrag versteuert werden, der den Freibetrag übersteigt. Eine selbstgenutzte Immobilie bleibt steuerfrei, soweit die Grundfläche nicht 200 m^2 übersteigt und der Erbe mindestens zehn Jahre in der Immobilie wohnen bleibt. Die gesetzliche Erbfolge legt fest, dass Ehepartner und Kinder das Vermögen vollständig erben, keine anderen erbberechtigt sind, außer die Eltern, wenn keine anderen Angehörigen vorhanden sind. Ehepartner und die direkten Abkömmlinge, also Kinder, Enkel oder Urenkel, erhalten jeweils 50 %. Auch im Falle eines anderslautenden Testaments erhalten diese den Pflichtanteil, der die Hälfte des gesetzlichen Erbanteils beträgt.

Angesichts dieser Vorgaben stellt sich Frage, warum es vergleichsweise häufig zu Auseinandersetzungen unter Erben kommt. Der primäre Grund liegt darin, dass diese eine Erbengemeinschaft bilden. Das Erbe wird von den Erben gemeinsam verwaltet, bis es endgültig aufgeteilt ist. Nun ist eine Aufteilung bei einem Barvermögen sehr einfach, auch Wertpapiere dürften keine Probleme bereiten. Gibt es allerdings ein Familienhaus und zwei Erben, kann die Aufteilung schwieriger werden. Manchmal möchten verschiedene Erben bspw. das Elternhaus beziehen, eine rasche Lösung scheitert aber an der fehlenden Möglichkeit, weitere Erben auszuzahlen. Bei Immobilien ist es steht eine Frage der Perspektive, ob bzw. in welcher Höhe Investitionen erfolgen.

Oft sind sich Betroffene der Herausforderungen bewusst und teilen Vermögenswerte explizit auf. Solange der Pflichtanteil für jeden Beteiligten erreicht wird, ist dies unproblematisch. Allerdings kann nur der aktuelle Wert abgebildet werden. Da sich Vermögensgüter unterschiedlich entwickeln, sollte regelmäßig ein möglicher Anpassungsbedarf geprüft werden.

Ob und wie detailliert potenzielle Erben informiert werden, bliebt dem Ruheständler überlassen. Ebenso, ob mittels Schenkungen schon mit „warmer" statt „kalter" Hand gegeben wird.

Insbesondere bei sog. Berliner Testament gilt es, vorsichtig zu sein. Nach dem Ableben des Ehepartners bliebt der überlebende Partner an das Testament gebunden, mögliche Veränderungen, bspw. eine neue Partnerschaft, kann nicht mehr erblich abgebildet werden.

3.7 Gesundheit

Was für die Lebensdauer gilt, gilt auch für die Lebensqualität. Keiner weiß, wie es weitergeht. Während jedoch ein Leben plötzlich beginnt und endet, entwickelt sich die Gesundheit, der körperliche und geistige Zustand, über eine längere Zeit. Allerdings ist die immer noch verbreitete Ansicht, dass es mit dem Leben im Allgemeinen und dem persönlichen Zustand im Speziellen spätestens mit dem Ruhestandseintritt bergab geht, Unsinn. Selbstverständlich erbringt kein 60-Jähriger noch sportliche Spitzenleistungen, aber mittels moderaten Trainings und vernünftiger Lebensführung kann die Leistungsfähigkeit für lange Zeit gesichert bliebt. Dass plötzliche Schicksalsschläge alles verändern können ist richtig, trifft aber für jeden Menschen in jeder Lebensphase zu.

Statt ab 50 von Abstieg und Niedergang auszugehen, ist das Modell der in Kap. 2 vorgestellten Lebensspannen sinnvoller. Phasen des Arbeitens und Ausruhens werden sich zwischen 20 und 80 immer wieder abwechseln. Das Lebensphasenkonzept kommt jedoch nur zur Anwendung, wenn es bewusst akzeptiert und aktiv umgesetzt wird. Geht man, nicht unrealistischerweise, von einem hundertjährigen Leben aus, ist mit 50 erst die Hälfte vorbei. Soll die zweite Hälfte ausschließlich mit dem langsamen Niedergang verknüpft werden (Heckel, 2024, S. 14–18).

Das Hauptproblem ist, dass die, die es am nötigsten hätten, sich dem Thema Gesundheit zu stellen, meisten den größten Bogen darum machen. Mancher möchte sich bestätigen lassen, was er ohnehin weiß, mancher verdrängt, was er ohnehin ahnt. Das vorliegende Buch soll Menschen informieren, nicht belehren. Es gibt mehr als ausreichend Angebote und Information, wie Leben gesund gestaltet wird. Keiner muss sich daranhalten; sich ehrlich machen erleichtert allerdings die Gestaltung des zukünftigen Lebens.

Wenige Aktivitäten sind nicht mehr möglich, viele jedoch mit eingeschränktem bzw. verändertem Fokus. Keiner Ruheständler kann mehr Spitzensport erfolgreich betreiben, jedoch auch in diesem Bereich bspw. als

Trainer oder Organisator erfolgreich sein. Kein 60-jähriger Handwerker kann die körperlichen Leistungen des 25-jährigen Kollegen erbringen, mit seiner Erfahrung allerdings dazu beitragen, dass der jüngere Kollege seine Arbeit besser ausführt.

Berufliche Aktivitäten sollten keineswegs mit dem Alptraumszenario des „Arbeiten bis zum Umfallen" verbunden werden. Vielfältige Studien belegen, dass beruflich Aktive länger leben, unabhängig von möglichen Vorerkrankungen (Heckel, 2024, S. 29). Auch vor zunehmenden physischen Krankheiten sind Ruheständler besser geschützt bzw. können sich besser schützen. Stress gibt es nur, wenn Sie „Ja" sagen und „Nein" meinen. Entscheidung 63 Ruheständler haben aufgrund des Rentenbezuges in sehr viel größerem Maße die Möglichkeit, „Nein" zu sagen, idealerweise bereits im Vorfeld einer neuen Aufgabe den für sie passenden Umfang und die richtige Intensität auszuwählen.

3.8 Soziales Leben

Der Mensch ist ein soziales Wesen. Kontakte zu anderen Menschen sind ein Grundbedürfnis, nicht weniger relevant als Essen und Trinken. Über Jahrhunderte waren soziales Leben und Familie eng miteinander verknüpft. Man lebte und arbeitete zusammen unter einem Dach. Diese Situation hat sich weitgehend aufgelöst. Ältere Menschen sind in zunehmenden Maßen von Einsamkeit betroffen. Kinder gründen einen eigenen Haushalt, Lebenspartner versterben, private Freunde sind nicht mehr mobil. Immer mehr Menschen leben freiwillig oder unfreiwillig alleine, 2023 waren 41 % der Haushalte, in denen 20 % der Menschen lebten, Ein-Personen-Haushalte. Für diese Menschen entfallen selbstverständliche soziale Kontakte. Mit dem Eintritt in den Ruhestand trifft dies gleichfalls auf die Kontakte im beruflichen Umfeld zu. Die Folgen sind bekannt, haben insbesondere durch die Corona Pandemie an Bedeutung zugenommen: Menschen werden einsam. Einsamkeit macht krank. Zwar haben staatliche Stellen die Bedeutung des Themas erkannt und richten zunehmend Anlaufstellen für Betroffene ein; diese zu nutzen, sich selbst gegenüber einzuräumen, einsam zu sein, muss jedoch der Einzelne.

Mit dem Ende des Berufslebens enden eine Vielzahl sozialer Kontakte, vor allem deren tägliche Wahrnehmung. Wer dann noch alleine lebt, kann sich auf Tage einstellen, an denen keinerlei persönliche Gespräche erfolgen. Nun sagt Anzahl und Intensität von Kontakten nichts über deren Qualität aus. Neben netten Kollegen gibt es auch Menschen, bei denen gerne auf weitere

Kontakte verzichtet wird. Sicherlich können als Ausgleich private Kontakte intensiviert werden; der Aufbau neuer Kontakte ist dagegen unsicher, stellt sich zumindest nicht von selbst ein. Der Einzelne weiß, inwieweit er neue Kontakte sucht, aufbaut und pflegt oder sich auf bestehende Kontakte beschränkt. Letztere werden zwangläufig mit dem Alter abnehmen.

Ebenso gibt es das Gegenteil: Einzelne verfügen über vielfältige soziale Kontakte, engagieren sich ehrenamtlich und freuen sich darauf, im Ruhestand diesen Aufgaben mehr Zeit zuwenden zu können. Bei den meisten Betroffenen ist es so, dass bereits verfolgte Interessen mit größerer Intensität wahrgenommen werden, ob aber neue Beschäftigungen hinzukommen, ist meistens zweifelhaft.

Ein zunehmend populäres Thema ist die sog. „Bucket List". Dinge, die bisher (noch) gemacht und lange aufgeschoben wurden, sollen nunmehr angegangen werden. Teilweise hat sich vor dem Ruhestandseintritt eine gewisse Dynamik entwickelt, in geselliger Runde oder im Arbeitsumfeld dies und das angekündigt. Menschen machen Dinge, die sie bereits machen, mit größerer Intensität. Aufgrund der Erfahrung wissen sie, dass diese Dinge ihnen zusagen und guttun. Bei völlig neuen Dingen ist dies unsicher. Mag es als Massenbewegung erscheinen, kann doch niemand vorab beurteilen, ob ein mehrmonatiger Aufenthalt in einem Wohnmobil persönlich das Richtige ist. Meistens sind einzelne Dinge im Berufsleben zu kurz gekommen, teilweise wurde sie auch bewusst für die Zeit des Ruhestandes zurückgestellt. Das einmalige „Abarbeiten" bestimmter Ereignisse mag Zeit in Anspruch nehmen, wird das Leben jedoch nicht dauerhaft verändern.

3.9 Akzeptanz und Veränderung

Die Fortschreibung der erwartbaren Entwicklung kann Akzeptanz verursachen oder Veränderung anstoßen. Nun ist es bei quantitativen Daten, wie der Einkommens- und Vermögensentwicklung, einfacher Handlungsbedarf festzustellen, als bei den anderen qualitativ messbaren Aspekten, wie dem sozialen Leben. Dennoch ist eine kurzsichtige Konzentration auf die Finanzen falsch. Wem voraussichtlich 50 € monatlich fehlen, aber fast alle sozialen Kontakten im beruflichen Umfeld hat, sollte die Finanzen hintenanstellen.

Die nächsten Schritte erfolgen aktiv oder erfolgen nicht. Reinhard Sprenger formuliert konsequent und prägnant:

> „Jetzt etwas anderes machen ist möglich, jederzeit. Es hat nur Folgen, auf die man sich nicht einlassen möchte. Man muss anerkennen: Man ist da, wo man

ist, weil man es sich ausgesucht hat. Glück ist das Ergebnis von selbstverantwortlichem, entschiedenem Handeln. Leben wie es ist, wurde frei gewählt. Sie können alles tun. Alles hat Konsequenzen. Viele haben vergessen, dass sie wählen können." (Sprenger, 2016, S. 12–24)

„Sie haben gesagt: „Ich muss" statt „Ich will". Sie haben sich Kleingemacht. Irgendwann sind wir, was wir von uns denken. Ich sollte, man solle, ist die Krönung der Ohnmacht. Es gibt kein Versuchen, nur machen oder nicht machen Erwartungen anderer sind nicht egal, man soll ihnen nur nicht reflexhaft nachgeben Wer anderen die Schuld zuweist, muss sich nicht ändern." (Sprenger, 2016, S. 51–66)

3.10 Viel früher in den Ruhestand

Im vorliegenden Buch wird der Eintritt in den Ruhestand als aktive Entscheidung der Betroffenen, nicht als passive Akzeptanz einer standardisierten Vorgabe aufgezeigt. Ab welchem Alter, mit welchen finanziellen Ressourcen besteht aber die Möglichkeit, das Erwerbsleben früh zu beenden? Der wachsende Wohlstand in Deutschland und die geringer werdende Anzahl von Kindern haben dazu geführt, dass immer mehr an immer wenigere vererbt wird. Die wenigsten werden über das notwendige Vermögen verfügen, aber die Daten zu betrachten ist dennoch interessant (Kugler, 2024, S. 4).

„FIRE" Bewegung" steht für „Financial Independence, Retire Early", finanzielle Unabhängigkeit und frühe Rente. Spezialisten dieser Bewegung haben ausgerechnet, wie viel Geld man benötigt, um früh in Ruhestand gehen zu können und dennoch seinen Lebensstandard zu halten. Es wird von durchschnittlichen Lebenshaltungskosten von 3025 € ausgegangen, wobei auch berücksichtigt wird, dass die Beiträge zu Kranken- und Pflegeversicherung alleine getragen werden. Die gesetzliche Rente beträgt aufgrund der kurzen Beitragszeit 1000 €, wird allerdings erst ab 67 ausgezahlt. Aufgrund des langen Zeitraums ist die Inflation wichtig, die mit 2 % angesetzt wird. Wird das Vermögen in einem breit aufgestellten Wertpapierbestand angelegt, sind ca. 5 % Rendite zu erwarten. Dann müssen 1,35 Mio. € angelegt werden, damit das Geld reicht, bis zu einem fiktiven Lebensende mit 90. Bei einer sicheren, konservativen Geldanlage sind sogar 1,96 Mio. € notwendig.

Bei einem Ruhestandeintritt mit 40 wurden bereits höhere Rentenansprüche erworben, der Zeitraum, der selbst finanziert werden muss, ist kürzer. Allerdings wird auch ein etwas höherer Lebensstandard angesetzt, 4900 €

monatlich eingeplant. Bei diesem Lebensmodel sind 1,87 Mio. € bzw. bei sicherer Vermögensanlage 2,53 Mio. € notwendig.

Wird der Ruhestand mit 50 angetreten und die gleichen Lebenshaltungskosten wie beim 40-jährigen angesetzt, betragen die Werte 1,51 Mio €. bzw. 1,93 Mio €.

Literatur

Heckel, M. (2024). *Der Weg in den Unruhestand*. Redline.
Kugler, N. (2024, July 30). *Der Traum vom frühen Ruhestand*. NRZ.
Sprenger, R. (2016). *Die Entscheidung liegt bei dir*. Campus.

4

Lebensplanung, Lebensentwürfe

Zusammenfassung Selbstverständlich kann und soll man in gewissen Abständen sein Leben betrachten, beurteilen, Handlungsbedarf erkennen und umsetzen. Dabei ist der Beginn des Ruhestandes als einschneidendes Lebensereignis besonders bedeutend. Das Kap. 3 hat aufgezeigt, dass sich ohnehin Grundlegendes verändert. Dann ist die aktive Gestaltung der passiven Akzeptanz vorzuziehen. Viele hatten große Pläne und mussten erleben, dass diese nicht, zumindest nicht im erwünschten Umfang, eingetreten sind. Manche schauen auf junge Menschen und deren Vorstellung, wie sie ihre Leben und ihre Umwelt gestalten, ja letztere aus den sprichwörtlichen Angeln heben wollen. Die Frage nach dem „Warum" führt nicht weiter; vielmehr gibt es „Was" zu fragen. „Warum" weißt in die Vergangenheit, „was" in die Zukunft.

4.1 Bedürfnisse

4.1.1 Im Leben, nicht vor dem Leben

Vor- und Nachteile von Ruheständlern sind, dass diese nicht bei null anfangen und über vielfältige Lebenserfahrung verfügen. Das manches wurde erreicht, manches nicht, trifft auf praktisch jedes Leben zu. Nicht mehr alles kann erreicht werden, aber immer noch vieles. Zieht man eine durchschnittlich verbleibende Lebenszeit heran Kap. 2, wird der weite Horizont und die vielfältigen Möglichkeiten deutlich. Die meisten Menschen überschätzen, was sie in einem Tag erreichen können und unterschätzen was sie in einem

Jahr erreichen können. Der Bestseller „Atomic Habits" verdeutlicht diese Perspektive und zeigt auf, welche bemerkenswerten Erfolg man erzielt, wenn man jeden Tag nur 1 % besser wird.

„Bedürfnisse" werden als Mangelerfahrung beschrieben, die den inneren Wunsch auslöst, diesen Mangel zu beseitigen. So wie negatives Wissen, das Wissen darum, was man nicht will, robuster ist, als positives Wissen, sollte auch die Bedürfniserfüllung vor der Umsetzung vage Träume stehen. Drei universelle, psychologische Grundbedürfnisse stehen dabei im Mittelpunkt:

- das Bedürfnis nach Kompetenzerleben,
- das Bedürfnis nach Autonomie,
- das Bedürfnis nach sozialer Eingebundenheit.

Dass diese Bedürfnisse sich im Rahmen einer Berufstätigkeit leichter als im Rahmen der Untätigkeit erreichen lassen, dürfte unmittelbar einsichtig sein.

4.1.2 Unterstützung

Jede Veränderung, jede Umstellung ist mit Unsicherheit verbunden. Wenn diese passiv akzeptiert wird, wie der Ruhestandseintritt und sich nicht die erhofften Ergebnisse einstellen, erscheinen andere verantwortlich, ja schuld, gerne die „Gesellschaft" oder der „Staat". Wird dagegen aktiv gehandelt, kann so aber auch anders vorgegangen werden; muss man sich die Verantwortung zu einem großen Teil persönlich zugestehen. Mehr, vor allem qualifizierte, Informationen verbessern die Entscheidungsqualität und damit die Erfolgswahrscheinlichkeiten.

Menschen bevorzugen unterschiedliche Arten der Informationsgewinnung. Leser dieses Buches nutzen offensichtlich schriftliche, detaillierte Ausführungen; andere bevorzugen knappe Videos aus dem Internet oder persönliche Gespräche. Am Anfang des Weges steht die eigene Lebensplanung. Jeder ist für sein Leben und sein Lebensglück persönlich verantwortlich, so anspruchsvoll die Aufgaben sein mögen, delegierbar sind sie nicht. Anschließend, erst danach, können Dritte helfen, Wünsche und Erwartungen zu prüfen, evtl. anzupassen, vielleicht sogar zu revidieren. Objektivität und Unabhängigkeit werden stets eingefordert; nicht ausgesprochen wird hingegen der, manchmal stillschweigende Wunsch, eine Bestätigung der eigenen Vorstellungen zu erhalten. Diejenigen, die um Unterstützung gebeten werden, sehen diesen Widerspruch teilweise besser als der Ruheständler. „Du hast recht und ich meine Ruhe" lautet dann vielleicht das Motto. Sich und dem anderen emotionale Diskussionen zu ersparen, kein Verletzungen zuzufügen und das bisher ungetrübte Verhältnis nicht belasten, ist das primäre Ziel. Um diese Gefahr zu auszuschließen, gilt es nicht nur darauf hinzuweisen, dass eine negative Antwort möglich sei, sondern sich selbst darüber klar zu werden, wie man mit einer Ablehnung umgeht. Einen Scharlatan erkennt man daran, dass er nur positive Hinweise gibt.

4.2 Das persönliche Umfeld

Menschen haben aus dem persönlichen Umfeld eigene Interessen, selbst wenn sie diese dem Ruheständler gegenüber, vielleicht auch sich selbst gegenüber, nicht einräumen. Der Freund möchte gemeinsame Freizeit verbringen, der Arbeitskollege die Zusammenarbeit fortführen, der Lebenspartner den Ruheständler mehr zu Hause haben, vielleicht auch weniger. Weiterhin nimmt das Umfeld den Betroffenen aus verschiedenen Perspektiven und unterschiedlichen Rollen wahr. Menschen blieben die gleichen, verhalten sich jedoch zu Hause anders als am Arbeitsplatz.

Um diesen Effekt abzuschwächen, sollten nicht möglichst viele Menschen, sondern Menschen aus unterschiedlichen Bereichen um Unterstützung gebeten werden. Gehen die Einschätzung deutlich auseinander, gilt es zu prüfen, welche Aussage für welchen Lebensbereich besonders relevant ist. Der Lebenspartner kann besser beurteilen, ob ein sechsmonatiger Urlaub Freude machen wird, der Arbeitskollege, ob die weitere Tätigkeit Sinn macht, der Geschäftspartner, ob Selbstständigkeit eine Option darstellt.

Es wird immer Bereiche geben, in denen professionelle Unterstützung hilfreich, vielleicht notwendig wird. An erster Stelle können gemeinnützige Organisationen genutzt werden, ob die Deutsche Rentenversicherung oder Verbraucherzentralen, Seniorenberatungen von Städten, Gründungszentren, als die erwähnte Informationsdienste wie Stiftung Warentest oder finanztip Kap. 3.

4.3 Willensstärke

Manches Notwendige, manches Wünschenswerte wurde während des Berufslebens verdrängt, vertagt. Je näher der Ruhestand kommt, umso einfacher ist, bei wichtigen, aber nicht dringenden Aufgaben die beliebte Ausflucht zu nutzen, dass man bald sein Verhalten umstellt und notwendige Schritte einleitet. Allerdings gibt es meist einen Grund, warum man bisher nicht das längst

Notwendige eingeleitet hat. Sicherlich können bisherige Gewohnheiten intensiver wahrgenommen werden, wenn mehr Zeit vorhanden ist. Dies ist allerdings etwas anderes, als neues Verhalten einzuführen. Ist die Einsicht vorhanden, stellt die Willensstärke bzw. deren Mangel das größte Hindernis dar. Sicherlich erleichtert die neue Situation die Umsetzung weiterer Veränderungen, ein Selbstläufer wird sie nicht. Zu viel und zu kurzer Zeit erreichen zu wollen, ist zum Scheitern verurteilt. Eines nach dem anderen angehen, jeder Verhaltensänderung Zeit geben, zur Selbstverständlichkeit zu werden, ist erfolgsversprechender, als den einen großen Wurf zu erwarten, eher zu erträumen.

Mancher bedarf eines weiteren Ansporns. Wird im Freundes- und Bekanntenkreis verkündet, was man sich vorgenommen hat, ist die Vermeidung des Scheiterns und des damit verbundenen Eingeständnisses für viele eine große Motivation, Widerstände zu überwinden und die Ziele hartnäckig zu verfolgen.

4.4 Auszeit nach der Berufstätigkeit

Bei jungen Menschen erfreut sich eine Auszeit nach der Schulausbildung zunehmender Beliebtheit. Neudeutsch wird von einem „GAP Year" gesprochen und auch Berufstätige nutzen häufig die Möglichkeit eines „Sabbatjahres", dass einige Monate bis zu einem kompletten Jahr beträgt. Sicherlich kann man auch als Ruheständler nach Beendigung der Berufstätigkeit eine solche Möglichkeit wählen, Dinge auf sich zukommen lassen und in Ruhe entscheiden, wie es weitergeht. Andererseits werden sich Türen schließen, die sich nicht mehr öffnen lassen. Wer vor dem offiziellen Berufsende mit seinem Arbeitgeber über eine Weiterbeschäftigung spricht, kann häufig eine gewisse Auszeit vereinbaren. Wird dagegen nach sechs Monaten angefragt, ob eine erneute Beschäftigung möglich ist, wurden bereits andere Lösungen gefunden. Vergleichbares gilt bei einem Schritt in die Selbstständigkeit. Ein neues Geschäftsmodell kann jederzeit entwickelt werden; sollen dagegen bestehende, berufliche Kontakte genutzt werden, ist es aufwendiger, sich nach einiger Zeit erneut ins Gespräch zu bringen.

„Auszeit" sollte nicht mit Passivität gleichgesetzt werden. Beim reinen Faulenzen sinkt der Intelligenzquotient bereits nach fünf Tagen um fünf Punkte. Vielmehr gilt es, die Zeit aktiv zu gestalten, vielleicht Dinge zu machen, für die bisher keine Zeit war und sich aktiv mit neuen Möglichkeiten zu beschäftigen. Wer nichts ändert und vorher schon unzufrieden war, bliebt unzufrieden. Eine klare Tagesstruktur ist erholsamer (Scherer, 2024, S. 88).

4.5 Die negative Perspektive

„Das Gute – dieser Satz steht fest – ist stets das Böse, was man lässt", wusste bereits Wilhelm Busch. Diese negative Perspektive ist ein erster, vielversprechender Schritt, den Nassim Taleb in seinem Buch „Antifragilität" vertritt. Bereits die biblischen Propheten schauten nicht in die Zukunft, sondern die Gegenwart und sagten den Menschen, was sie lassen, weniger was sie tun sollen (Taleb, 2014, S. 454).

Sich von Dingen zu befreien, kann eine wirkungsmächtige Handlungsalternative sein (Via Negativa). Das Wegnehmen, die Subtraktion einer Sache, die sich nicht bewährt hat, reduziert die Möglichkeit des plötzlichen Eintretens von negativen Ereignissen, und man bleibt offen für Verbesserungen (Taleb, 2014, S. 491).

Vieles, was sich im positiven Sinne ändern, was hinzukommen soll, ist an den Ruhestandseintritt gebunden, vieles was im negativen Sinn wegfallen soll, dagegen nicht. Worum sich dabei handelt, ist Betroffenen meist klar: ungesunde Lebensweise, Kontakt zu Menschen, die einem nicht guttun, Bindungen die gelöst werden sollten, Versprechen die eingelöst oder abgelöst werden, der Wechsel der Wohnung, vielleicht des Wohnortes. Die Gründe des Aufschiebens sind vielfältig; oft wurden Versuche unternommen und wieder abgebrochen. Dennoch: mit dem Ruhestandseintritt erhöhen sich die Erfolgschancen. Eine Veränderung der Lebensverhältnisse erleichtert Verhaltensveränderungen, selbst wenn diese unter normalen Umständen kaum gelingen. Von den US-Soldaten im Vietnamkrieg waren 20 % heroinabhängig. Nach ihrer Rückkehr blieben nur 5 % abhängig; die anderen konnten sich von der Sucht lösen. Von den Menschen, die einen Entzug machen und in ihr altes Umfeld zurückkehren, werden 90 % rückfällig. Allerdings gilt es zügig zu handeln, bevor die Neuigkeit der Veränderung erneut zur Gewohnheit wird (Clear, 2018, S. 90–91).

4.6 Vorsätze

Vor allem bei Dingen die wichtig sind, aber nicht dringend erscheinen, wird der Zeitpunkt der Umsetzung gerne in die Zukunft verschoben. Idealerweise in die unbestimmte Zukunft, ist dies nicht möglich, auf den Ruhestand. Dieser Zeitpunkt kommt aber irgendwann. Dann stellt sich die Frage, wie mit Vorsätzen verfahren werden soll. „Gute Vorsätze" heißt: Ich will eigentlich etwas anderes. Was man wirklich will, das tut man (Sprenger, 2016, S. 73,

74). Um eine klare, um eine erneute Entscheidung kommt niemand herum. Bevor etwas Neues entstehen kann, muss Altes nicht immer beseitigt, sollte zumindest aber geklärt werden. Auch hierbei hilft die negative Perspektive. Es ist einfacher festzustellen, was man nicht wünscht, als was man wünscht. Oft wurden vor Ruhestandseintritt Versprechungen abgegeben. Gegenüber Angehörigen und Freunden Diskussionen und Auseinandersetzungen vermieden, indem auf den Ruhestand verwiesen wurde. Nicht selten wurden in geselliger Runde Wünsche und Träume angesprochen, rasch große Pläne geschmiedet, welche immer wieder erneuert werden. Längst möchte man sich davon verabschieden, sieht sich aber an das einmal gegebene Versprechen gebunden. Es ist nicht einfach, sich selbst und anschließend anderen gegenüber einzuräumen, dass sich die eigenen Ansichten geändert haben; notwendig ist und bleibt diese.

4.7 Die vierte Dimension

Bei der Bestandsaufnahme, der Inventur des Lebens, wurden verschiedene Dimensionen abgesprochen, eine jedoch ausgeklammert: der Sinn. Das Erleben von Sinnhaftigkeit und Bedeutsamkeit. Der Sinn ist ein entscheidender Faktor für das Glück und die Gesundheit (Esch, 2023, S. 5).

4.7.1 Sinn des Lebens?

Durch die Berufstätigkeit ist ein grundsätzlicher Sinn gegeben. Für nicht sinnvolles, für unsinniges, wird sich kaum ein Arbeitgeber bereitfinden, einen Mitarbeiter zu beschäftigen. Mit dem Eintritt in den Ruhestand muss dieser Sinn neu gefunden werden. Ohne Sinn keine Zufriedenheit, kein Glück, kein gelungener Ruhestand. Die bereits zitierte „Bucket List" abzuhaken ist nett, aber auf diesem Weg erhält kein Leben Sinn. Worin der Sinn des eigenen Lebens besteht, dies kann nur der Einzelne entscheiden, dies muss der Einzelne entscheiden. In der bäuerlichen Gesellschaft lag dieser Sinn, die Aufgabe der Älteren in der Erziehung der Enkel und Urenkel, der Unterstützung der eigenen Kinder bei zunehmend geringer werdenden Möglichkeiten. Heute muss man diesen selber finden. Dies kann, muss aber nicht ehrenamtliche Arbeit sein. Sein Leben aufzuteilen in das, was ist, und das, was sein sollte, ist Selbstbetrug. Nicht die Frage „Wer bin ich?" führt ins Offene, sondern „wer könnte ich auch noch sein?" Es ist wichtig, zu den Folgen seines Handelns zu stehen, den Preis zu zahlen.

„Sinn" ist nicht an eine bestimmte Aktivität, auch nicht an einen bestimmten Umfang gebunden. Ein Ruheständler mag gezwungen sein, beruflich aktiv zu bleiben, um seinen Lebensstandard zu sichern, während ein anderer zeitlich eingeschränkt ist, weil er Angehörige pflegt, und ein Dritter körperliche Einschränkungen hat. Dennoch sollte es einen Grund geben, morgens aufzustehen. Das Leben zu genießen kann Sinn geben, der aber stets zeitlich befristet ist.

4.7.2 Suchen und finden

Ein Ruheständler weiß genau, was er wann angehen möchte, ein anderer ist sich nicht sicher, schwankt zwischen verschiedenen Möglichkeiten. Bei Unsicherheit ist ein gewisses Ausprobieren die richtige Vorgehensweise. Wie dies zielgerichtet erfolgt, zeigt der Bergsteigeralgorithmus auf.

Der Bergsteiger möchte den höchsten Berge einer Region erklimmen. Allerdings sind die Gipfel im Nebel verdeckt. Der Bergsteiger lenkt seine Schritte möglichst steil bergauf. Geht es nach allen Richtungen nur noch nach unten, ist er auf einem Gipfel angekommen, kann aber nicht wissen, ob es sich um den höchsten Gipfel handelt.

Vom eigenen Hügel konnte der entfernte Gipfel nicht gesehen werden. Deshalb setzt sich der Betroffenen in Bewegung auf den nächsten, zweifelsohne höheren Gipfel. Ob aber dieser ein lokales oder globales Maximum darstellt, bleibt weiterhin unklar. Man fühlt sich an die Situation erinnert, die Georg Lichtenberg beschreibt: „Ich weiß nicht, ob es besser wird, wenn es anders wird; aber ich weiß, dass es anders werden muss, wenn es gut werden soll."

Die Lösung dieser Fragestellung liegt darin, den Bergsteiger – Algorithmus „durchzuschütteln", die vermeintliche Logik, die scheinbare Sicherheit, den höchsten Gipfel erreicht zu haben, in Frage zu stellen und einige zufällige, Veränderungen vorzunehmen, die scheinbar eine Verschlechterung herbeiführen könnten, jedoch den Weg zum unbekannten, höheren Gipfel weisen können.

Dabei gilt es, anfangs größere „Sprünge" zu machen, um so einen Überblick zu gewinnen und den höchsten Gipfel zu finden. Ist es sicher, dass in der bisherigen Position weitergearbeitet werden soll, sind keine Bewegungen notwendig. Soll dagegen nur der Beruf beibehalten werden, sind Gespräche mit anderen potenziellen Arbeitgebern sinnvoll. Soll der Weg in die Selbstständigkeit gewagt werden, können Menschen angesprochen werden, die diesen Lebensweg eingeschlagen haben. Lokale Wirtschaftsförderer, die IHK und die Handwerkskammer bieten zahlreiche Veranstaltungen an, die zur

Informationsgewinnung und dem Aufbau neuer Kontakte dienen können. Ebenso sind berufliche und private Kontakte gezielt anzusprechen.

„Die Rente ist sicher" war und ist ein Credo der Politik. Sicherlich ist diese immer noch sicherer als andere Einkommensarten, abgesehen von der Beamtenbesoldung. Damit können die meisten Ruheständler größere Risiken eingehen, zumal neben Geld auch Zeit als weitere Ressource in größerem Maßstab zur Verfügung steht. So kann ein Angestellter entweder neben der Berufstätigkeit eine neue Aufgabe suchen oder sich darauf vollständig konzentrieren und auf das Einkommen verzichten, während für einen Ruheständler keine finanziellen Einbußen entstehen. Gleiches gilt für eine Anlaufphase einer selbstständigen Tätigkeit, die meistens mit geringeren Einkünften verbunden ist. Ruheständler haben mehr Zeit, bis die Aktivität die gewünschten Erträge mit sich bringt. Das höhere Alter führt hier nicht zu Zeitdruck, sondern zum Gegenteil.

Insbesondere gegen Ende des Berufslebens nimmt die Risikobereitschaft der meisten Menschen ab. Bei Veränderungen, vor allem im Berufsleben, gibt es zunehmend mehr zu verlieren als zu gewinnen. Der starke Kündigungsschutz in Deutschland ist ein weiteres Risikohemmnis. Selbst früher risikobereite Menschen verlieren ihre ursprüngliche Einstellung.

Erfolgsaussichten und Risikobereitschaft sind zwei Seiten einer Medaille. Großer Erfolgsaussichten bedarf der Ruheständler, der allenfalls ein geringes Risiko eingehen kann, während derjenige, der Risiken tragen kann, geringe Erfolgsaussichten verkraftet. Dabei ist Risiko nicht ausschließlich finanziell zu verstehen; auch die eingesetzte Zeit kann erfolgreich oder vergeblich sein. Weiterhin enthält Risikobereitschaft eine persönliche Komponente. Allerdings wird Risikobereitschaft positiv wahrgenommen, teilweise glorifiziert. Ein altes Beispiel ist die Fabel vom Wolf und dem Hund von Jean de La Fontaine. Ein wohlgenährter Haushund rät einem ausgehungerten Wolf, sich ebenfalls dem Menschen anzuschließen, um immer reichlich Futter zu erhalten. Der Wolf will schon den Vorschlag annehmen, als er eine kahle Stelle am Hals des Hundes entdeckt. Er fragt nach der Ursache und erfährt, dass der Hund von seinem Herrn mitunter an die Kette gelegt wird. „Die Kette?", fragt der Wolf, „Also bist du nicht frei?" Daraufhin verachtet der Wolf das Leben des Hundes und dessen Schwelgerei und verschwindet in den Wald, um lieber in Freiheit zu leben. Was für die Tiere der Fabel gilt, gilt auch für die Menschen: Es ist weniger wichtig, was ein Mensch hat oder nicht hat, als vielmehr, was er befürchtet zu verlieren (Taleb, 2014, S. 105).

Mit dem Beginn des Ruhestandes und der Berechtigung die gesetzliche Altersrente zu beziehen, ändert sich die Risikosituation, aber nicht zwangsläufig die Risikobereitschaft. Grundsätzlich empfiehlt Nassim Taleb die sog.

Hantelstrategie. Anstatt sich auf einem mittleren Risikoniveau zu bewegen, sollte ein Großteil der Geldanlage extrem vorsichtig und ein kleiner extrem risikoreich erfolgen (Taleb, 2007, S. 253). Ein Ruheständler würde die in Kap. 3 aufgezeigte Differenz zwischen sicherem Einkommen und notwendigem Lebensunterhalt risikobewusst investieren, wobei investieren umfassend verstanden wird, u. a. auch Informationsbeschaffung, bspw. durch Fortbildung und Reisen. Aber auch die Bereitschaft nicht zu einem festen Gehalt, sondern mittels einer Gewinnbeteiligung entlohnt zu werden, zählt.

Allerdings ist damit noch nicht die persönliche Frage der Frustrationstoleranz beantwortet. Wie viele Fehlschläge, wie viele Ablehnungen nehmen Betroffene hin? Wie fällt die Reaktion darauf aus? Wie das eigene Verhalten auch im persönlichen Umfeld? Beeinflussungsmöglichkeiten.

4.8 Verbindung von Risiko und Glück

Dranblieben, sich nicht beirren lassen, groß träumen, groß handeln so erschallt das Credo vieler Erfolgsgeschichten.

Das Gegenteil von großem Mut ist ebenfalls großer Mut. Ein typisches Beispiel sind Expeditionen auf den Mount Everest. Eine Expedition kostet Teilnehmer über 70.000 USD. Es gibt eine Umkehrzeit, die einzuhalten ist, egal wie weit oder nah der Gipfel ist. Wer um 13:00 Uhr nicht am Gipfel sein wird, sollte umkehren. Was aber, wenn man nur 200, vielleicht nur 50 m entfernt ist? Auch dann gilt es, umzukehren. Achtmal mehr Menschen kommen beim Abstieg ums Leben als beim Aufstieg. Das ultimative Ziel einer Himalaya – Expedition ist es nicht, den Gipfel zu erreichen, sondern lebend zurückzukehren. Hartnäckigkeit ist nicht immer eine Tugend. Der Plan sollte stehen, bevor die Entscheidung zu treffen ist.

Das schwierigste Problem muss am Anfang gelöst werden. Es sollten am Anfang Signale festgelegt werden, die in der Zukunft dazu bewegen, den Weg zu wechseln. Ein „Killerkriterium" wird festgelegt, idealerweise der Zustand und das Datum. Aufhören wenn es Sinn macht, ist „Erfolg", nicht „Misserfolg".

Glück kann verschiedene Bedeutungen haben. Einerseits die Wahrnehmung des eigenen Lebens. Diese Glücklichsein hat wenig mit äußeren Umständen zu tun. Glückliche Menschen erleben sich als Meister ihres Lebens. Entschiedenheit ist unabdingbare Voraussetzung für das Gelingen. Wir werden nie wissen, ob eine Entscheidung richtig war. Glück folgt der Entschiedenheit, nicht der Akzeptanz der Lebensumstände, sondern deren Veränderung. Wenn es nicht zu ändern ist rät Springer zum verlassen und bei großen

Entscheidungen der Frage, was diese dazu beiträgt den eigenen Lebenstraum zu verwirklichen. Tun Sie das, was Sie tun, mit Liebe und Hingabe, rät Springer. Oder lassen Sie es ganz. Ich habe es gewählt, und nun geht es für mich da lang – mehr ist nicht zu sagen (Sprenger, 2016, S. 185–202).

Ohne Selbstdisziplin ist kein Problem lösbar. Wer Misserfolg als Möglichkeit ausschließt, verhindert damit auch den Erfolg.

Anderseits bedeutet Glück den positiven Ausgang einer nicht oder allenfalls gering zu beeinflussenden Entscheidung bzw. Situation. Meistens bestehen gewisse Wechselwirkungen. Bei fast allen großen Lebensfragen gibt es Einflussfaktoren. Keiner kann wissen, wie lange er lebt; durch einen gesunden Lebensstil steigt die Wahrscheinlichkeit eines längeren Lebens, die Gefahr, bei einem Umfall plötzlich umzukommen, wird jedoch nicht beeinflusst.

Bei einem Münzwurf wird der Einsatz des Teilnehmers bei „Kopf" verdoppelt, bei „Zahl" einkassiert. Kann ein Verlust ausgeschlossen werden, indem nach jedem Fehlversuch der Einsatz verdoppelt wird? Nein. Die Einsätze steigen mit jedem weiteren Versuch exponentiell an. Irgendwann ist das Geld verbraucht, unabhängig davon, wieviel zur Verfügung steht. Deshalb sollte, wie bei der Besteigung des Mount Everest, ein maximaler Einsatz festgelegt werden, nicht nur im finanziellen Sinne. Ist dieser aufgebraucht, gilt es aufzuhören.

4.9 Fragwürdige Perspektiven

Eine gewissenhafte, gründliche Vorbereitung auf den nächsten Lebensabschnitt ist wichtig. Jede Information, jeder Text, jedes Buch kann nur Teilaspekte aufgreifen und ist schon aufgrund der Perspektive des Autors unvollständig; dies gilt auch für das vorliegenden Buch.

Schaut man in die Bestsellerlisten der Sachbücher im Allgemeinen, auf Bücher, die sich mit Lebens- und Berufsausrichtung beschäftigen, ist eine Ausrichtung besonders erfolgreich, ein spezielles Buch überdauert alle Veränderungen. „Denke nach und werde reich", welches bereits 1937 vom Amerikaner Napoleon Hill verfasst wurde. Damit wurde Napoleon Hill Vorreiter und Wegbereiter bekannter Erfolgscoaches. Die Namen mögen sich ändern, das Konzept bleibt das Gleiche. Erfolg verknüpfen die Autoren mit der Persönlichkeit des Lesers, mit dessen Erfolgswillen. Wer will, hat bzw. bekommt Erfolg; wer keinen Erfolg hat oder bekommt, will nicht genug. Der Leser soll sich seine Wünsche nur intensiv und leidenschaftlich genug vor Augen halten, sich durchgängig damit beschäftigen, alles andere lassen; dann ist Erfolg nicht nur wahrscheinlich, sondern unausweichlich. Allgemeine

Ausführungen werden häufig mit konkreten Beispielen ergänzt, Menschen als Vorbilder erkoren, die sich gegen alle Wahrscheinlichkeit und Widerstände durchgesetzt haben und ihre Träume Realität werden ließen.

Zu Beginn dieses Kapitels wurde betont, dass die richtige Frage nicht „warum", sondern „was" ist. Das „warum" können allgemein gehaltene Erfolgsbücher behandeln, dass „was" nicht. Bildlich gesprochen wird der Leser zum Loslaufen motiviert, die Richtung bliebt jedoch unklar. Welche Vorstellungen unrealistisch sind, wo Erfolge unwahrscheinlich, vielleicht unmöglich sind, wird nicht thematisiert. Die Menschen um den Leser herum werden einzig danach beurteilt, ob sie die Vorstellungen teilen und die Ambitionen unterstützen oder nicht. Von Letzteren gelte es, sich zu trennen. Glück und Zufall mag es geben, aber dieses gilt es zu zwingen; ob dies möglich ist, wird nicht hinterfragt.

Sicherlich können entsprechende Veröffentlichungen motivieren; ist eine Beschäftigung damit ist für Einzelne durchaus hilfreich, die grundlegende Frage bleibt jedoch unbeantwortet. Die Teilnahme an kostspieligen Veranstaltungen oder noch teureren persönlichen Treffen ist Zeit- und Geldverschwendung.

4.10 Abgrenzung

Der Schwerpunkt dieses Buches ist die berufliche Tätigkeit. Damit werden unterschiedliche Ziele verfolgt; primäre Zweck ist allerdings die Einkommenserzielung, sofern sich nicht karitativ betätigt wird. Sisyphos musste in der griechischen Mythologie einen schweren Stein einen Berg hochrollen, scheiterte stets kurz vor dem Ziel und begann erneut mit der Arbeit. Abert Camus stellt fest, dass wir uns Sisyphos als einen glücklichen Menschen vorstellen müssen. Dies kann, dies mag sein. Tätigkeit um der Tätigkeit willen ist nicht verwerflich, Dinge zu machen, weil sie Spaß machen, gehört zum Leben. Allerdings ist eine Vermischung von Arbeit und Freizeit selten produktiv, meist kommen beide Aspekte zu kurz. Sich mit voller Konzentration der Tätigkeit widmen, muss keine ganztägige Aktivität bedeuten, aber wie bei Freizeitaktivitäten spontan nach Lust und Laune zu entscheiden, führt keinesfalls weiter.

Literatur

Clear, J. (2018). *Atomic habits*. Cornerstone Press.

Esch, T. (2023). *Wofür stehen Sie morgens auf?* Gräfe und Unser.
Scherer, K. (2024). Aus. Zeit.
Sprenger, R. (2016). *Die Entscheidung liegt bei dir*. Campus.
Taleb, N. (2007). *Der schwarze Schwan*. btb.
Taleb, N. (2014). *Antifragilität*. btb.

5

Selbst- und Fremdeinschätzung

Zusammenfassung Das vorliegende Kapitel setzt auf den bestehenden Lebenspläne und -entwürfen auf, folgt diesen und geht diesen nicht voraus, wobei die in Kap. 3 angeführte „Inventur" die Grundlage bildet. Hierbei soll die „Schere im Kopf", die allzu schnell Möglichkeiten ausschließt und Gelegenheiten verwirft, nicht vorschnell zum Einsatz kommen. Dabei gilt es Eigen- und Fremdeinschätzung zu erfassen, nicht jedem externen Impuls zu folgen, aber dennoch kritisch abzuwägen, inwieweit Dritte die Realität objektiver als man selbst erfassen können. Ein strukturiertes Vorgehen verbessert die Einschätzung und erhöht damit die Erfolgschancen der weiteren Schritte. Die vorgestellte „Blumenübung" in diesem Kapitel gewährleistet, dass alle relevanten Punkte berücksichtigt werden.

5.1 Was geht, was geht nicht (mehr)

Ruheständler wissen, was (noch) möglich ist, vor allem was nicht (mehr) möglich ist. Letztes betrifft vor allem Tätigkeiten, die durch körperlichen Einsatz und/ oder rasche Reaktionen geprägt sind. Betroffene können und sollen selbstverständlich noch körperliche Aktivitäten pflegen, wozu auch das Setzen ehrgeiziger, ambitionierter Ziele gehören kann. Erfolge im Wettbewerb, gar die Möglichkeit, davon leben zu können, sind jedoch weitgehend ausgeschlossen, sofern diese nicht an Altersgruppen gebunden sind.

Allerdings lassen sich immer wieder Fälle finden, in denen Selbst- und Fremdeinschätzung völlig auseinandergehen. Dies lässt sich plakativ bei

Castingshows beobachten. Zwar gibt es Teilnehmer, die sich ihrer Grenzen bewusst sind und mehr Spaß als Erfolg suchen. Ebenso gibt es aber Bewerber, die von sich und ihren Fähigkeiten überzeugt sind und aus den sprichwörtlichen Wolken fallen, wenn sie unter Hohn und Spott verabschiedet werden. Die Betroffenen sind zum Urteil über die Qualität ihrer Darbietung selten allein gekommen. Freunde und Familie wurden um ihre Einschätzung gebeten. Was aber soll man einem geliebten Menschen sagen, der offensichtlich eine bestimmte Aussage wünscht? Kritik würde die Beziehung belasten, Zustimmung, ja Begeisterung kostet nichts, im Gegenteil beglückt den Anderen.

Kein Mensch kann sich sinnbildlich neben sich selbst stellen und eine unabhängige Beurteilung seiner Fähigkeiten vornehmen. Einer ist zu vorsichtig, zu zurückhaltend, stellt sein Licht unter den sprichwörtlichen Scheffel, ein anderer dagegen ist von sich überzeugt, vielleicht zu viel. Mancher traut sich Dinge zu, die er noch nie angegangen ist, mancher erkennt offensichtliche Fähigkeiten nicht.

Die im weiteren Kapitel aufgezeigten Schritte können keine perfekte Einordnung gewährleisten, aber zumindest völlige Fehleinschätzungen, wie sie im Beispiel der angesprochenen Castingshows vorkommen, vermeiden. Damit werden die Erfolgschancen der weiteren beruflichen Schritte deutlich erhöht. Selbst wenn Betroffene scheinbar genau wissen, was sie den dritten Lebensabschnitt gestalten möchten, sollte auf die Einschätzung nicht verzichtet werden. Nicht selten ergibt sich eine Übereinstimmung, die der Ruheständler überhaupt nicht gesehen hat. Ein Beispiel sind berufliche Aktivtäten in einem Umfeld, dass bisher nur aus privatem Interesse wahrgenommen wurde, nun aber Möglichkeiten der Beschäftigung bieten könnte. Sicherlich wird aus einem Fußballfan kein Trainer mehr, aus einem Theaterbesucher kein Ballettänzer, aber die Organisationen bieten Aufgaben in unterstützenden Leistungsbereichen an. Sportvereine und Kultureinrichtungen profitieren von ehrenamtlicher Unterstützung.

5.2 Beteiligte und Spielregeln der Fremdeinschätzung

Je diverser und vielfältiger die in die Fremdeinschätzung eingebundenen Menschen sind, umso differenzierter wird das Bild ausfallen. Jeder Mensch ist im Kern stets der gleiche, nimmt jedoch in unterschiedlichen Lebens- und Berufssituationen andere Rollen ein, die das Verhalten, die Außenwirkung beeinflussen. Deshalb gilt es idealerweise aus dem privaten wie beruflichen

Umfeld Menschen einzubinden, Jüngere und Ältere, Menschen, die der Ruheständler lange kennen und solche, die ihm erst seit kurzer Zeit bekannt sind.

Menschen, die sich zu einer Teilnahme bereiterklären, werden dem Ruheständler grundsätzlich positiv gegenüberstehen. Dann fällt es schwer, ein kritisches Urteil abzugeben. Aus Gefälligkeit ist man insbesondere bei negativen Eindrücken bereit, diese zumindest neutral auszudrücken. Um zu einer realistischen Bewertung zu gelangen, kann man bspw. eine Punktzahl von null bis zehn vorgeben und zusätzlich den maximalen Wert deckeln. Wer bspw. zehn Kriterien beurteilt, darf maximal 50 Punkte vergeben werden.

5.3 Notwendigkeit der Außensicht

Es gibt eine Vielzahl von Studien, die Planungen und Realität miteinander in Bezug setzen, wobei es nicht an Eindeutigkeit der Ergebnisse fehlt:

- Eine Studie aus 2005 betrachtet weltweite Eisenbahn-Neubaustrecken, die zwischen 1969 und 1998 in Betrieb gingen. In 90 Prozent der Fälle wurde die Nutzerzahl zu hoch angesetzt, im Durchschnitt um 106 Prozent, die Kosten dagegen um 45 Prozent zu niedrig geplant.
- Langjährige Untersuchungen zeigen, dass ca. 90 Prozent der weltweiten Infrastrukturprojekte teuer als geplant werden, im Durchschnitt um 28 Prozent.
- Eine Studie von Hausbesitzern in den USA ergab 2002, dass diese für die Renovierung ihrer Küche durchschnittlich 18.656 Dollar einplanten, die tatsächlichen Kosten sich jedoch auf 38.769 Dollar beliefen. Womit sich zeigt, dass auch dann, wenn es um das eigene, private Geld geht, keine besseren Resultate entstehen (Epstein, 2014, S. 110).

Das Scheitern von Projekten hat nichts mit der Intelligenz, dem Einsatz oder der beruflichen Erfahrung zu tun. David Kahneman, Nobelpreisträger für Wirtschaft, musste eine solche Erfahrung machen. Kahneman ist ausgebildeter Psychologe und sollte einen Lehrplan über Urteils- und Entscheidungstheorie für das israelische Bildungsministerium erstellen. Kahneman kam nach einem Jahr auf die Idee, eine Schätzung der weiteren Projektdauer vornehmen zu lassen. Damit sich die Teilnehmer nicht gegenseitig beeinflussten, schrieb jeder seine Meinung auf einen Notizzettel und gab diesen ab. Die Schätzungen lagen dicht zusammen, zwischen zwei und zweieinhalb Jahren.

Abschließend fragte Kahneman den Curriculum-Experten des Teams nach vergleichbaren Projektgruppen und deren Dauer bei der Fertigstellung eines entsprechenden Lehrplans. Dieser teilte mit, dass etwa 40 Prozent der Teams ihre Projekte abbrechen und diejenigen, die durchhielten bisher immer zwischen sieben und zehn Jahren benötigten. Kahneman griff nach dem letzten Strohhalm und bat ihn, die Fähigkeit und Ressourcen der eigenen Gruppe einzuschätzen, wobei das Urteil „leicht unterdurchschnittlich" lautete. Der Befragte hatte selbst vorab eine Schätzung von zweieinhalb Jahren für das eigene Projekt abgegeben. Schlussendlich wurde das Projekt nach acht Jahren beendet (Kahneman, 2011, S. 303).

Fast kein Projekt ist völlig neuartig, praktisch immer gibt es vergleichbare Projekte, die als Reverenz, als Basiswert, herangezogen werden könnten.

Um diesen systematischen Fehler zu vermeiden, zumindest abzuschwächen, hat Dan Lovallo von der University of Sydney ein Vorgehen entwickelt. Australische Investoren wurden um eine detaillierte Erfolgseinschätzung ihrer aktuellen Projekte gebeten. In einem zweiten Schritt wurden die Investoren dazu aufgefordert, andere, ihnen bekannte Projekte anderer Investoren zu beurteilen (Epstein, 2014, S. 109). Damit kam beim ersten Schritt die Innensicht, beim zweiten die Außensicht zum Einsatz. Das Ergebnis war eindeutig: der Return on Investment der eigenen Projekte wurde um 50 Prozent höher als der der fremden, ähnlichen Projekte beurteilt. Die Versuchsteilnehmer waren von Ergebnis sichtlich beeindruckt, ja geschockt. Wenn ihnen dann die Möglichkeit eingeräumt wurde, die Chancen ihrer eigenen Projekterwartungen anzupassen, wurde diese genutzt und führte zu deutlich reduzierten Erwartungen.

Die unterschiedliche Wahrnehmung kennt der Leser aus dem Privatleben. Sicherlich scheitern viele Ehen, die eigene wird aber ewig halten. Fast jedes Bauprojekt, insbesondere die Renovierung alter Häuser, wird fast immer teuer als geplant; nur beim eigenen Projekt wird alles glattlaufen, aus der Innensicht.

5.4 Beurteilungsmodelle

5.4.1 Beurteilung, nicht Bewertung

Eine exakte Trennung zwischen privatem und beruflichem Menschen ist unmöglich. Dennoch steht keine allgemeine Beurteilung der Persönlichkeit, erst recht keine Bewertung, im Mittelpunkt, sondern die Frage, inwieweit die

Eigenschaften des Ruheständlers die Wahrscheinlichkeit erhöhen, dass berufliche Schritte erfolgreich und zufriedenstellend sind.

Das Fünf-Faktoren-Modell gilt als das am meisten wissenschaftlich validierte und zuverlässigste Modell der Persönlichkeitsmessung. Mittels dieses Modells werden die Faktoren Offenheit, Gewissenhaftigkeit, Extraversion, Verträglichkeit und Neurotizismus (emotionale Labilität, Verletzlichkeit) beurteilt. Dieses Modell ist zwangsläufig relativ allgemein gehalten; Hinweise auf das weitere Vorgehen lassen sich schwierig gewinnen. Interessant sind allerdings deutliche Abweichungen von Eigen- und Fremdeinschätzung. Dann gilt es, nachzufragen, sich erklären zu lassen, worauf Teilnehmer ihre Einschätzung aufbauen, keinesfalls aber zu argumentieren, zu streiten und eine andere Einschätzung zu verlangen.

Besonders aufschlussreiche Antworten können gewonnen werden, wenn die Einschätzung des Teilnehmers um eine zweite Frage ergänzt wird, die darauf abzielt, inwieweit die anderen Teilnehmer dessen Ansicht teilen. Gibt es hier Abweichung kann explizit nachgefragt werden, wie der Teilnehmer seine Einschätzung begründet. Ein Beispiel erläutert die Systematik: Werden Bewohner Hessen nach der Hauptstadt ihres Bundelandes gefragt, wird die Mehrzahl mit „Wiesbaden" antworten, wenige mit „Frankfurt". Bei der zweiten Frage werden die Teilnehmer davon ausgehen, dass auch die Mehrzahl ihre Ansicht teilt. Wird Österreichern diese Frage gestellt, werden die meisten „Frankfurt" antworten. Einige wenige kennen sich in Hessen aus, wissen, dass die richtige Antwort „Wiesbaden" ist, aber auch, dass die Mehrzahl fälschlicherweise „Frankfurt" antworten wird.

5.4.2 Blumenübung

Bolles und Brooks entwickeln in ihrem Buch „Durchstarten zum Traumjob" zur Selbsteinschätzung eine sog. Blumenübung und definieren sieben Blütenblätter (Bolles & Brooks, 2021, S. 113):

1. Menschen. Mit welchen Menschen wird am liebsten zusammengearbeitet? Realistische, investigative, artistische, soziale, unternehmerisch denkende, konventionelle?
2. Arbeitsbedingungen. Beurteilung der bisherigen Arbeitsbedingungen nach Effektivität und Angenehmheit. Virtualisierung des perfekten Arbeitsumfeldes.

3. Übertragbare Fähigkeiten. Bisher erfolgskritische Fähigkeiten. Fähigkeiten in Bezug auf: Soziales, Daten/ Ideen, Dinge. Priorisierung der Fähigkeiten nach Stärke. Charaktereigenschaften.
4. Kenntnisse. Lieblingsthemen und Interessen. Erlerntes in bisherigen Berufspositionen. Wissen außerhalb der Arbeit. Interesse an Berufen und Branchen.
5. Gehalt. Abgleich von erwünschten und erwartbaren Vorstellungen. Für den Ruheständler kann dieser Punkt um den Arbeitsumfang ergänzt werden, wobei Wechselwirkungen bestehen, da im Teilzeitjob kein Vollzeitgehalt verdient werden kann.
6. Geografie. Bevorzugter Wohn- und Arbeitsort. Auch hier besitzen Ruheständler größere Freiheiten, können durchaus zu verschiedenen Zeiten an verschiedenen Orten leben.
7. Lebenssinn. Zweck oder Mission. Beschreibung des Lebensbereiches, den man verbessern möchte.

In diesen, sehr persönlichen Feldern wird es sinnvoll, teilweise notwendig sein, sich mit dem Lebenspartner abzustimmen. Es geht nicht um faule Kompromisse, ein Treffen in der Mitte, als vielmehr darum, wo geboten, Ziele zu relativieren, vielleicht zu streichen.

Eine interessante Alternative bzw. Erweiterung der Informationsgewinnung können Betroffene gewinnen, wenn sie sich aus der Perspektive der Berufsberatung, dem Einstieg in das Berufsleben, beraten lassen. Sicherlich wird es wenig sinnvoll sein, mit 60 Lebensjahren einen neuen Beruf zu erlernen; häufig gibt es aber Schnittstellen mit der bisherigen Tätigkeit, die Wege aufzeigen können. Weiterhin ist es von Vorteil, dass die Experten die Betroffenen nicht kennen, nicht deren Vorgeschichte und nicht deren Hintergrund. Die Agentur für Arbeit bietet ihre Leistungen unentgeltlich, allerdings nur für Menschen, die noch im Berufsleben stehen an, während private, kostenpflichtige Anbieter auch Ruheständler beraten.

5.4.3 Beurteilungen im Einzelfall

Erfolg und damit Erfolgsaussichten sind stets relativ. Selten geht es um die absolute, fast immer um die relative Qualität einer Leistung bzw. eines Angebots. Durchsetzen wird sich der Anbieter, der besser als seine Wettbewerber ist. Entsprechend können die eigenen Chancen mittels einer Skalierung gut abgeschätzt werden. Dabei werden relevante Faktoren mit einer Skala von 0 bis 100 versehen, und im ersten Schritt davon ausgegangen, dass sich der

Ruheständler bei 50 befindet, anschließend erfolgt die Anpassung aufgrund der individuellen Faktoren. Da heute eine Vielzahl von Informationen im Internet verfügbar sind, gelingt die Skalierung einfacher. Ein Beispiel erläutert das Vorgehen.

Rund 82 Prozent halten ihre Fähigkeiten als Autofahrer für gut oder sehr gut, wie eine Umfrage des ADAC ergibt. Für durchschnittlich halten sich 17 Prozent, lediglich 10 Prozent glauben, schlechte Autofahrer zu sein. Damit ist die Wahrscheinlichkeit groß, dass sich auch der Leser als guten Autofahrer beurteilt. Eine differenzierte Betrachtung beginnt mit Auffälligkeiten. 2,5 Millionen Unfälle gab es 2023; diesen stehen 40 Millionen Führerscheininhaber gegenüber. Geht man davon aus, dass 30 Millionen Menschen regelmäßig fahren, würde alle 12 Jahre ein selbstverursachter Unfall einen Menschen als durchschnittlichen Autofahrer kennzeichnen. Eine individuelle Anpassung erfolgt auf Basis der eigenen Fahrleistung, die vom Durchschnittswert von 11.000 Kilometer jährlich abweicht. Weiterhin ist das Alter zu berücksichtigen: mit 60 ist man im Durchschnittsbereich anzusiedeln, mit 80 sicherlich schlechter als der Durchschnitt. Schlussendlich spielt auch das Geschlecht eine gewisse Rolle; Männer verursachen etwas mehr Unfälle. Auf Basis dieser Faktoren ist keine perfekte, aber eine belastbare Aussage zu treffen.

Vergleichbares gilt für berufliche Erfolgsaussichten. In verschiedenen Fernsehformaten machen sich Deutsche auf den Weg ins Ausland, um dort ihr berufliches Glück zu finden. Meist ohne Landes- und Sprachkenntnisse. Um diesen Nachteil auszugleichen, sollte man sich sehr sicher sein, wo die eigene Leistung bedeutend besser als die der Bewohner ist, bzw. wo die Nachteile keine Rolle spielen und/oder Dritte diese ausgleichen. So wäre der Aufbau einer Automobilwerkstatt, das Finden einer Immobilie, die rechtssichere Abwicklung, Kundengewinnung und -bindung sowie der wirtschaftliche Erfolg sehr schwierig und langwierig zu erreichen. Man müsste ein ausgewöhnlicher Experte sein, womit selbst damit kein Erfolg garantiert ist. Wird man dagegen Mitarbeiter, vielleicht Teilhaber einer etablierten Werkstatt, sind spezielle Kunden vorhanden, die über einen ganz bestimmten Autotyp oder Hersteller verfügen. Hat man eine fundierte Ausbildung und langjährige Erfahrung, hilft der lokale Partner bei der Wohnungssuche und steuerlich/ rechtlichen Fragen. Sind die finanziellen Eckwerte geklärt, sind die Erfolgschancen vergleichsweise gut.

5.4.4 Aus- und Weiterbildung?

Wenn ein kleiner, aber wichtiger Bestandteil einer Aufgabe fehlt, können Aus- bzw. Weiterbildungsmaßnahmen sinnvoll sein. Aufgrund des Aufwandes und der Kosten, sollten diese aber erst wahrgenommen werden, wenn Klarheit darüber besteht, dass sich durch die erfolgreiche Absolvierung die Chancen, eine angestrebte Beschäftigung aufnehmen zu können, signifikant erhöhen.

Eine gute Möglichkeit der Weiterbildung während der aktiven Berufsphase bietet der Bildungsurlaub, den alle Bundesländer, bis auf Bayern und Sachsen, anbieten. Betroffene können aus einer breiten Palette von Angeboten wählen. Soll nach Ruhestandseintritt eine Aufgabe mit veränderten Schwerpunkten beim bisherigen Arbeitgeber wahrgenommen werden, kann eine gezielte Weiterbildung erfolgen.

Bei einer Arbeitslosigkeit vor Ruhestandseintritt können Fördermaßnahme der Agentur für Arbeit die Chance auf eine neue Beschäftigung erhöhen.

Eine neue Ausbildung verursacht erheblichen Aufwand. Häufig sind damit Kosten verbunden, die Betroffene persönlich tragen. Grundsätzlich werden diese steuerlich berücksichtigt, allerdings droht bei einer fehlenden Gewinnerzielungsabsicht die Einstufung als Liebhaberei durch das Finanzamt Kap. 7.

5.4.5 Loslegen

Manchem Leser mögen die Vorbereitungen zu intensiv, zu langwierig, ja langweilig vorkommen. Allerdings gilt es stets zu beachten, dass sich mit dem Eintritt in den Ruhestand im bildlichen Sinne ein Tor öffnet, Möglichkeiten vorhanden sind, die sich letztmalig beim Eintritt in das Berufsleben ergeben haben. Zur Realität gehört auch, dass sich das angesprochen Tor wieder schließt, nicht genutztes Wissen veraltet, nicht gepflegte Kontakte verloren gehen und die Leistungsfähigkeit noch lange Zeit gegeben sein mag, dauerhaft aber zurückgeht. Wer mit einer „Versuch und Irrtum" Vorgehensweise losläuft bzw. losstolpert kann wertvolle Zeit verlieren, vielleicht aufgeben, obwohl das angestrebte Ziel kurz vor der Erreichung steht

Ist eine Überstimmung von Wollen, Können und Dürfen erreicht, sind die Erfolgschancen groß. Der Ruheständler weiß nunmehr, was er anstrebt, was er kann, womit sich die Wahrscheinlichkeit, dass sich die gewünschten Resultate einstellen, groß ist, das bildliche Spielfeld liegt vor ihm; er darf es betreten bzw. darauf verbleiben.

Wobei zur Realität stets Gelassenheit zählt. Für Daniel Kahnemann ist die Sache einfach: „Erfolg ist Arbeit und Glück, großer Erfolg Arbeit und viel Glück."

Literatur

Bolles, R., & Brooks, K. (2021). *Durchstarten zum Traumjob*. Campus.
Epstein, D. (2014). *The sport gene*. Penguin Random House.
Kahneman, D. (2011). *Schnelles Denken, langsames Denken*. Siedler.

6

Rente, Steuern und Sozialabgaben

Zusammenfassung Die Überschrift dieses Kapitels löst bei den Lesern die unterschiedlichsten Reaktionen aus. Der eine interessiert sich für das Thema, versucht mit hohem Einsatz und findigen Konstruktionen, seine Steuern und Abgaben so weit als möglich zu reduzieren, der andere wendet sich ab, liest bereits diesen Satz nicht mehr, weil er das Kapitel rasch überblättert. Die Optimierung von Steuern und Abgaben ist kein Selbstzweck. Nur aus steuerlichen Gründen eine Vorgehensweise festzulegen, ist ein schlechter Ratgeber. Ist aber der grundsätzliche Weg festgelegt, sollte vor Einleitung konkreter Schritte die steuerliche Gestaltung erfolgen. Inwieweit damit Fachleute, insbesondere Steuerberater, beauftragt werden entscheidet der Einzelne.

6.1 Machen oder machen lassen

Der Leser wird eine grundsätzliche Vorgehensweise auswählen. Einer mag sich in das Thema einarbeiten, ein anderer gibt sämtliche Informationen an seinen Steuerberater, will nichts weiterwissen, nur die abschließenden Informationen erhalten, freut sich über Erstattungen und nimmt Nachzahlungen als unvermeidliches Übel hin. Eine optimale Gestaltung kann jedoch nur erfolgen, wenn dem Berater die relevanten Informationen bekannt sind. Welche dies sind, darüber sind Betroffene oft erstaunt. Auch wer um das Thema einen großen Bogen machen möchte, sollte seinen Berater frühzeitig über die geplante Entwicklung informieren, vor allem, wenn nicht der passive Weg in den Ruhestand angetreten, sondern aktiv neue Wege eingeleitet werden.

Das Thema ist deshalb komplex, weil es der Gesetzgeber dazu macht. Nun wäre es vorschnell, alle Schuld auf die Politik zu schieben. Der wesentliche Grund liegt vielmehr in der Erwartungshaltung der Bürger. Dass Steuern notwendig sind, um die staatlichen Aufgaben zu finanzieren, ist unstrittig, ebenso sollen Menschen aufgrund von Krankheit, Arbeitslosigkeit oder Alter nicht in Not geraten. Über Umfang und Höhe staatlicher Absicherung bzw. Unterstützung kann trefflich diskutiert werden. Ebenso diskussionswürdig ist die Frage der Gerechtigkeit, vor allem wenn diese um das Wort „sozial" ergänzt wird. Nicht einfacher wird die Gestaltung dadurch, dass Steuern auch Verhalten beeinflussen und nicht selten lenken sollen. Dies wird insbesondere bei Umweltaspekten deutlich. Als letzter Punkt kommt die Möglichkeit der Erhebung bzw. der Möglichkeit der Vermeidung hinzu. So wird auf Kapitalerträge ein pauschaler Steuersatz erhoben, nicht zuletzt, weil Kapital sehr viel einfacher ins Ausland transferiert werden kann als Menschen und deren Arbeitsleistung. Als Folge dieser Komplexität werden Vermeidungsstrategien entwickelt, sogenannte Schlupflöcher gefunden, die durch neue Regelungen geschlossen werden, bevor das Spiel von neuem beginnt.

6.2 Gesetzliche Rente

Ruheständler, die eine gesetzliche Rente beziehen, sollten prüfen, ob eine Teilrente sinnvoll ist. Jeder Rentenberechtigte kann frei entscheiden, welchen Prozentsatz der zustehenden Rente er in Anspruch nimmt. Bei 99,99 % sind die Auswirkungen auf die Auszahlung minimal. Es lohnt sich allerdings, wenn ein Angehöriger gepflegt wird. Pflegen Rentner einen Angehörigen mit mindestens Pflegegrad 2 für mindestens zehn Stunden pro Woche auf mindestens zwei Tage verteilt zuhause, werden weitere Rentenansprüche erworben.

Zum Zeitpunkt der Manuskripterstellung bringt ein Jahr häuslicher Pflege eines Pflegebedürftigen mit Pflegegrad 29,93 € zusätzliche Brutto-Monatsrente ein, bei Pflegegrad 5 sogar 36,77 €, also über 440 € im Jahr.

Wenn zusätzlich ein Pflegedienst die Pflege übernimmt, erhöht das auch die Rente, aber in geringerem Maße.

Die vorgezogene Rente für langjährige Beschäftigte lohnt sich immer. Wer die notwendigen 45 Beitragsjahre erreicht hat sollte diese Rente beziehen. Die durch die weitere Berufstätigkeit erzielten Einkünfte und die möglichen freiwilligen Einzahlungen in die Rentenversicherung wiegen die Einbußen bei der Rentenhöhe auf. Kap. 13 thematisiert die Vor- und Nachteile freiwilliger Einzahlungen gegenüber alternativen Möglichkeiten der Geldanlage.

6.3 Das Ziel

Bei den Steuern ist das Ziel relativ einfach: die Belastung soll im rechtlich zulässigen Rahmen reduziert werden. Kein Mensch profitiert unmittelbar davon, hohe Steuern zu zahlen. Aber schon dieses Ziel setzt sich aus einzelnen Bestandteilen zusammen. Soll die aktuelle Steuerlast vermindert werden oder wird dies über eine bestimmte Dauer angestrebt. Gilt das Ziel für den Einzelnen, mit oder ohne Partner, sollen Kinder bzw. andere potenzielle Erben berücksichtigt werden? Damit ist die Erbschafts- bzw. Schenkungssteuer angesprochen.

Die Anzahl der Steuern wird nur durch die Kreativität des Gesetzgebers begrenzt, die in diesem Bereich bekanntlich hoch ist. Die Einführung neuer Steuern und Abgaben erfolgt dabei sehr viel rascher als deren mögliche Abschaffung, wobei nur an den Solidarbeitrag zur Finanzierung der Deutschen Einheit oder die Sektsteuer für das Flottenaufbauprogramm vor dem Ersten Weltkrieg erinnert sei. Entscheidend für Ruheständler und Staat ist die Einkommenssteuer, neben der Umsatzsteuer der größte Einnahmeposten des Staates. Diese betrifft unternehmerisch tätige Ruheständler und wird in Kap. 10 ausführlich behandelt.

Der Vermögensübergang nach dem Tod beschäftigt vielen Menschen. Der Gesetzgeber versucht auch hier, verschiedene Interessen zu berücksichtigen. Angehörige erhalten höhere Freibeträge und zahlen niedrigere Steuer; selbstgenutzte Immobilien und Familienunternehmen werden durch weitere Vergünstigungen unterstützt. Erbschafts- bzw. Schenkungssteuer werden in Kap. 13 thematisiert.

6.4 Einkunftsarten

Das Steuerrecht kennt sieben Einkunftsarten. Was keine Einkunftsart ist, unterliegt nicht der Besteuerung, bspw. Lotteriegewinne. Kapitalgesellschaften zahlen keine Einkunfts-, sondern Körperschaftsteuer. Einen Blick auf diese Einkunftsarten zu werfen, trägt dazu bei, mögliche Einnahmen nicht zu „vergessen". Ohne bereits auf konkrete Pläne im Ruhestand einzugehen, kommen nicht selten unbewusst neue Einkunftsarten hinzu.

Bis auf die pauschal versteuerten Kapitalerträge werden alle Einkunftsarten zusammengefasst und besteuert. Die Belastung steigt aufgrund des progressiven Tarifes, allerdings ist das Existenzminimum durch den jährlich angepassten Grundfreibetrag steuerfrei. Dieser beträgt 2025 12.096 € für Alleinstehende. Einkommen unter dieser Grenze wird nicht besteuert. Danach beginnt die Besteuerung moderat mit 13 %, die bis auf 45 % ansteigt, allerdings erst bei einem Einkommen von über 277.825 €.

Während für Einkünfte aus nichtselbstständiger Arbeit durch den Arbeitgeber und bei Kapitalerträgen durch das Kreditinstitut die Steuern abgeführt werden, müssen Betroffene bei anderen Einkunftsarten selbst aktiv werden. Nach der erstmaligen Angabe legt das Finanzamt quartalsweise Vorauszahlungen fest, die mit der tatsächlichen Steuerschuld später verrechnet werden. Für die meisten Einkunftsarten setzt der Gesetzgeber jährliche Freigrenzen fest. Um die Besteuerung kleiner, oft einmaliger, Einkünfte aus diesen Quellen zu vermeiden, erfolgt die Besteuerung erst bei Überschreitung der Freigrenzen. Werden Ehepartner gemeinsam steuerlich veranlagt, beeinflusst dies den Steuersatz, nicht jedoch die bei den einzelnen Einkommensarten aufgeführten Freigrenzen bzw. -beträge, die stets für den einzelnen Steuerpflichtigen gelten.

6.4.1 Einkünfte aus Land- und Forstwirtschaft

Mancher Ruheständler bringt seinen Garten auf Vordermann, andere nutzen brachliegende Flächen, wobei die Aktivität in der Natur häufig den finanziellen Aspekt übertrifft. Dennoch können einmalig Holz aus dem Verkauf von Bäumen oder in einem besonders ertragsreichen Jahr Früchte und Obst nicht ausschließlich selbstgenutzt, sondern verkauft werden. Die Freigrenze liegt bei 900 €.

6.4.2 Einkünfte aus Gewerbebetrieb

Ein Bekannter wird beim Hausbau unterstützen, dem Sohn das Auto reparieren oder beim Neffen einen Baum fällen. Fähigkeiten sprechen sich herum und irgendwann bittet ein Dritter um Unterstützung. Man kennt sich nicht so gut, sodass ein Dank nicht ausreicht und stattdessen eine Entlohnung erfolgt. Dabei sind die Grenzen zwischen Nachbarschaftshilfe und Schwarzarbeit fließend. Wird für Dritte gearbeitet, ist neben der Versteuerung der Einkünfte die Anmeldung eines Gewerbsbetriebs erforderlich. Ausführliche Informationen hierzu stellt Kap. 11 zur Verfügung.

Eine weitere Einkommensmöglichkeit können Verkäufe nicht mehr benötigter Güter sein. Hierzu werden häufig Verkaufsplattformen im Internet genutzt. Bei betrieblichen Verkäufen ist die Rechnung einfach. Die Differenz zwischen dem Buchwert und Verkaufspreis stellt den Gewinn bzw. Verlust dar. Bei Privatverkäufen entspricht der Umsatz dem Gewinn. Privatverkäufe auf Verkaufsplattformen sind steuerfrei, selbst wenn diese erheblichen Umfang aufweisen, weil bspw. ein Speicher aufgeräumt wurde. Werden Gegenstände gezielt erworben, um anschließend verkauft zu werden, besteht eine Steuerpflicht, wenn die Freigrenze von 600 € überschritten wird. Die Plattformbetreiber melden seit Jahresbeginn alle Verkäufer dem Fiskus, die im Jahr mindestens 30 Verkäufe über sie abgewickelt oder aus ihren Geschäften mindestens 2000 € Umsatz erzielt haben.

6.4.3 Einkünfte aus Vermietung und Verpachtung

Die dauerhafte Vermietung von Wohnraum erfolgt fast immer steuerlich korrekt. Bei einer gelegentlichen, vielleicht einmaligen Vermietung wird die steuerliche Angabe auch einmal „vergessen". Teilweise stehen Einliegerwohnungen zur Verfügung; nicht selten werden Räume frei, wenn Kinder ausgezogen sind. Eine zunehmende Nutzung größerer Grundstücke ist die Vermietung an Wohnwagen- bzw. Wohnmobilbesitzer als Stellplätze, bei Wasserzugang an Bootsbesitzer.

Zeitweise Vermietungen von Wohnraum über entsprechende Internetforen stehen im besonderen Focus des Fiskus. In vielen Großstädten besteht ein Zweckentfremdungsverbot, womit vorab die Genehmigung der Gemeinde erforderlich ist. Grundsätzlich besteht für Vermietungen eine jährliche Freigrenze von 520 €. Die Finanzbehörden verlangen von den Plattformanbietern mittlerweile die Übergabe der relevanten Informationen, um steuerliche Angaben der Vermieter damit abzugleichen.

6.4.4 Einkünfte aus selbstständiger Arbeit

Unter diese Einkunftsart fallen freiberufliche Tätigkeiten, die in Kap. 11 thematisiert werden. Der Freibetrag beträgt 400 €. Eine Tätigkeit als Freiberufler ist vorteilhafter als die als Gewerbetreibender. Kennzeichen der freiberuflichen

Tätigkeit ist die enge Verbindung zwischen Freiberufler und Werk. Der sog. Freiberuflerkatalog legt fest, welche Tätigkeiten hierunter fallen.

Eine Veröffentlichung in einer Fachzeitung oder ein Vortrag bei der Volkshochschule zählt hierzu, ebenso Fotos für den Internetauftritt eines Unternehmens. Die Freigrenze liegt bei 400 €. Mache Ruheständler machen das Hobby zum Beruf, treten als Musiker auf oder schreiben ein Buch. Die damit erzielten Einkünfte fallen ebenfalls unter diese Kategorie.

6.4.5 Einkünfte aus nichtselbstständiger Arbeit

Einkünfte aus nichtselbständiger Arbeit stellen die größte Einnahmequelle bis zum Ruhestandseintritt dar. Der Arbeitgeber führt die Lohnsteuer pauschal ab.

Viele Ruheständer nehmen einen Minijob an; die Einkünfte dürfen 2025 maximal 556 € betragen. Deren Besteuerung erfolgt pauschal mit 2 %. Es fließen geringe Beiträge in die Rentenversicherung, von denen sich Ruheständler befreien lassen können. Sozialversicherungsbeiträge führt der Arbeitgeber bei Minijobs pauschal mit ca. 30 % ab.

6.4.6 Einkünfte aus Kapitalvermögen

Da Kreditinstitute die pauschale Kapitalertragssteuer von 25 % abführen, sind kaum Risken zu verzeichnen. Allerdings sollten Betroffene prüfen, ob ihr individuelle Steuersatz geringer ist. Dieser kommt dann auf Antrag zur Anwendung.

Wenn Dritte, auch Familienangehörige, ein Darlehen zinsfrei oder -vergünstigt erhalten, erzielen diese einen geldwerten Vorteil, der der Versteuerung unterliegen. Wenn ein Kredit länger als ein Jahr läuft und kein marktüblicher Zins vereinbart wurde, vermutet der Fiskus einen darlehnsähnlichen Charakter, sodass ein Zinsanteil angesetzt wird. Diese Vermutung kann nicht durch eine Vereinbarung zur Zinsfreiheit entkräftet werden. In einem aktuellen Urteil wurde 5,5 % Zinsen angesetzt.

Ob es sich bei der Zinsfreiheit bzw. -reduktion um eine Schenkung handelt, muss im Einzelfall ermittelt werden. Die Freibeträge differieren ja nach Verwandtschaftsgrad zwischen 20.000 und 500.000 € und können alle zehn Jahre erneut genutzt werden.

6.4.7 Sonstige Einkünfte, Renteneinkünfte

Sonstige Einkünfte sind vor allem wiederkehrende Bezüge, primär Renten und Unterhalt. Renten unterliegen in zunehmendem Maße der Versteuerung. Bei einem Bezugsbeginn 2025 werden 84 %, ab 2040 werden 100 % der gesetzlichen Rente der Versteuerung unterzogen. Der zum Zeitpunkt des erstmaligen Bezuges festgelegte Steuersatz bleibt unverändert. Dies gilt auch bei Bezug einer Teilrente. Wer länger arbeitet und auf Rentenzahlungen grundsätzlich verzichtet, sollte prüfen, ob der Bezug einer Teilrente von mindestens 10 % und höchstens 99,99 % der Vollrente betragt wird, da durch diesen Zeitpunkt die Höhe des Steuersatzes festgelegt wird. Soll allerdings beim bisherigen Arbeitgeber weitergearbeitet werden, gilt es, den Arbeitsvertrag zu prüfen. Es kann festgelegt sein, dass das Arbeitsverhältnis automatisch mit einem Rentenbeginn endet, ohne dass eine Kündigung erforderlich wäre. Ausführlich wird diese Situation in Kap. 8 behandelt.

6.5 Steuerbelastung

In Deutschland sind Steuern und Sozialversicherungsabgaben im internationalen Vergleich hoch. Deutschland hat ein Steuerquote von über 40 %, womit knapp die Hälfte des Einkommens an den Fiskus geht. In der Steuerquote sind sämtliche Steuern enthalten, wobei die Einkommens- und Umsatzsteuer die größten Positionen darstellen. Die Umsatzsteuer beträgt für jeden Menschen den gleichen Prozentsatz, während es bei der Einkommensteuer sehr unterschiedlich ist; die Belastung zwischen 0 und 45 % beträgt. Die Durchschnittsrente nach 35 Versicherungsjahren betrug 2023 durchschnittlich 1550 €, jährlich 18.600 €. Bei Renteneintritt im gleichen Jahr werden 84 %, also 15.624 € besteuert. Jede Berechnung ist nur unter Berücksichtigung der individuellen Situation genau. Vor allem wenn eine gemeinsame Veranlagung mit dem Ehepartner erfolgt, ändert sich die Belastung signifikant. Dennoch kann für das Beispiel ungefähr von 3000 € Einkommensteuer ausgegangen werden, was ca. 20 % ausmacht. Jeder Betroffene muss entscheiden, welchen Aufwand eine mögliche Reduktion rechtfertig. Werden steuerpflichtige Einkünfte aus anderen Einkunftsarten erzielt, ist eine Steuererklärung verpflichtend.

6.6 Steuerpflicht und Wohnort

Wer in Deutschland lebt, muss in Deutschland Steuern zahlen; wer nicht in Deutschland lebt, nicht. Die Staatsangehörigkeit spielt keine Rolle. Grundsätzlich ist nach § 1 Abs. 1 Einkommensteuergesetz (EStG) allein der Umstand, dass der Steuerpflichtige einen Wohnsitz nach § 8 Abgabenordnung (AO) im Inland hat, maßgeblich dafür, ob er unbeschränkt steuerpflichtig ist und damit das Welteinkommensprinzip auf alle im Inland oder im Ausland erlangten Einkünfte Anwendung findet.

Wie angeführt, ist die Steuerbelastung im internationalen Vergleich in Deutschland hoch. Einige Länder, wie die Schweiz locken Wohlhabende mit geringen Steuersätzen; andere Länder wie Monaco, haben daraus ein Geschäftsmodell gemacht. In die Kategorie der Menschen, die für diese Länder attraktiv sind, fallen die wenigsten Ruheständler.

Allerdings gibt es Länder, die für alle Bewohner attraktive Steuermodelle anbieten, in der EU bspw. Estland, das 20 % Einkommenssteuern pauschal erhebt, unabhängig von der Einkommenshöhe. Andere Länder möchte Ruheständler anziehen und bieten spezielle Modelle an, wobei Länder unter südlicher Sonne besonders attraktiv erscheinen.

Ob in Deutschland Steuern zu zahlen sind, hängt primär vom gewöhnlichen Aufenthaltes nach § 9 AO ab. Entscheidend ist grundsätzlich die 183-Tage-Regelung. Wer sich so lange in Deutschland aufhält, zahlt hier Steuern; wer weniger Tage in Deutschland verbringt, nicht. Bei der Tagesanzahl und der Dokumentationspflicht besteht wenig Spielraum. Das Finanzamt erwartet lückenlose Nachweise über den Aufenthaltsort.

Viele Ruheständler geben ihren alten Lebensmittelpunkt nicht auf, verbringen aber längere Zeit an anderen, oft wärmeren Orten. Zwei Monate in einem Apartment auf den Kanaren, dann noch mehrere längere Reisen mit dem Wohnmobil – rasch rücken die 183 Tage näher. Aber selbst, wenn weniger als die Hälfte der Zeit in Deutschland verbracht wird, wird der Wohnsitz meist beibehalten. Dieser ist nach § 8 Abgabenordnung dort, wo der Steuerpflichtige eine Wohnung innehat, die darauf schließen lässt, dass er die Wohnung beibehalten und länger benutzen wird. Eine Bleibe für kurze Zeit, z. B. ein Hotelzimmer, reicht hierfür aus. Wer also seinen Wohnsitz steuerlich in Ausland verlegen möchte, sollte prüfen, ob die Voraussetzungen tatsächlich gegeben sind.

6.7 Steuergestaltung

Wie bereits oben aufgezeigt, wird die tatsächliche Steuerbelastung Hinweise darauf geben, inwieweit eine bewusste Gestaltung sinnvoll ist. Ebenso ist es eine persönliche Frage, mit welcher Intensität, ja Leidenschaft, man sich dem Thema stellt. Ein Betroffener versucht die Steuern wo irgend möglich zu drücken; ein anderen leistet bereitwillig die Zahlungen und sieht diese als unverzichtbaren Beitrag zum Gemeinwesen an.

Steuerlich interessant können zeitliche Verlagerungen steuerlicher Aufwendungen sein. Wird im Ruhestand neben der Rente kein weiteres Einkommen erzielt, ist in diesem Zeitraum die Steuerlast geringer, wird neben der Rente gearbeitet tendenziell höher. Dabei kommt dem sog. Grenzsteuersatz, der Belastung, die auf den letzten zu versteuernden Euro angesetzt wird, entscheidende Bedeutung zu. Diesen Wert kann man dem Steuerbescheid entnehmen, anhand von Steuerprogrammen ermitteln oder beim Steuerberater erfragen.

Häufig gibt es hohe Differenzen der Steuerlast zwischen einzelnen Jahren des Übergangs vom regulären Erwerbsleben in den Ruhestand. Die Steuerlast kann abnehmen, wenn anstelle des Arbeitseinkommens ausschließlich die gesetzliche Rente bezogen wird, aber auch zunehmen, wenn Arbeitseinkommen und Rente bezogen werden. Dann besteht die Möglichkeit, gewisse steuerlich berücksichtigte Ausgaben auf hohe Einkunftszeiträume zu verlagern. Hier sind insbesondere die sog. Werbekosten betroffen, Kosten, die beruflich veranlasst sind. Jeder Steuerpflichtige erhält bei der Einkommenssteuer eine Werbekostenpauschale von aktuell 1230 €. Nur wenn die tatsächlichen Kosten darüber liegen, ist ein Einzelnachweis sinnvoll. Meistens macht die Fahrtkostenpauschale und/oder Ausgaben für das Homeoffice den größten Posten aus. Insbesondere Versicherungen können vorab gezahlt werden.

Krankheitskosten können steuerlich als außergewöhnliche Belastung angesetzt werden, wobei allerdings ein Eigenanteil zu tragen ist. Zwar ist eine Krankheit nicht planbar, aber der hohe Eigenanteil, bspw. bei Zahnersatz, kann es steuerlich attraktiv machen, nicht bis zum Ruhestandeintritt zu warten, sondern die Maßnahmen vorher durchführen zu lassen.

Die Bestimmung der Vorteile ergibt sich aus der Differenz des Grenzsteuersatzes vor und nach Ruhestandseintritt. Sinkt dieser bspw. von 40 auf 10 %, werden 30 % eingespart; bei Kosten von 1000 € 330 €.

Viele Ruheständler nutzen die freie Zeit zu vermehrten Reisen, auch ins Ausland. Dann werden gerne Mitbringsel, für sich selbst oder Dritte mitgebracht. In der EU ist dies steuerlich irrelevant, allerdings gibt es einzelne

Ausnahmen, bspw. die Kanarischen Insel. Weiterhin gibt es Höchstgrenzen, bspw. für Alkohol oder Zigaretten. Für sonstige Waren beträgt dieser Wert 300 €, außer bei Flug- und Seereisen, wo sich der Wert auf 430 € erhöht. Wird die Grenze überschritten, müssen die Waren bei der Einfuhr angegeben werden; es werden Einfuhrabgaben an. In vielen Ländern gibt es die Möglichkeit, sich die im Nicht-EU-Ausland gezahlte Steuer auf den Wareneinkauf erstatten zu lassen (sogenanntes tax free shopping).

Großeltern, die Betreuungsaufgaben übernehmen, möchten üblicherweise dafür keine Entlohnung erhalten, im Gegenteil, freuen sich darüber häufig, wenn sie finanziell unterstützen können. Steuerlich werden Aufwendungen für Enkelkinder wie gegenüber fremden Dritten behandelt. Steuerliche Vorteile bestehen bei Schenkung und Vererbung, auf die in Kap. 10 eingegangen wird.

Erbringen Dritte, wozu im steuerlichen Sinne auch Verwandte zählen Leistungen im Rahmen der Kinderbetreuung, können die entstehenden Kosten bis zum 14. Lebensjahr eines Kindes, welches zum Haushalt des Steuerpflichtigen zählt, als Sonderbetreuungskosten zu zwei Dritteln, maximal jedoch 4000 € je Kind von den Eltern steuerlich geltend gemacht werden. Zu diesen Aufwendungen zählen z. B. Beiträge zu Kinderkrippen/-gärten, Ausgaben für Tagesmütter oder Kinderpflegerinnen.

Besonders interessant sind in diesem Zusammenhang Fahrten der Großeltern. Betreuen diese bspw. ihre Enkel dreimal wöchentlich, holen diese vom Kindergarten ab und fahren sie nach der Betreuung zu den Eltern, können die Fahrtkosten durch die Eltern erstattet werden. Entspricht die Erstattung der Entfernungspauschale von 30 ct je Entfernungskilometer, führt dies bei den Eltern zu steuerlich anerkannten Betreuungskosten, bei den Großeltern jedoch zu keinen steuerlichen Einnahmen. Beträgt die Fahrt je Betreuung bspw. 25 km, kommen bei 40 Betreuungswochen 120 Fahrten zum Ansatz, insgesamt 3000 km, womit die Entfernungspauschale 900 € beträgt. Bei einem Grenzsteuersatz von 40 % der Eltern werden so 360 € Steuern jährlich eingespart.

Allerdings schaut das Finanzamt bei steuerlichen Vorgängen zwischen Angehörigen genau hin. Die Vereinbarung muss einem Fremdvergleich standhalten. Dazu bedarf es eines schriftlichen Vertrags und der Überweisung der Erstattung. Häufig möchte Großeltern die Einnahmen nicht behalten, sondern ihren Enkel im Rahmen einer Schenkung zukommen lassen. Dann darf kein ursächlicher Zusammenhang zwischen Kostenerstattung und Schenkung bestehen. Mögliche Überweisungen auf Konten der Enkel sollte in Zeitpunkt und Höhe von den Zahlungen der Eltern abweichen.

Angehörige helfen einander, in die Regel selbstverständlich und unentgeltlich. Allerdings kann auch hier eine Geschäftsbeziehung wie unter Dritten steuerlich vorteilhaft sein. Vorteile ergeben sich primär aus möglichen Differenzen der Steuerlast. Vor allem wenn Ruheständler ein deutlich niedrigeres, steuerpflichtiges Einkommen als zu Zeiten der Berufstätigkeit beziehen, die eigenen Kinder aber voll im Berufsleben stehen, sind Differenzen beim Grenzsteuersatz die Regel. Der Spitzensteuersatz von 42 % trifft 2025 ledige Steuerzahler ab einem zu versteuernden Einkommen ab 68.481 € und zusammenveranlagte Ehegatten mit einem zu versteuernden Einkommen ab 136.962 €. Erbringt der Ruheständler bspw. eine steuerpflichtige Leistung von 1000 €, fallen bei ihn 100 € Steuern an, während die Belastung des Angehörigen um 420 € abnimmt, mithin werden 320 € oder 32 % der Belastung aus Sicht der gesamten Familie gespart. Ebenso kann es selbstverständlich umgekehrt sein. Der wohlhabende Ruheständler möchte bspw. seine Enkeltochter unterstützen, die im Rahmen ihrer Ausbildung ein steuerliches Einkommen unterhalb des Grundfreibetrages bezieht. Dann würde kein Einkommenstransfer die Steuerbelastung des Ruheständlers reduzieren, während die Enkeltochter keine Steuern entrichten muss, soweit das Einkommen unter dem Grundfreibetrag bleibt.

Sicherlich ist es für Selbstständige einfacher, Dritte zu beauftragen, aber auch im privaten Umfeld bestehen Möglichkeiten, wenn bspw. Gartenarbeiten erledigt oder Fahrten vorgenommen werden.

Wird bspw. eine Studentin beschäftigt, die unter 20 h wöchentlich bzw. unter 70 Tagen jährlich tätig ist, entfällt die Sozialversicherungspflicht. Der Einzelfall sollte allerdings vorab mit dem Steuerberater bzw. Sozialversicherungsträger geklärt werden. Dann entspricht die Einsparung dem Grenzsteuersatz des Ruheständlers. Werden Dritte mit höherer Steuerlast beschäftigt, ist ein Minijob vorteilhaft. Die 2025 maximal möglichen 556 € werden mit ca. 15 % belastet, der Auftraggeber muss 640 € aufwenden, für den Empfänger sind die 556 € abzugsfrei. Der Vorteil beläuft sich somit auf die Differenz zwischen dem Grenzsteuersatz des Auftraggebers und 15 %. Weitere Informationen zum Minijob finden sich in Kap. 9.

6.8 Steuererklärung

Liegen Betroffene voraussichtlich dauerhaft mit ihren steuerpflichtigen Einkommen unter den Grundfreibetrag, können sie bei ihrem Finanzamt eine sog. „Nichtveranlagungs-Bescheinigung" beantragen. Dies wird in der Regel unbefristet gewährt; allerdings müssen Ruheständler, deren Einkommen erneut über den Grundfreibetrag ansteigt, erneut eine Steuererklärung vornehmen. Wer nur zeitlich befristet mit geringem Einkommen rechnet, kann sich somit den Aufwand sparen.

Allerdings müssen Selbstständige, Freiberufler und Gewerbetreibende grundsätzlich eine Einkommensteuererklärung erstellen.

6.9 Sozialversicherungsbeiträge

Bei den Sozialversicherungsbeiträgen ist eine differenzierte Sicht geboten. Beiträge für die Arbeitslosenversicherung fallen für Ruheständler nicht mehr an, allerdings können sie auch kein Arbeitslosengeld beziehen. Ebenso müssen keine Beiträge mehr für die Rentenversicherung geleistet werden. Allerdings besteht die Möglichkeit, soweit das gesetzliche Rentenalter noch nicht erreicht ist, auf die Vor- und Nachteile wird die Kap. 13 eingegangen.

Krankenversichert sind Ruheständler über die Krankenversicherung der Rentner, sofern sie in der zweiten Hälfte der Erwerbszeit mindestens zu 90 % gesetzlich versichert waren. Waren sie privat krankenversichert, läuft diese Versicherung weiter. Private Versicherer sind verpflichtet, Rücklagen für ihre Versicherten anzulegen, um die zu erwartenden, höheren Kosten im Alter abzufedern. Dennoch werden immer wieder Klagen über exorbitant steigende Beiträge laut. Höhere Beiträge führen bekanntlich nicht zu besseren Leistungen, weshalb Zahlungen ärgerlich, gleichwohl unvermeidlich sind. Genaue Prognosen der Entwicklung sind nicht möglich; tendenziell sollten sich Betroffene jedoch auf Steigerungen vorbereiten.

Neben den Beiträgen, die auf die Rentenbezüge anfallen, werden bei einmaligen Leistungen, insbesondere von Direktversicherungen Beiträge für die Kranken- und Pflegeversicherung in voller Höhe fällig. Zahlungen erfolgen in je 12 Monatsraten – über einen Zeitraum von zehn Jahre. Eine Einmalzahlung ist nicht notwendig. Diese oft unerwarteten Ausgaben gilt es zu berücksichtigen, wenn man den erwarteten Geldbetrag verplant. Dem Unrecht, dass Beiträge bereits bei der Einzahlung mit entsprechenden Positionen belastet wurden, wurde höchstrichterlich nicht widersprochen.

Die Beitragsbemessungsgrenzen legen den maximal zu zahlenden Betrag fest. Für Kranken- und Pflegeversicherung liegt der Betrag 2025 bei 66.150 €. Diese Höhe wird nur von wenigen Ruheständlern erreicht. Bei zusätzlichem Einkommen ist deshalb zu prüfen, inwieweit eine Betragspflicht besteht. Wird unselbstständig weitergearbeitet, wird der Arbeitgeber die Beträge abführen; sind Betroffene selbstständig tätig, tragen diese die Verantwortung. Bei unberechtigt nicht erfolgter Abführung drohen Nachzahlungen, die durchaus in beachtlicher Höhe anfallen können. Deshalb sollte dieser Punkt vor Aufnahme einer Tätigkeit mit der eigenen Krankenkasse geklärt werden.

6.10 Umfangreiche, komplexe Lösungen

Wo Steuern anfallen, ist das Bestreben vorhanden, diese zu minimieren. Dabei kann durchaus von einem Wettlauf gesprochen werden: zwischen Beratern, die immer wieder Schlupflöcher im Regelwerk suchen und den Finanzbehörden bzw. dem Gesetzgeber, der diese schließt. Kurz darauf beginnt der Prozess erneut.

Sicherlich gibt es Möglichkeiten, wozu bspw. die Gründung einer Kapitalgesellschaft gehört, in die die Vermögenswerte eines Ruheständlers einfließen; ebenso ist die Gründung einer Familienstiftung möglich.

Die Anbieter offerieren attraktive Steuerersparnisse sowohl beim Einkommen als auch dem späteren Vererben. Allerdings dürfen die erheblichen Kosten, sowohl bei der Errichtung eines Konstruktes als auch für den laufenden Betrieb nicht vernachlässigt werden. Für die wenigsten Ruheständler sind solche Schritte wirtschaftlich sinnvoll.

Beim Thema Steuern gilt es, Möglichkeiten zu suchen und wahrzunehmen, nicht aber Unmögliches zu versuchen. In den Finanzbehörden sind verständige, größtenteils aufgeschlossene Menschen tätig. Das Finanzamt ist verpflichtet, Steuerpflichtigen bei der Erstellung und Abgabe der Steuererklärung zu helfen und hat dafür sogar extra Servicestellen eingerichtet. Eines aber schätzen Finanzbeamte nicht: von Steuerpflichtigen zum Narren gehalten zu werden.

7

Ehrenamtliche Tätigkeit

Zusammenfassung Die sorgfältige Bestandaufnahme, die Feststellung, was Betroffene machen müssen oder lassen können, zeigt Freiräume auf, grenzt diese aber auch ein. Wer weiterhin zur Sicherstellung seines Lebensunterhalt Einkommen erzielen muss, verfügt über wenigere freie Ressourcen, als derjenige, der keine Erwerbstätigkeit mehr ausüben muss. In der Realität können sich Zwischenstufen ergeben, bspw. dass ein Zuverdienst wünschenswert ist, aber nur wenige Stunden bzw. Tage monatlich in Anspruch nimmt. Ebenso gewinnen Überlegungen an Bedeutung der Gesellschaft etwas „zurückzugeben", wenn ein Leben in der Rückschau als gelungen, vielleicht als glücklich, wahrgenommen wird. Damit verbunden kann die Aufnahme einer ehrenamtlichen Tätigkeit sein. Ein Praxisbeispiel zeigt Kap. 15 Abschn. 11 auf.

7.1 Sinn und Glück

Dass Sinn der entscheidende Faktor für das Glück und die Gesundheit ist, wurde bereits in Kap. 4 angesprochen. Arbeitslosigkeit, nicht der freiwillige, sondern der unfreiwillige Verzicht auf Berufstätigkeit, macht krank. Psychische Probleme, ungesunde Ernährung, Gewichtszunahme und Rauschmittel sind mögliche Gründe, warum das Sterberisiko für Arbeitslose erhöht ist. Laut einer Metaanalyse aus dem Jahr 2011, in die über 40 Längsschnittstudien eingingen, liegt das Sterberisiko bei Erwerbslosen rund 1,6-mal höher als bei Berufstätigen unter ansonsten vergleichbaren Bedingungen (Quarks. de, 2021). Eine Untersuchung aus den 1930er-Jahren in Marienthal,

Österreich, ist ein Klassiker der Forschung zu diesem Thema. Langzeitarbeitslosigkeit führt nicht zu Widerstand und Aufbegehren, sondern zu Einsamkeit und passiver Resignation. Sicherlich lassen sich die Ergebnisse nicht vollständig auf Ruheständler übertragen, da der Ruhestand gesellschaftlich akzeptiert ist und keiner Rechtfertigung bedarf, weiterhin die finanzielle Situation meist besser als bei Arbeitslosen ist. Dennoch lässt sich auch im eigenen Umfeld erleben, wie sich Menschen verändern, wenn ihnen Struktur und Sinn entfallen, selten zum Besseren. Dem kann ein freiwilliges Engagement entgegenwirken.

7.2 Freiwilliges Engagement

Ehrenamtliche Tätigkeit erfolgt freiwillig und ohne Entlohnung. Dies betrifft sowohl die rechtliche, als auch die zwischenmenschliche Ebene. Oft sehen Betroffene die Sinnhaftigkeit, ja die Notwendigkeit eines Engagements. Sicherlich ist die Daseinsvorsorge eine zentrale staatliche Aufgabe, schlussendlich entrichten die Staatsbürger ihre Steuern zur Finanzierung. Dennoch funktioniert kein Staat, keine Gemeinschaft und keine Familie ohne freiwilliges Engagement.

Nur in großen Dimensionen zu denken, führt nicht weiter. Bereits ein kleiner Beitrag macht einen Unterschied für das Miteinander aus. Die alte Metapher von den Weizenkörnern plausibilisiert diese Aussage. Wie viele Körner ergeben einen Haufen? Nicht eins, nicht zwei, aber irgendwann kann man von einem Haufen sprechen. Kleine, kaum wahrnehmbare Schritte führen in ihrer Gesamtheit zu einem Unterschied.

Häufig bestehen bereits vor Ruhestandseintritt gewisse Verbindungen zu Ehrenämtern. Vielleicht hat der Betroffene in der Vergangenheit ausschließlich finanziell unterstützt, vielleicht sind Freunde oder Verwandte in einem Verein engagiert, vielleicht bringt man besondere Anerkennung und Sympathie für eine Organisation auf, möchte mehr zu deren Erfolg beitragen. Dennoch sollte man abwägen, was passend ist, was passend sein mag. Während der Berufsphase sucht man häufig Aktivitäten, die eine gewisse Abwechslung, einen Gegensatz zum Beruf darstellen. Im Ruhestand möchte man vielleicht seine im Arbeitsleben erworbenen Fähigkeiten und Kenntnisse einbringen. Teilweise wurden bereits Versprechungen gemacht, sich in einem bestimmten Bereich (vermehrt) zu engagieren; diese Zusagen bedürfen der kritischen Überprüfung im Sinne beider Seiten, ist Ehrenamt doch steht mit der Auffassung der Aktiven verbunden, dass es sich um eine „Ehre", nicht um eine lästige Pflicht, handelt.

Sicherlich kann man bei einer geselligen Veranstaltung einmal im Monat für wenige Stunden unterstützen, ohne dass es einer akribischen Abwägung und intensiven Vorbereitung bedarf. Wer sich jedoch stärker, professioneller einbringen möchte, sollte sich vorbereiten, vergleichbar mit der Auswahl eines Arbeitsplatzes.

Selbst wenn für Betroffene bereits bei Ruhestandeintritt feststeht, dass eine ehrenamtliche Tätigkeit angestrebt wird, sollten auch die in den vorherigen Kapiteln aufgezeigten Schritte nicht vernachlässigt werden. Die in Kap. 5 aufgezeigte „Blumenübung" kann die Richtung des Engagements weisen. Einzig der Punkt „Gehalt" bedarf der Anpassung und sollte durch „Professionalität" ersetzt werden. Ruheständler sollten eine klare Priorisierung vornehmen, nicht alle Punkte ein wenig berücksichtigen. Man muss nicht so radikal wie Nassim Taleb sehen, im Kern aber ist ihm zuzustimmen: „Wenn Sie mehr als einen Grund haben, etwas zu tun, lassen Sie es" (Taleb, 2014, S. 418).

Weiterhin gilt es, die eigene Verfügbarkeit selbstkritisch zu prüfen. Allzu oft wird Freiwilligkeit mit Unverbindlichkeit, fehlende Entlohnung mit Unprofessionalität verwechselt. Das Wichtigste für die Organisationen, die ehrenamtliche Helfer engagieren, ist deren Verbindlichkeit. Damit können vielfältige Ressourcen verbunden sein. Sicherlich kommt der Zeit entscheidende Bedeutung zu. Mancher hat jeden Tag einige Stunden zur Verfügung, ein anderer möchte zu bestimmten Zeiten tätig sein. Mancher möchte einen Wochentag aktiv sein, ein anderer vielleicht eine vollständige Woche im Monat. Ebenso sind längerfristige Engagement, bspw. im Ausland, denkbar. Mancher möchte lange im Voraus um Einsätze wissen, ein anderer steht gerne spontan bei kurzfristigem Bedarf zur Verfügung.

Weiterhin sind die finanziellen Spielräume festzulegen. Oft kann, oft will man eine Organisation auch finanziell unterstützen; bestimmte Kosten werden nicht oder nicht vollständig ersetzt und müssen vom Ehrenamtler getragen werden. Teilweise wird über andere Ressourcen verfügt, die eingebracht werden können. Ein großes Grundstück kann für Freizeiten genutzt werden, ein Fahrzeug für Transporte.

Zur Verfügung stehende Ressourcen sind der gemeinnützigen Organisation eindeutig mitzuteilen. Da die Einsatzmittel fast immer knapp sind, wird zusätzliche Hilfe oft benötigt. Was liegt dann näher, als den Ruheständler zu fragen?

Bereits im Kap. 4 wurde der mögliche Abstimmungsbedarf mit Dritten, insbesondere dem Partner, angesprochen. Diese grundsätzliche Abstimmung muss nunmehr auf den konkreten Fall angewendet werden. Wenn es für beide Partner erfüllend ist, kann ein Engagement für die gleiche Organisation erfolgen, vielleicht in unterschiedlichen Ämtern/Positionen oder Bereichen, um den persönlichen Interessen zu entsprechen. Zumindest sollten aber die grundlegenden Ziele einer Organisation geteilt werden.

Staatliche Stellen unterstützen ehrenamtlichen Engagement vielfältig. Viele Städte haben Ehrenamtsagenturen eingerichtet, die Interessierte bei der Auswahl ihre Engagements beraten. Der Bundesfreiwilligendienst steht nicht nur jungen Menschen als Möglichkeit offen. Der Senior Experten Service, kurz SES, vermittelt weltweit Entwicklungshelfer im Ruhestandsalter.

Die Versicherungsältesten der Deutschen Rentenversicherung beraten ehrenamtlich rund um das Thema Ruhestand. Evtl. besteht für den Leser Interesse an dieser Tätigkeit. Weiterhin gibt es eine Vielzahl von Organisationen, die Ältere beraten. Dies erfolgt meistens auf lokaler Ebenen; Städte und Gemeinden informieren über Möglichkeiten.

Die ehrenamtliche Tätigkeit ist von einer Arbeitnehmertätigkeit abzugrenzen. Dies ist nicht immer einfach, da verschiedene Organisation, bspw. im kirchlichen oder charitativen Bereich, sowohl Arbeitnehmer beschäftigen als auch Ehrenamtliche einsetzen. Unentgeltlichkeit und ideeller Zweck sind die wesentlichen Kriterien des Ehrenamtes. Die Eingliederung in den Betriebsablauf und ein Weisungsrecht hinsichtlich Dauer, Zeit und Ort der Tätigkeit weisen auf die Arbeitnehmerschaft hin. Dieser Punkt sollte vor Aufnahme der Tätigkeit durch die Organisation geklärt werden, da bei fälschlicher Annahme eines Ehrenamtes Nachzahlungen der Sozialversicherungsbeiträge drohen. Gesetzlich bestehen keine Höchstgrenzen für die Aufwandsentschädigung eines Ehrenamtlers; das Bundessozialgericht hat in einem Einzelfall eine jährliche Zahlung von 6500 € als zulässig erachtet.

In der Praxis kann es zu Mischformen kommen. Einerseits erfolgt eine Tätigkeit als Arbeitnehmer, ergänzt um eine ehrenamtliche Tätigkeit. Dann sind die Aufgaben deutlich voneinander abzugrenzen, eine schriftliche Vereinbarung abzuschließen und die Zahlungen voneinander abzugrenzen.

7.3 Steuerliche Sachverhalte

Das Ehrenamt wird vom Gesetzgeber durch verschiedene Vorgaben gefördert. Übungsleiterpauschalen sind bis zu 3000 € jährlich, steuern- und sozialversicherungsfrei. Allerdings muss es sich um eine nebenberufliche Tätigkeit handeln. Steuerlich gilt eine Tätigkeit als nebenberuflich, wenn kein Hauptberuf ausübt wird, womit auch Ruheständler nebenberuflich tätig sein können. Die eingesetzte Zeit und das Verhältnis der Höhe der Erstattungen der Organisation im Verhältnis zu den weiteren Einkünften stellen Indikatoren dar. Höhere Einnahme werden nach Abzug der 3000 € steuerlich angesetzt.

Wird ein schriftlicher Arbeitsvertrag abgeschlossen, steht Betroffenen der Arbeitnehmer-Pauschbetrag von aktuell 1230 € jährlich zu.

Die Ehrenamtspauschale beträgt 840 € jährlich; bis zu dieser Höhe können gemeinnützige Vereine Engagement honorieren, ohne das Steuern anfallen. Beide Pauschalen können gemeinsam zum Einsatz kommen, bspw. wenn einem als Trainer die Übungsleiterpauschale und als Vereinsvorstand die Ehrenamtspauschale zusteht.

Unabhängig von den Pauschalen besteht ein Anspruch darauf, Aufwendungen für das Ehrenamt ersetzt zu bekommen. Dabei kann es sich bspw. um Reisekosten oder Ausgaben für Materialien handeln. Diese sind wie bei einem Arbeitsverhältnis nachzuweisen. Der Verein kann die Auslagen zusätzlich zur Übungsleiterpauschale steuerfrei erstatten.

Häufig möchten Ehrenamtler kein Geld von ihrer Organisation annehmen und sprechen eine Verzichtserklärung aus. Dann kann die Aufwandsspende als Sonderausgabe steuerlich geltend gemacht werden. Dafür sind jedoch gewisse Bedingungen zu erfüllen. Die Organisation muss den Anspruch auf Bezahlung ernsthaft einräumen und nicht von vorneherein ausschließen. Es ist schriftlich festzuhalten, dass ein Anspruch auf Ersatz der Aufwendungen bzw. eine Vergütung besteht, worauf jedoch verzichtet wurde.

Ruheständler können Aufgaben als wichtig, als förderungswürdig erachten, die sie selber nicht wahrnehmen können. So sind bei der Seenot- oder Bergrettung umfangreiche Kenntnisse und körperliche Fitness unabdingbar, was auch für den Katastrophenschutz gilt oder Unterstützung in anderen Ländern. Teilweise fühlt man sich nicht in der Lage, eine Aufgabe wahrzunehmen und kann die notwendige Abgrenzung zum Privatleben, sowie das Abschalten nach dem Einsatz nicht gewährleisten.

Spenden an gemeinnützige Vereine sind in gewissen Rahmen steuerlich abzugsfähig. Um diesen Vorteil nutzen zu können, müssen allerdings Steuern anfallen. Liegt das steuerpflichtige Einkommen des Ruheständlers unter dem Grundfreibetrag, kann kein steuerlicher Vorteil wahrgenommen werden. Dann kann es bspw. vorteilhaft sein, dass die Spende durch einen Angehörigen vorgenommen und steuerlich geltend gemacht wird, der Einkommensteuer entrichtet. Weiterhin können maximal 20 % der Einkünfte berücksichtigt werden, zu denen auch Rentenzahlungen bzw. deren steuerpflichtiger Anteil zählen. Bei Spenden bis zu 300 € reicht ein Nachweis anhand der Banküberweisung; über 300 € ist eine Spendenbestätigung erforderlich.

7.4 Persönliche Haftung

Vereinsmitglieder haften grundsätzlich vergleichbar mit dem Privatleben, wo ohnehin eine private Haftpflichtversicherung bestehen sollte. Für Vorstände von Vereinen kann eine erweiterte Haftung bestehen, die sich nicht auf das Vereinsvermögen beschränkt, sondern das Privatvermögen des Vorstandes in Anspruch nehmen kann. Vor Annahme eine Vorstandsamtes sollten sich Ruheständler rechtlich beraten lassen und eine Versicherung abschließen, sofern dies nicht die Organisation gewährleistet.

7.5 Vererben

Nicht wenige Menschen möchten gemeinnützigen Organisationen Vermögenswerte vererben. Gemeinnützige Organisationen sind von der Erbschafts- und Schenkungssteuer befreit. Damit kommt der gesamte Wert der Erbschaft oder Schenkung ohne Abzüge der Organisation zugute. Allerdings bleiben Ehepartner, Kinder und Eltern, falls es keine Kinder gibt, pflichtteilberechtigt. Große charitative Organisationen bieten hierzu Beratung an. Dazu bedarf es in jedem Fall eines handschriftlichen Testamentes. Diese sollte nicht in den Privaträumen aufbewahrt, sondern sicherheitshalber bei einem Notar oder dem Amtsgericht hinterlegt werden.

7.6 Hobby zum Beruf

Vieles ist während der Berufstätigkeit zurückgestellt worden. Arbeit und Familie haben Zeit beansprucht, ließen oft wenig Zeit für ein Hobby. Bei entsprechenden Fähigkeiten und großem Engagement kann praktisch jedes Hobby zum Beruf, der Amateur zum Profi werden. Mancher Ruheständler hat in seiner Jugend solche Vorstellungen verfolgt und Träume gehegt. Dass das Leben meistens anders verläuft mag man in der Rückschau akzeptieren, vielleicht auch bedauern. Da mit dem Ruhestand ausreichend Zeit vorhanden ist und die Notwendigkeit der Einkommenserzielung bei den meisten besteht, stellt sich nicht nur die Frage der Wiederaufnahme, vielleicht Intensivierung der Leidenschaft; vielleicht kann das Hobby doch noch zum Beruf werden. Teilweise werden Aktivitäten bewusst ohne das Ziel der Einkommenserzielung wahrgenommen und gemeinnützigen Organisationen zur Verfügung gestellt.

Diese Perspektive ist aus finanzieller Sicht attraktiv, weil die mit der Berufstätigkeit verbundenen Ausgaben den Gewinn der Aktivität senken und bei Verlust mit anderen steuerlichen Einkommen verrechnet werden können. Da Ruheständler durch den höheren, steuerpflichtigen Anteil der gesetzlichen Rente Steuern abführen, können die Ausgaben so reduziert werden. Allerdings muss das Ziel unternehmerischer Aktivitäten die Gewinnerzielung sein. Nicht unbedingt in der Anfangsphase, aber dauerhaft. Ist diese nicht gegeben bzw. nicht absehbar, behandelt der Fiskus die Aktivität als Liebhaberei und verwehrt den steuerlichen Ansatz der Kosten.

Sicherlich können Ruheständler mit ihren Hobbys Geld verdienen, die Herausforderung ist jedoch, dass die meistens Hobbys bei vielen beliebt sind und deren Angebote die Nachfrage übersteigt. Entsprechend selbstkritisch sollte die Prüfung der Erfolgschancen vorgenommen werden. Anstelle großer Investitionen bewahrt ein Einstieg auf kleinem Level den Ruheständler vor finanziellen Risiken.

Nicht selten gibt es Möglichkeiten im Umfeld einer bestimmten Aktivität, bei der gezielt die beruflichen Erfahrungen zum Einsatz gelangen können. Auch Musiker benötigen einen Steuerberater, freie Theater einen Hausmeister, Autoren planen Lesereisen, Maler müssen Verwaltungsaufwand bewältigen. So wird nicht der eigene Erfolg zum Maßstab, sondern vielmehr die Unterstützung anderer dabei Erfolg zu erringen. Die Freude muss dadurch nicht geringer sein; der Kontakt mit der Branche wird in jedem Fall aufgebaut.

Wählen Betroffene die Umsatzsteuerpflicht, werden eigene Rechnungen mit 19 % beaufschlagt, allerdings werden ebenso die 19 % auf eingehende Rechnungen mit der abgeführten Umsatzsteuer verrechnet. Wenn sich die Aktivitäten nicht wie erwartet entwickeln, übersteigen die Ausgaben häufig die Einnahmen. Dann muss der Steuerpflichtige keine Umsatzsteuer abführen, sondern erhält eine Erstattung. Umsatzsteuerlich ist der Begriff der Liebhaberei nicht relevant; hier gilt die sog. Einnahmeerzielungsabsicht, die von der Gewinnerzielungsabsicht zu unterscheiden ist. Damit kann auch bei dauerhaften Verlusten die umsatzsteuerliche Unternehmereigenschaft gegeben sein, mithin die Vorsteuer erstattet werden.

Literatur

Quarks.de. (2021). https://www.quarks.de/gesundheit/darum-ist-arbeitslosigkeit-schlecht-fuer-die-gesundheit/. Zugegriffen am 16.10.2024.

Taleb, N. (2014). *Antifragilität*. btb.

8 Weiterarbeiten

Zusammenfassung „Ich weiß nicht, ob es besser wird, wenn es anders wird, aber ich weiß, dass es anders werden muss, wenn es gut werden soll", stellt bereits um 1770 Georg Lichtenberg fest. Allerdings kann auch das Gegenteil gelten. Es kann gut sein, wenn es bleibt wie es ist. Damit ist neben dem privaten Umfeld die weitere Berufstätigkeit beim gleichen Arbeitgeber verbunden, wobei die Gelegenheit auf eine gewisse Anpassung der Anforderungen des Arbeitgebers an die Vorstellung des Ruheständlers möglich sein sollte. Die gesellschaftliche Wahrnehmung dieser Option hat sich deutlich verändert. In Zeiten hoher Arbeitslosigkeit wurde der möglichst frühe Eintritt in den Ruhestand propagiert und staatlich gefördert, während heute vor dem Hintergrund sinkender Einnahmen der Rentenversicherung und zunehmender Arbeitskräfteknappheit das Gegenteil der Fall ist. Praxisbeispiele finden sich in Kap. 12 Abschn. 1 und 3.

8.1 Vorbereitung

Die Möglichkeit, zusätzlich zur gesetzlichen Rente Einkommen zu erzielen, ist nicht mehr gedeckelt. Für die Sozialversicherungsbeiträge sind weitere Vergünstigungen für Ruheständler vorgesehen, aber noch nicht gesetzlich fixiert. Die in Kap. 2 aufgezeigten Entwicklungen werden der Politik kaum eine andere Wahl lassen.

8.1.1 Eigendynamik

„Zum Glück ist es bald vorbei" sagt sich mancher Betroffene, vor allem, wenn es beruflich nicht wie gewünscht läuft, wenn ungeliebte Aufgaben dominieren oder der Stress es kaum möglich macht einmal Luft zu holen, das Abschalten nach der Arbeit oder im Urlaub schwerfällt. Auch Kollegen, manchmal Vorgesetzte, stimmen in das Lied ein. Nicht selten wird die Anzahl an Jahren, später an Monaten und Tagen gezählt. Einzelne führen exakte Listen, die runterlaufen bis zum Tag „Null".

Allerdings sollten kurzfristige Einschätzungen nicht langfristige Entscheidungen dominieren. Vielmehr gilt es für den Betroffenen, die in den vorherigen Kapiteln aufgezeigten Schritte zu beschreiben, sich darüber klar zu werden, wie das eigene Leben langfristig, zumindest in den nächsten Jahren, gestaltet werden soll. Ebenso sind Vorbereitungen zu treffen, wenn der Arbeitgeber Angebote macht. Diese müssen nicht spontan beantwortet werden; eine zügige Reaktion sollte dennoch erfolgen.

Oftmals ist die Kündigungsfrist an das Alter und/oder die Betriebszugehörigkeit geknüpft. Entlassungen sind bei Unternehmen, die mehr als zehn Mitarbeiter haben, aufgrund des gesetzlichen Kündigungsschutzes, ohnehin schwierig und fast immer mit Abfindungen verbunden. Weiterhin erhalten Menschen ab 60 bis zu 24 Monate Arbeitslosengeld. Da die Agentur für Arbeit 80 % der bisherigen Renteneinzahlungen übernimmt, sind auch die Rückgänge bei der gesetzlichen Rente relativ gering. Alle Beteiligten wissen um die starke, stärker werdende Position des zukünftigen Ruheständlers. Unbemerkt kann sich eine Veränderung des Verhältnisses ergeben. Betroffene werden selbstbewusster, wobei der Übergang zur Arroganz fließend sein kann. Im Einzelfall sollen alte Rechnungen beglichen werden, oft metaphorische, manchmal tatsächliche, auch gegenüber Kollegen. Irgendwann sind alle Beteiligten froh, dass es vorbei ist, bald vorbei sein wird. Wer mag, kann auf diesem Wege seine Optionen verbauen, wer eine Wahl haben möchte, sollte auf derartiges Verhalten tunlichst verzichten.

8.1.2 Ansprache des Themas

Wer macht den ersten Schritt? Bei Verhandlungen wird oft angenommen, dass derjenige, der als erstes Interesse zeigt, in einer schlechteren Verhandlungsposition sei. Soll der andere doch die Initiative ergreifen und ein Angebot auf den Tisch legen, zumindest deutliches Interesse aufzeigen. Dies wird jedoch nicht funktionieren, wenn beide Seiten so denken. Manches Mal wird sich in vorsichtigen Andeutungen ergangen, die die Gegenseite aber nicht wie erwartet versteht und sich aus Unsicherheit nicht äußert, was wiederrum als Desinteresse falsch verstanden wird. Sicherlich kann der Arbeitgeber auf Betroffene zugehen; grundsätzlich wird dieser aber davon ausgehen, dass sich beide Seiten an den Arbeitsvertrag halten. Darin ist manchmal ein konkreter Endtermin genannt, der sich bei älteren Verträgen noch auf den Beginn des 65igsten Lebensjahres bezieht. Allerdings werden Verträge arbeitsrechtlich so interpretiert, dass das Ende mit dem offiziellen Renteneintrittsalter übereinstimmt, das sich Richtung 67igste Lebensjahr entwickelt.

Schlussendlich gilt es für den Betroffenen, das Thema aktiv anzusprechen. Nicht zwischen Tür und Angel wage auf ein Interesse am Weiterarbeiten hinzuweisen, sondern klar und deutlich ein Angebot zu machen. Im kleinen Betrieb entscheidet ohnehin der Inhaber, in größeren Betrieben wird der eigene Vorgesetzte angesprochen, zusätzlich die Personalabteilung informiert, die vielleicht weitere Optionen anbieten kann.

Mit der Bereitschaft zum Weiterarbeiten ist auch die Einstellung zur Weiterbildung verbunden. Die Frage, welche Investitionen an Zeit und Geld sich für beide Seiten rentieren, ist eng mit der Dauer der Nutzung verbunden. Über formale Angebote hinaus ist die grundsätzliche Einstellung zu neuen Aufgaben wichtig. Berechtigterweise wird vom „lebenslangen" Lernen gesprochen, nicht vom Lernen bis drei oder fünf Jahre vor dem Ruhestand.

8.1.3 Der richtige Zeitpunkt

Arbeitnehmer wechseln mit zunehmendem Alter seltener ihren Arbeitgeber. Entsprechend besteht ab Mitte 50 relativ große Gewissheit, dass der Mitarbeiter bis zum Ruhestand im Unternehmen verbleibt. Weiterhin erscheint die berufliche Entwicklung irgendwann abgeschlossen. Eine höhere Position anzustreben oder eine völlig neue Aufgabe wahrzunehmen, macht wenig Sinn, wenn die Dauer der Lösung zeitlich stark begrenzt ist.

Da aber der Ruhestandeintritt feststeht; müssen sich Arbeitgeber darauf einstellen. Zumindest bei höheren, attraktiven Positionen im Unternehmen und solchen die umfangreiches Spezialwissen erfordern, erfolgt eine Planung, wer die Stelle zukünftig besetzen wird. Meistens werden jüngeren Mitarbeitern keine konkreten Zusagen gemacht, dennoch die Stelle zumindest informell in Aussicht gestellt, was durchaus längere Zeiträume betrifft. Ebenso ist es möglich, dass Auszubildene eine Stelle übernehmen sollen und im kleinen Betrieb bewusst dafür vorgesehen sind. Mit der Entscheidung sind Zeiträume von über drei Jahren verbunden. Bei Spezialwissen in einem engen, begrenzten

Tätigkeitsfeld tut sich der Arbeitgeber oft schwer, adäquaten Ersatz zu finden. Dann ist die Aufgabe einer bestimmten Aktivität ebenfalls eine Lösung. Hierüber werden bestehende Kunden frühzeitig informiert, vielleicht Investitionen zurückgefahren oder bei ungeplantem Aufwand, bspw. einer aufwendigen Reparatur, das Angebot früher eingestellt.

Mancher Arbeitgeber mag über die Schritte informieren, ein anderer legt diese nicht offen. Im Idealfall sollte spätestens drei Jahre vor Ruhestandseintritt das grundsätzliche Interesse an einer Weiterbeschäftigung signalisiert werden. Ohne verbindliche Zusagen einzufordern, kann der Arbeitgeber zumindest darum gebeten werden, vor der Einleitung alternativer Schritte das Gespräch zu suchen.

8.2 Ausgestaltung der weiteren Tätigkeit

Dass die eigene Tätigkeit perfekt war, perfekt bliebt oder wird, ist unwahrscheinlich. Die im Kap. 5 bei der „Blumenübung" aufgezeigten Kriterien sollten bei einer angestrebten Weiterbeschäftigung nicht absolut, sondern relativ bewertet werden. Ausgehend von der konkreten Situation kann ein „mehr" und „weniger" festgelegt werden, das Hinweise auf die angestrebte Veränderung gibt. Dabei sind die unvermeidbaren Restriktionen zu akzeptieren. Wer als Handwerker arbeitet, kann nicht im Homeoffice tätig sein; wer bei Kunden technische Anlagen einfährt, nicht auf Reisetätigkeit verzichten. Soll sich Grundsätzliches ändern, wird häufig ein Wechsel des Arbeitgebers die erfolgversprechendere Option sein, die in Kap. 9 aufgezeigt wird.

Meistens wird der Ausschluss, die Vermeidung von Sachverhalten, die negativ wahrgenommen werden erfolgversprechender sein, als die Zusage von positiven Veränderungen. Bei Letzteren ist die Ungewissheit, ob sich gewünschte Effekte einstellen, stets größer.

Eine Anpassung der Entlohnungen bedarf eines Grundes; ansonsten sollten die bisherigen Konditionen beibehalten werden, wozu auch regelmäßige Anpassungen gehören. Meistens verdienen ältere Arbeitnehmer besser als jüngere Kollegen, wobei neben der Arbeitsleistung auch soziale Komponenten einfließen. Auf eine geringere Entlohnung bei gleichen Aufgaben und Umfang sollten sich Betroffene nicht einlassen, wobei im Umkehrschluss auch Forderungen nach höherem Gehalt schwierig sind. Im Einzelfall mag ein Betroffener in einer starken Verhandlungsposition sein; Forderungen könnten durchgesetzt werden, würden aber zu einer Zerrüttung des Vertrauensverhältnisses führen.

Selbstverständlich kann der Arbeitsumfang angepasst werden, wobei eine Reduktion häufig im Interesse des Ruheständlers ist und aufgrund der Progression der Einkommenssteuer „netto" zu geringeren Einbußen als „brutto" führt. Ob die Tages- oder Wochenarbeitszeit gekürzt oder vielleicht die Urlaubstage erhöht werden, hängt von den Wünschen der Betroffenen und den betrieblichen Notwendigkeiten ab.

Teilweise erfolgt nicht nur eine quantitative, sondern auch eine qualitative Veränderung. Diese Veränderung sollte sich ebenfalls in der Entlohnung widerspiegeln. Mancher Ruheständler möchte ein wenig am Arbeitsleben teilnehmen und führt bspw. nur noch Auslieferungsfahrten durch, ein anderer löst anspruchsvolle Aufgaben, die umfangreiche Expertise benötigen.

Vor allem Inhaber kleinerer Unternehmen wünschen sich eine Arbeitsreserve, mittels der die schwankende Auftragslage ausgeglichen werden kann. Auch für diese Zielrichtung gibt es mit der „Arbeit auf Abruf" eine Lösung. Eine Mindestdauer, ob täglich, monatlich oder jährlich, muss festgelegt sein. Gesetzlich ist eine Mindestentlohnung festgelegt, auch wenn keine Abrufe erfolgen; weiterhin müssen Abrufe mindestens vier Tage vor Tätigkeitsbeginn ausgesprochen werden. Insgesamt sind die Chancen des Arbeitsgebers größer, während für den Arbeitnehmer die Risiken überwiegen. Entsprechend sollten derartige Arbeitsverhältnisse nur eingegangen werden, wenn eine adäquate Mindestabrufdauer festgelegt und in jedem Fall entlohnt wird. Ebenso sollte die Flexibilität zu höherer Entlohnung der eingesetzten Zeit führen.

Noch größere Flexibilität wird durch die Tätigkeit als Selbstständiger oder Freiberufler für den bisherigen Arbeitgeber gewonnen. Aus einem Dienst- wird so ein Werkvertrag. Der Ruheständler schuldet, vereinfacht gesagt, nicht mehr die Zurverfügungstellung der Arbeitskraft, sondern das Ergebnis seiner Bemühungen, dass frühere Direktionsrecht des Arbeitgebers gilt nicht mehr. Hierzu stellt Kap. 11 weitere Informationen bereit.

Die Beauftragung eines fremden Dritten anstelle eines festen Mitarbeiters lohnt sich für das Unternehmen in der Regel. Einerseits erfolgt eine passgenaue Beauftragung im Bedarfsfall, anderseits werden Sozialversicherungskosten eingespart, bei Ruheständlern immer noch der Arbeitgeberanteil der Krankenversicherung. Bei Betroffenen vor Ruhestandantritt sind die Einsparungen noch höher, betragen doch die Sozialversicherungsbeiträge jeweils 20 % für Arbeitgeber und Arbeitnehmer. Für Betroffene sieht die Rechnung allerdings anders aus; müssen sie sich doch selbst für das Alter und den Krankheitsfall absichern und um ihre spätere Rente kümmern.

Der Gesetzgeber möchte dem Versuch, Sozialversicherungsbeiträge einzusparen, verständlicherweise einen Riegel vorschieben. Kommen Sozialversicherungsträger zu dem Schluss, dass es sich bei der Selbstständigkeit um eine Scheinselbstständigkeit handelt, sind damit nicht allein entsprechende Aufwendungen verbunden, vielmehr können jahrelange Nachzahlungen drohen. Bei Zweifel, ob eine Scheinselbstständigkeit vorliegt, sollte ein Statusfeststellungsverfahren bei der Deutschen Rentenversicherung eingeleitet werden.

8.3 Arbeitsrechtliche Vorgaben

Was passiert, wenn beide Seiten den offiziellen Ruhestandtermin vergessen, vielleicht ignorieren? Wenn die Arbeitsleistung angeboten und angenommen wird, kann dies als Übereinkunft gelten, die Zusammenarbeit fortzusetzen. Änderungen ergeben sich bei den Sozialversicherungen, ansonsten würde alles beim Alten bleiben; die gleiche Arbeit, der gleiche Bruttolohn. Diese Lösung wäre für den Ruheständler die vorteilhafte. Aus dem befristeten Arbeitsverhältnis wird so ein unbefristetes, theoretisch bis zum Lebensende, wobei der Betroffene selbstverständlich unter Einhaltung der Kündigungsfrist die Tätigkeit jederzeit beenden könnte. Handelt es sich beim Arbeitgeber nicht um ein Kleinunternehmen, greift der hohe Kündigungsschutz. Aufgrund des Alters ist keine Kündigung möglich; die Hürden einer personenbedingten Kündigung sind unverändert hoch.

Aus diesen Gründen werden Arbeitgeber im Regelfall eine befristete Weiterbeschäftigung anstreben. Diese Form der Weiterbeschäftigung ist an Bedingungen geknüpft, die im Sozialgesetzbuch und dem Teilzeit- und Befristungsgesetz enthalten sind (Sielaff et al., 2023, S. 66). Grundsätzlich strebt der Gesetzgeber die Beschränkung befristeter Beschäftigung an. Diese Intention entspricht den Interessen der meisten Arbeitnehmer, bildet jedoch die Situation von Ruheständlern nicht adäquat ab. Mit der zunehmenden Tätigkeit von Ruheständlern wird der Gesetzgeber eigene Lösungen implementieren müssen. Lösungen werden zum Zeitpunkt der Manuskripterstellung diskutiert; wann und wie dies implementiert werden, ist jedoch offen.

In standardisierten Arbeitsverträgen ist das Ende zum Ruhestandeintritt enthalten. Soll die Zusammenarbeit verlängert werden, muss eine Vereinbarung während des Arbeitsverhältnisses geschlossen werden; ohne Vereinbarung gilt das Arbeitsverhältnis als unbefristet. Es ist eine nahtlose Weiterbeschäftigung erforderlich. Plant der Ruheständler eine gewisse Auszeit zwischen den Beschäftigungen, muss dieser Sachgrund dokumentiert und begründet werden. Der Gesetzgeber gibt keine exakten Vorgaben, wie lange ein befristetes Arbeitsverhältnis dauern und wie oft diese verlängert werden kann. Grundsätzlich dürfen sachgrundlose Befristungen maximal zwei Jahre betragen und dreimal verlängert werden, woraus sich eine Gesamtdauer von sechs Jahren ergibt. Aber auch Sachgründe sollten nicht über Gebühr strapaziert werden. Dass bspw. der Nachwuchs des Inhabers in zehn Jahren nach erfolgter Ausbildung die Stelle des Ruheständlers übernehmen soll, wäre kaum rechtlich durchsetzbar. Die Befristung von maximal fünf Jahren für Arbeitnehmer, die das 52. Lebensjahr überschritten haben, bezieht sich auf Arbeitslose. Weiterhin handelt es sich bei der Beschäftigung über die Altersgrenze hinaus um einen Vorgang, der der Zustimmungspflicht des Betriebsrates unterliegt.

8.4 Revision der Entscheidung

Der Schritt in den Ruhestand ist einmalig im Leben. Die im vorliegenden Buch aufgeführten Überlegungen erhöhen die Wahrscheinlichkeit, dass dieser Schritt gelingt; dennoch kann sich die Situation anders als vorgestellt darstellen. Nun ist es im Zweifel einfacher, von „zu viel" auf „weniger" umzusteigen als umgekehrt. Deshalb sollte nach Möglichkeit eine Tür zum Arbeitgeber offengelassen werden. Falls es einmal dringenden, kurzfristigen Bedarf gibt, sollte die Möglichkeit der Kontaktaufnahme aufgezeigt werden.

Sicherlich kann ein Arbeitgeber die Folgen des Ausscheidens eines Mitarbeiters besser antizipieren als Betroffene, deren Leben sich grundsätzlich ändert. Dennoch stellen einige Unternehmen erst im Nachhinein fest, wie wichtig der Mitarbeiter war und dass die hinterlassene Lücke vielleicht doch nicht zu schließen ist. Vielleicht haben sich die Fußstapfen für den Nachfolger als zu groß herausgestellt. Vielleicht wurde bei der Aufteilung der Aufgaben einiges vergessen, deren Bedeutung sich erst im Nachhinein herausstellt. Weiß der ehemalige Arbeitgeber dann um die grundsätzliche Gesprächsbereitschaft, ist dieser eher gewillt, den Kontakt aufzunehmen.

Fast nie hat alles gepasst, was bereits zu Kapitelbeginn festgestellt wurde. Mancher erfahrene Mitarbeiter hat über Entscheidungen den Kopf geschüttelt und war überzeugt eine bessere Lösung zu kennen. Chef bliebt aber Chef, der letztendlich die Entscheidung treffen und verantworten, sowie als Inhaber die finanziellen Auswirkungen tragen muss. Deshalb erfolgten Ablehnungen meistens aus gutem Grund, nach Abwägung der möglichen Vor- und Nachteile. Nun aber kann sich die Möglichkeit ergeben, Ideen umzusetzen, die Betroffene oft schon lange im Kopf haben. Was Unternehmer am meisten überzeugt, ist die Bereitschaft, selber ins Risiko gehen. Das geschäftliche Risiko trägt stets der Unternehmer, er erhält die Gewinne ein, trägt aber auch die Verluste. Ein ehemaliger Mitarbeiter kann anbieten, selber Chancen und Risiken zu tragen, zumindest anteilig. Ob es um die Erweiterung bisheriger Geschäftsfelder geht, neue Märkte erschlossen oder zusätzliche Angebote gemacht werden, ob bisher fremdvergebene Aufträge im Unternehmen abgewickelt werden, möglich ist vieles. Ist der Ruheständler nicht mehr als Mitarbeiter, sondern als Selbstständiger tätig, lassen sich bei entsprechender Bereitschaft auf beiden Seiten Lösungen finden. So kann bspw. der Vertrieb in einer neuen Region nicht als Verkäufer, sondern als Vertriebsagent gestaltet werden; Reparaturaufträge werden vom Ruheständler unmittelbar mit dem Kunden verrechnet, wofür dann das eigene Unternehmen eine Provision erhält. Zwar kann auch hier eine Scheinselbstständigkeit vorliegen, bei ausschließlicher Honorierung des geschäftlichen Erfolges und weitgehender Selbstständigkeit im Rahmen der Ausführung ist dieses Risiko jedoch deutlich geringer. Damit wird das Modewort „agil" zur Realität. Agil ist, wer die eigene Haut aufs Spiel setzt. Die rechtssichere Ausgestaltung einer solche Zusammenarbeit wird in den Kap. 11 und 12 aufgezeigt.

Literatur

Sielaff, C., Stienauer, J., & Schneider, T. (2023). *Berufliche Perspektiven im Rentenalter*. Neue Wirtschaftsbriefe.

9

Wechsel des Arbeitgebers

Zusammenfassung Die Beschäftigung als Arbeitnehmer hat vielfältige Vor- und Nachteile. Vor dem Ruhestandseintritt war die nichtselbstständige Tätigkeit für die meisten Betroffenen die Haupteinnahmequelle, schlicht erforderlich, um den Lebensunterhalt zu sichern. Nun kann die Beschäftigung finanziell notwendig sein, häufiger wird sie jedoch nicht ausschließlich ausgeübt, um Einkommen zu erzielen, sondern auch, um soziale Kontakte zu besitzen und vielleicht die reichlich vorhandene Zeit zu nutzen, wobei das zusätzliche Einkommen ein positiver Begleiteffekt ist. Der Wechsel des Arbeitgebers bietet Chancen wie Risiken, Ruheständler können aufgrund ihres Rentenbezuges letztere jedoch besser tragen als Menschen, für die das Arbeitseinkommen die primäre Einkommensquelle darstellt. Praxisbeispiele finden sich in Kap. 15 Abschn. 2, 5 und 9.

9.1 Wechselgründe

9.1.1 Für und wider eines Wechels

Einerseits kann es möglich sein, dass der bisherige Arbeitgeber eine Weiterbeschäftigung ablehnt; andererseits sprechen bestimmte Gründe für einen Wechsel, wenn sich Ziele nicht beim bisherigen Arbeitgeber erreichen lassen. Gegenüber dem bisherigen Arbeitgeber können die Bemühungen offen kommuniziert und zumindest auf Nachfrage eingeräumt werden, schließlich endet das Arbeitsverhältnis ohnehin mit Eintritt des Ruhestandes.

Chancen und Risiken sind bei einem Wechsel stets größer; noch so sorgfältige Vorbereitung schließt Überraschungen im positiven wie negativen Sinne nicht aus.

Mit zunehmendem Alter wechseln Menschen seltener ihren Arbeitgeber. Selbst wenn die bisherige Aufgabe keine Zufriedenheit, keine Freude bereitet, macht der hohe Kündigungsschutz in Deutschland einen Wechsel vergleichsweise unattraktiv und risikoreich. Bei Kündigungswellen im Unternehmen sind ältere Mitarbeiter aufgrund der verpflichtenden Sozialauswahl seltener als jüngere Kollegen betroffen. Individuelle Kündigungsgründe lassen sich kaum finden; wünscht der Arbeitgeber eine Trennung, kommt es zu einem Aufhebungsvertrag oder zu einem arbeitsrechtlichen Urteil. Die Abfindung liegt meistens zwischen einem halben und einem Monatsgehalt je Beschäftigungsjahr. Warum also diese Sicherheit gefährden? Das fragen sich Betroffene berechtigterweise.

Ebenso bewerben sich zukünftige Ruheständler selten, um ihren „Marktwert" zu testen und in Gehaltsverhandlungen bessere Bedingungen zu erzielen. Die letzte Bewerbung liegt bei den meisten jahre-, teilweise jahrzehntelang zurück. Erfahrungen mit dem Prozess von Bewerbungen und Einstellungen sind (kaum mehr) vorhanden.

9.1.2 Persönliches Attraktivität für den Arbeitsmarkt

Immer wieder ist von der Arbeitskräfteknappheit die Rede. Selbst erfolgreiche Unternehmen, die attraktive Stellen offerieren, tun sich zunehmend schwer, diese zu besetzen. Vor allem das Handwerk und Unternehmen abseits der großen Metropolen haben Schwierigkeiten, Mitarbeiter zu finden.

Weiterhin hat sich die Einstellung gegenüber Älteren geändert. War es früher schon mit Mitte 50 schwierig, einen neuen Arbeitsplatz zu finden, sind Unternehmen heute auch für Ältere jenseits der 60 offen. Ebenso gibt es allerdings Unternehmen, die eine gewisse Altersgrenze setzen und Bewerbungen von Älteren pauschal ablehnen. Aufgrund des Verbotes der Altersdiskriminierung wird dieses Vorgehen jedoch nicht öffentlich gemacht und auch dem Bewerber gegenüber nicht offenbart.

Allerdings ist die Besetzung eines Arbeitsplatzes mit einem Ruheständler auch mit Risiken verbunden. Wie in Kap. 8 aufgezeigt, gibt es keine altersbedingten Kündigungsgründe. Normale Arbeitsverträge enthalten die Regelung, dass die Tätigkeit mit dem Eintritt in den Ruhestand endet, was für Menschen, die bereits im Ruhestand sind, nicht möglich ist. Möglichkeiten der Befristung werden in Kap. 8 angesprochen, sind aber vom Umfang her begrenzt.

Wie bereits aufgezeigt, wird die körperliche Leistungsfähigkeit abnehmen, ebenso die Fähigkeit, rasch auf veränderte Situationen einzugehen; anderseits spielen Erfahrung und Gelassenheit eine große Rolle. Häufig gibt es spezielle Aufgaben, die kein jüngerer Mitarbeiter ausführen kann, die aber dennoch für bestimmte Kunden von großer Bedeutung sind und dem Unternehmen attraktive Erlöse versprechen.

Sicherlich gibt es einzelne Hinweise, die auf die eigene Attraktivität hinweisen, wenn bspw. ungefragt Angebote eingehen und für die Interessenten auch das Alter kein Hindernis darstellt. Vergleichbares gilt, wenn externe Ansprechpartner eine Beschäftigung anbieten. Welchen Wert solche Aussagen haben, zeigt sich allerdings erst, wenn konkrete Angebote offeriert werden.

9.1.3 Geheimhaltung

Ausscheidende Mitarbeiter wissen vieles; je nach Position ist dieses Wissen für Konkurrenten des bisherigen Arbeitgebers interessant. Vor allem Kunden und Lieferanten, sowie die Preise im Ver- und Einkauf können aufschlussreich sein. Auf einer höheren Ebene ebenso die Wettbewerbsstrategie, geplant Investitionen und Desinvestitionen. Was davon darf ein ausscheidender Mitarbeiter „mitnehmen"? Keiner lässt sein Wissen zurück, kann oder soll dies auf Knopfdruck löschen.

Ein Arbeitgeber kann sich durch ein im Arbeitsvertrag geregeltes nachvertragliches Wettbewerbsverbot schützen. Als Gegenleistung muss der Arbeitnehmer eine Entschädigungszahlung erhalten, die ebenfalls im Arbeitsvertrag geregelt sein muss. Laut LAG Köln (Urteil vom 18.01.2012 – 9 Ta 407/11) endet mit dem Ende des Arbeitsverhältnisses die Pflicht zur Wettbewerbsenthaltung. Der Arbeitgeber kann sich vor einer nachvertraglichen konkurrierenden Tätigkeit des Arbeitnehmers durch die Vereinbarung eines bezahlten und höchstens zwei Jahre befristeten Wettbewerbsverbots nach § 74 ff. HGB schützen. Fehlt eine rechtswirksame Wettbewerbsabrede, kann der Arbeitnehmer wie ein fremder Dritter in Wettbewerb zu seinem vorherigen Arbeitgeber treten.

Unlauteres Handeln liegt vor, wenn der Abwerbende fremde Geschäftsgeheimnisse, somit auch Unterlagen, nutzt, um eigene Vorteile zu gewinnen. Informationen, die der Abwerbende im Kopf hat (bspw. Kundennamen) sind nicht nachweisbar, womit deren Nutzung kein unlauteres Handeln darstellt.

Ein nachvertragliches Wettbewerbsverbot wird wirksam, wenn die Entschädigung für den Arbeitnehmer vertraglich geregelt ist. Ein pauschaler Verweis auf § 74 ff. HGB ist möglich, um die Zahlungen korrekt einzubeziehen. Die gesetzliche Mindesthöhe darf nicht unterschritten werden. Nach § 74 Abs. 2 HGB „für jedes Jahr des Verbots mindestens die Hälfte der (…) zuletzt bezogenen vertragsmäßigen Leistungen erreicht" (inkl. Boni oder Weihnachtsgeld, Sachleistungen). Eine nachträgliche Vorgabe ist nicht wirksam.

Beschränkungsklauseln werden zwei Jahren nach Beendigung des Arbeitsverhältnisses unwirksam. Weiterhin muss das Verbot nach Tätigkeit und Ort begrenzt sein, da ansonsten eine Einschränkung der Berufsausübungsfreiheit vorläge.

Eine entschädigungslose Vereinbarung zwischen den Betroffenen ist zulässig, um das Betriebs- und Geschäftsgeheimnis zu wahren. Unzulässig ist eine Klausel, die so umfassend ist, dass diese einem nachvertraglichen Wettbewerbsverbot gleichkommt, wenn der ehemalige Mitarbeiter z. B. auch über die Kundenkontakte schweigen soll. Weiterhin unterliegen solche Vereinbarungen einer zeitlichen Beschränkung. Entsprechende Klauseln sind nur wirksam, wenn Betroffene bereits vor Arbeitsaufnahme davon erfahren.

Allerdings sollten Ruheständler vorsichtig sein, wenn es dem potenziellen Arbeitgeber primär um das Abgreifen von Geschäftsgeheimnissen geht. Sollen bspw. Geschäftsbeziehungen des Ruheständlers dauerhaft für den neuen Arbeitgeber genutzt werden oder ist die kurzfristige Informationsgewinnung dessen Ziel?

In Vorstellungsgesprächen kann das Thema angesprochen werden; konkrete Informationen sollten erst nach Einstellung weitergegeben werden.

9.1.4 Ansprüche und Erwartungen

Die in Kap. 4 aufgezeigte Lebensplanung gilt es, bei der konkreten Stellensuche in für den anstrebten Arbeitsplatz relevante Punkte umzusetzen. Dabei gibt es sicherlich Wechselwirkungen. Wer bspw. in einer strukturschwachen Region lebt und dort bliebe möchte, hat sicherlich schlechtere Chancen als ein umzugswilliger Betroffener und muss zumindest bei seinen finanziellen Wünschen Abstriche machen. Wer spezielle Kenntnisse und Fähigkeiten anbietet, muss evtl. länger nach einer Stelle mit dem passenden Profil suchen, kann aber höhere Gehaltsforderungen durchsetzen.

9.2 Dauer der Arbeitsplatzsuche

9.2.1 Spontan handeln oder sorgfältig abwägen?

Kommt dann ein Angebot auf den Tisch, stellt sich die schlichte Frage, ob dies angenommen oder abgelehnt werden soll. Wie soll man sich entschieden? Sind noch bessere Angebote zu erwarten oder gilt es, rasch anzunehmen? Das Problem besteht darin, dass Angebote nur eine bestimmte Zeit offenblieben. Potenzielle Arbeitgeber akzeptieren eine Bedenkzeit von einigen Tagen, nicht aber von Wochen, gar Monaten. Vielllicht wird später einer Gelegenheit hinterhergetrauert.

Dieses Problem ist sehr alt, wie die folgende Geschichte aufzeigt, welche auch eine Lösung enthält.

Sultan Saladin sucht einen neuen Weisen. Zur Prüfung wurden den Kandidaten jeweils 100 junge Frauen vorgestellt. Jeder Kandidat sollte die Frau mit der höchsten Mitgift auswählen. Jede Frau trat einzeln vor und nannte ihre Mitgift; die Reihenfolge des Auftretens war zufällig. Der Kandidat musste direkt entscheiden, ob er eine Frau auswählte. Bei Ablehnung kam die nächste Frau an die Reihe, wobei der Kandidat nicht auf bereits vorgestellte Frauen zurückgreifen durfte. Wählte der Betreffende nicht die richtige Frau, wurde er den Löwen zum Fraß vorgeworfen. Aber was konnte ein Kandidat tun, um seine Chancen von 1 zu 100 zu erhöhen?

Die optimale Vorgehensweise ist einfach: Der Kandidat lässt die ersten 37 Frauen vorübergehen, merkt sich die höchste Mitgift, die bis dahin verkündet wurde und wählt die nächste Frau aus, deren Mitgift diesen Wert übertrifft. Damit erhöht sich die Chance, die richtige Frau zu finden; von 1 auf 33 %. Zu Berechnung wird die Eulersche Zahl eingesetzt, die Basis des natürlichen Logarithmus. Sie beträgt 2,72 = 1 + 1/1 + 1/(1*2). 1/(1*2*3) + … Die Zahl der Alternativen, hier 100, wird durch die Eulersche Zahl geteilt, woraus sich 37 ergibt.

Werden Versuchsteilnehmer vor eine entsprechende Aufgabe gestellt, entscheiden diese in der Mehrzahl der Fälle früher, also zu früh. Wer bspw. eine bestimmte Position sucht, kann eine Erfassung der relevanten Jobofferten über einen Monat erfolgen. Gehen in diesem Zeitraum bspw. drei Angebote ein und soll in spätestens acht Monaten eine Beschäftigung gefunden sein, würden in diesem Zeitraum ungefähr 24 Angebote vorliegen. Wird diese Zahl durch die Eulersche Zahl geteilt, sollte nach neun relevanten Angeboten das interessanteste Angebot dokumentiert sein. Das nächste Angebot, das besser ist wird angenommen.

Dieses Vorgehen erscheint bei wichtigen Entscheidungen befremdlich. Mancher Ruheständler mag sich eine bessere Lösung vorstellen; diese kann geben, ebenso aber das Gegenteil eintreten. Die Zeit läuft ab, der Entscheidungsdruck nimmt zu, nichts passiert und irgendwann muss entschieden werden. Der dargestellte Algorithmus gewährleistet keine optimale Entscheidung, aber eine vernünftige, fundierte, womit bereits Entscheidendes erreicht und der Anspruch an eine rationale Entscheidung erfüllt wurde, ohne der Illusion einer perfekten Lösung hinterher zu laufen.

Faustregeln sind die zweite Möglichkeit, die gleichfalls keine perfekte Entscheidung gewährleisten, aber zumindest dazu beitragen bei völligen Fehentscheidungen zu vermeiden.

„Finden Sie den wichtigsten Grund und vergessen Sie den ganzen Rest" lautet ein Algorithmus. Nicht selten weiß der Betroffene genau, was er sucht. Dann wird vielleicht scheinbar objektiv entscheiden, allerdings bei jedem anderen Angebot so lange nach Ablehnungsgründen gesucht, bis diese tatsächlich ausgemacht wurden. Die dafür erforderliche Zeit sollten Ruheständler sich persönlich sowie potenziellen Arbeitgebern sparen.

„Legen Sie ihr Anspruchsniveau fest". Wählen Sie die erste Alternative, die dieses Anspruchsniveau erfüllt, und beenden Sie die Suche. Wenn eindeutig ist, was wirklich wichtig ist, was reicht, aber auch was unbedingt notwendig ist, muss nicht mehr Aufwand als erforderlich getrieben werden.

„Ihre innere Stimme". Werfen Sie eine Münze. Während diese fliegt, werden Sie sich wünschen, welche Seite nicht oben liegen soll. Das Bauchgefühl trügt selten. Es mag wenig professionell erscheinen, sich auf das eigene Bauchgefühl zu berufen. Dabei ist dieses Gefühl nicht mit spontanen Eingebungen zu vergleichen, sondern beruht auf jahrelange Erfahrungen.

9.2.2 Zeitraum

Unterschiedliche Unternehmen und Situationen prägen die Zeiträume zwischen Entscheidung und Umsetzung der Stellenbesetzung. Manches Unternehmen findet eine Nachfolgeregelung Jahre vor dem Ausscheiden eines Mitarbeiters, ein anderes wird erst aktiv, wenn die Notwendigkeit offensichtlich wird. Die Kündigung eines Mitarbeiters lässt sich ohnehin nie planen; verfügt dieser noch über Resturlaub oder ist arbeitsunfähig, kann urplötzlich ein Bedarf entstehen.

Oft gibt es mit Geschäftspartnern oder Kollegen anderer Unternehmen informelle Gespräche, in denen Aussagen getroffen wurden, auch zukünftig zusammenarbeiten zu wollen. Manchmal werden konkrete Pläne skizziert, manchmal wage Aussagen getätigt. Betroffene mögen sich geschmeichelt fühlen, allerdings gibt erst die rechtgültige Unterzeichnung eines Arbeitsvertrages die notwendige Sicherheit. Dem Gegenüber sollte vermittelt werden, dass der Betroffene solange für Alternativen offen ist, bis ein Vertrag unterschrieben wurde. Dies kann auch mit entsprechender Vorlaufzeit geschehen. In jedem Fall kann ein Vorvertrag unterzeichnet werden, der Eckdaten der zukünftigen Zusammenarbeit festhält.

Ein neues Arbeitsverhältnis kann auch vor Ruhestandseintritt eingegangen werden. Aufgrund der geringen verbleibenden Zeit ist das Risiko, dass die Erwartungen nicht erfüllt werden, überschaubar. Langjährig Beschäftigte über 50 Lebensjahren können bis zu zwei Jahren Arbeitslosengeld beziehen, wobei die Agentur für Arbeit zusätzlich 80 % der bisherigen Einzahlung in die Deutsche Rentenversicherung leistet.

9.3 Unterlagen und Auftreten

Selbstverständlich ist es möglich, dass eine Position bei einem direkten Konkurrenten, einem bereits bekannten Lieferanten oder Kunden offen ist und dass langjährige Kontakte dazu führen, dass die Beteiligten einander so gut kennen, dass ein eigentlicher Bewerbungsprozess nicht notwendig ist bzw. abgekürzt werden kann. Selbst wenn diese Situation vorliegt, sollte Ruheständler dennoch überlegen, sich bei anderen Unternehmen vorzustellen; es sei an den Algorithmus erinnert, der bei zeitlich begrenzten Entscheidungen hilfreich ist.

Wer sich als Experte für spezielle Problemlösungen aufstellt, die alte, fast kaum noch auftretende Sachverhalte betreffen, bspw. die Reparatur alter Anlagen oder die Pflege kaum noch eingesetzter Software, mag auch mit seinen Unterlagen veraltet sein. Wer dagegen im Unternehmen noch etwas bewegen möchte, seine Erfahrungen als Sprungbrett, nicht als Hängematte versteht, sollte sich gemäß des aktuellen Standes des Bewerbungsmarktes präsentieren.

Normalerweise erwarten Ruheständler kein Arbeitszeugnis beim Ausscheiden. Bei dem Ziel einer weiteren Beschäftigung ist dies jedoch sinnvoll und sollte angefordert werden. Betroffene können die Anforderung eines Zwischenzeugnisses erwägen, vor allem wenn langjährige Vorgesetzte ausscheiden. Da Zeugnisse nur positive Aussagen enthalten dürfen, hat sich fast eine Geheimsprache entwickelt, der aber nicht alle Beteiligten mächtig sind. Deshalb sollten Arbeitszeugnisse einem Experten zur Verfügung gestellt werden, der möglichen Verbesserungsbedarf erkennt. Mit entsprechenden Vorschlägen kann an den Zeugnisersteller erneut herangetreten werden. Ebenso kann es bereits in der Vorbereitungsphase sinnvoll sein, Kollegen, Vorgesetzte und externen

Ansprechpartner anzufragen, ob sie unter Umständen bereit sind, als Referenzen angeführt und gegenüber Interessenten Auskunft über den Ruheständler zu geben bereit wären.

Der Lebenslauf, neudeutsch CV, ist sicherlich die wichtigste Informationsquelle für potenzieller Arbeitgeber. Dieser sollte den aktuellen Ansprüchen genügen. Wie diese aussehen, wird an dieser Stelle nicht plausibilisiert, gibt es doch ausreichend Veröffentlichungen zum Thema. Dabei ist allerdings auf die Aktualität des Textes zu achten. Alte Veröffentlichungen heranzuziehen, die man vor Jahrzehnten vielleicht genutzt hat, wird nicht zu professionellen Resultaten führen.

Dies gilt auch für ein beigefügtes Foto, dem man ansieht, ob es von einem Profi oder einem Amateur erstellt wurde. Betroffene entscheiden, ob sie die Aufgabe selber ausführen oder einen professionellen Anbieter beauftragen. Der fertige Lebenslauf sollte in jedem Fall von mehreren Personen korrekturgelesen werden.

Anschreiben gehen sinnvollerweise auf die jeweiligen Anforderungen ein, dennoch kann hierfür ein Musterdokument erstellt werden. Insbesondere die Begründung, warum ein Ruheständler im Allgemeinen und der Betroffene im Speziellen sich für die Mitarbeit eignet, sollte in keinem Anschreiben fehlen.

Sämtliche Dokumente sind als pdf Dateien abzuspeichern und später zu versenden. Und ja: Betroffene benötigen einen PC und eine E-Mail-Adresse, die sich im ständigen Zugriff befindet. Um heute weitverbreitete die Erstgespräche mittels einer Videokonferenz führen zu können, ist ein Internetzugang mit dem entsprechenden Datenvolumen notwendig.

9.4 Stellenbewerbungen

Wie sind die Chancen von Ruheständlern auf einen Arbeitsplatz? Unterdurchschnittlich. Zwar hat sich der Arbeitsmarkt geändert, die Bereitschaft ältere Menschen einzustellen, ist angestiegen, dennoch ist es immer noch ungewöhnlich und erklärungsbedürftig, wenn sich Ruheständler bewerben. Unterdurchschnittlich heißt allerdings nicht aussichtslos.

Grundsätzlich gibt es zwei Möglichkeiten, einen neuen Arbeitsplatz zu finden: Bewerbungen auf ausgeschriebene Stellen und Initiativbewerbungen.

Stellenausschreibungen müssen diskriminierungsfrei formuliert sein. Unternehmen sind sehr vorsichtig geworden, gibt es doch immer wieder Einzelne, die bei geringem Verdacht auf Diskriminierung klagen und bei Erfolg mehrere Monatsgehälter als Schadensersatz erhalten. Ein Arbeitgeber, der in seiner Stellenausschreibung für die Arbeit in einem „jungen, hoch motivierten Team" wirbt, diskriminiert damit ältere Bewerber, laut einem Urteil des Arbeitsgerichtes Nürnberg Az. 2 Sa 1/20, das als Entschädigung zwei Monatsgehälter für einen 61-jährigen Bewerber festlegte. Deshalb werden Ruheständler bei einer Ablehnung nicht darüber informiert, ob ihr Alter der Grund war.

Zur Stellensuche eignen sich die bekannten Stellenbörsen im Internet. Dabei sollte nicht allein die standardisierten Suchbegriffe nach Berufsbezeichnung eingesetzt werden, sondern durchaus mit den Begriffen ausprobiert, ja gespielt werden. Da die Reihenfolge der angezeigten Positionen nicht ausschließlich vom Zeitpunkt der Veröffentlichung abhängig ist, sollte stets mehrere Seiten abgefragt werden. Weiterhin gibt es spezielle Angebote für bestimmte Berufe bzw. Branchen, die Berufskollegen kennen und empfehlen können. Eine weitere Quelle sind Fachzeitungen, die Stelleninserate häufig in ihren Internetauftritten freigeschaltet haben.

Sicherlich gibt es Positionen, die sich objektiv für Ruheständler nicht eignen, wenn bspw. Berufsanfänger gesucht werden oder Nachfolger für ausscheidende Mitarbeiter langfristig an die Verantwortung herangeführt werden sollen. Dennoch werden viele Stellen passen, zumal die lebenslange Bindung an einen Arbeitgeber heute nicht mehr der Realität entspricht. Vor allem in großen Unternehmen, die die Bewerbungen in einem ersten Schritt auf eine bestimmte Anzahl reduzieren, fallen Betroffene oft durch das sprichwörtliche Sieb. Vielleicht können Ruheständler aus Sicht des späteren Chefs die Position hervorragend ausfüllen, jedoch erreicht sie die Bewerbung überhaupt nicht, sondern wird im frühen Stadium ausgemustert. Wie die internen Prozesse beim einstellenden Unternehmen organisiert sind, entzieht sich der Kenntnis des Ruheständlers. Je näher derjenige, der die Bewerbung prüft, am eigentlichen Geschehen beteiligt ist, umso größer die Chance, eine Einladung zu einem Gespräch zu erhalten.

Eine ausschlussreiche Informationsquelle ist die Agentur für Arbeit. Zwar steht die Beratung von Ruheständler nicht im Mittelpunkt, allerdings ist auch die Situation der Unternehmen bekannt. Die Berater wissen welche Mitarbeiter wo gesucht werden und wie lange und intensiv diese Suche erfolgt. Ebenso können Berufsverbände angesprochen werden oder Herausgeber von branchenbezogenen Fachzeitungen, die oft einen Überblick besitzen. Wichtig in diesem Zusammenhang ist zu klären, welche Art von Mitarbeitern gesucht wird: Generalisten oder Spezialisten, wobei eine Positionierung als Spezialist für Ruheständler erfolgsversprechender ist.

Eine weitere Alternative können Zeitarbeitsfirmen darstellen. Jeder hat gewisse Vorstellungen, viele bereits Erfahrungen mit Leihkräften gemacht. Die Anbieter suchen laufend Mitarbeiter, wobei sich der Trend eindeutig weg von

Menschen ohne Ausbildung zu qualifizierten Kräften entwickelt hat. Teil des Geschäftsmodells ist es, dass Unternehmen die Leihkräfte beschäftigen und diese später einstellen. Für die Zeitarbeitsfirma besteht der Vorteil darin, dass eine gewisse Provision entrichtet wird, für die Unternehmen, dass sie den potenziellen Mitarbeiter kennenlernen und dessen Leistungsfähigkeit gut beurteilen können.

Auf Ebene der Führungskräfte können Interims – Tätigkeiten interessant sein. Dabei ist der Anbieter nicht Arbeitsgeber, sondern Vermittler; die Tätigkeit erfolgt meistens als Freiberufler. Mehr zu dieser Tätigkeitsform wird in Kap. 11 dargestellt. Oft erfolgen Verlängerungen der ursprünglichen Vertragsdauer, teilweise Einstellungen. Allerdings ist eine langfristige Planung nicht möglich, Positionen werden kurzfristig angeboten, wobei keine Garantie besteht, dass überhaupt Angebote eingehen.

Absolute Zahlen, wann welche Stelle mit welchem Einkommen gefunden wird, sind kaum zu erhalten. Um diese Einordnung sollten allerdings Informationsquellen gebeten werden. Benötigen bspw. Bewerber in der Region X mit den Kenntnissen Y durchschnittlich Z Monate, eine Beschäftigung zu finden, kann der Ruheständler daraus ein „mehr" oder „weniger" ableiten und bessere oder schlechtere Chancen ermitteln.

In einigen Stellenanzeigen werden zur ersten Kontaktaufnahme die Möglichkeit eines Telefonates eingeräumt. Darauf sollte durchaus zurückgegriffen werden. Eine kurze Vorstellung, gezielte Nachfragen und eine knappe Begründung, warum man als Ruheständler aktiv bleiben möchte, kann vorab eingeübt werden. Bei mehreren Gesprächen ähneln sich oft die Rückfragen, Ruheständler können vorab ein Skript erstellen, dass Gesprächsteile formuliert, wobei jedoch kein reines Ablesen erfolgt.

Ergänzend ist die Ansprache von Headhuntern möglich, wobei diese sich auf Fach- und Führungskräfte konzentrieren. Diese kommen auf Betroffene (nicht mehr) zu, wenn sie davon ausgehen, dass der passive Ruhestand bevorsteht. Bei der Suche nach Anbietern kann auf alte, eigene Kontakte zurückgegriffen oder Kollegen befragt werden.

9.5 Finden lassen

Spezielle soziale Netzwerke zur Pflege beruflicher Kontakte sind Xing und LinkedIn. Xing und LinkedIn bieten kostenfreie und kostenpflichtige Mitgliedschaften an. Letztere ermöglichen als Zusatzleistungen bspw. erweitere Suchfunktionen; ebenso kann nachvollzogen werden, wer das eigene Profil besucht hat. Personalberater suchen hier aktiv nach Kandidaten für offene

Positionen. Die Netzwerke bieten ebenfalls die Möglichkeit an, Stellenanzeigen zu erhalten, die gewünschten Kriterien entsprechen. Weiterhin geben Mitglieder an, inwieweit sie offen für Jobangebote sind oder aktiv danach suchen. Die Anlage eines eigenen Profils ist nicht notwendig, kann aber hilfreich sein. Wer seine beruflichen Kontakte aktiv pflegt, kann diese auf offene Positionen ansprechen. Weiterhin kann auf Jobbörsen das eigene Profil als Lebenslauf genutzt werden, wenn es darum geht, auf Stellenanzeigen zu reagieren. Im Rahmen der Suche können Kontakte gezielt angesprochen werden. Diese Menschen stehen häufig in einer „mittleren" Distanz zu Betroffenen; man kennt einander, hat gelegentlichen Kontakt, ist aber nicht eng verbunden. Diese Menschen sind am nützlichsten, wenn es um das Aufzeigen von Chancen, vielleicht die ersten Kontakte geht. Enge Freunde und gute Kollegen verfügen vergleichsweise über ähnliches Wissen wie der Ruheständler; vage Bekannte können nicht weiterhelfen, da sie keine ausreichenden Kenntnisse haben, welche Ziele der Ruheständler verfolgt.

Weiterhin können die Netzwerke genutzt werden, um erste Informationen über die Gesprächspartner bei einem Einstellungsgespräch zu gewinnen.

Mittels des Postens von Mitteilungen wird die eigene Bekanntheit erhöht, zusätzliche Kontakte wahrscheinlicher, welche wiederrum zu Jobangeboten führen können. Inwieweit dieses Instrument genutzt wird, müssen Betroffene entscheiden. Einzelne Meldungen führen selten zum Erfolg; vielmehr sollten regelmäßig interessante Informationen gepostet werden. Nur wenn dies Fähigkeiten und Neigungen des Ruheständlers entspricht, kann dieser Weg erfolgreich sein.

Eine weitere Möglichkeit besteht darin, dass Ruheständler aktiv auf potenzielle Arbeitgeber zugehen.

Sicherlich gibt es bei der Suche nach potenziellen Mitarbeitern eine gewisse Reihenfolge: Zuerst wird im eigenen Unternehmen Ausschau gehalten, dann werden persönliche Kontakte aktiviert, ein Headhunter eingeschaltet und/oder bei der Agentur für Arbeit nachgefragt. Ergänzend Anzeigen, meist auf den bekannten Jobportalen, geschaltet. Dennoch ist es nicht der reine Zufall, wenn eine Initiativbewerbung Beachtung findet. Manches Unternehmen hat die Suche nach geeigneten Mitarbeitern erfolglos eingestellt, andere verfolgen interessante Geschäftsideen nicht, weil keine Mitarbeiter zur Verfügung gefunden werden. Hier kann eine Initiativbewerbung neue Perspektiven aufzeigen.

Die vielfältigen Informationsmöglichkeit machen es heute vergleichsweise einfach, diese Unternehmen zu identifizieren. Weiterhin haben sich Aufwand und Kosten von Bewerbungen drastisch reduziert. Die Informationen können mit Textverarbeitungsprogrammen vergleichsweise schnell angepasst werden; der elektronische Versand ist ohnehin kostenfrei. Es sei nochmals auf die in Kap. 4 erfolgte Ermittlung der eigenen Fähigkeiten hingewiesen. Diese müssen in konkrete Vorteile für potenzielle Arbeitgeber umgesetzt werden, kurz und knapp für die Ansprechpartner unmittelbar ersichtlich sein. Dazu wird ein sog. „Elevator Pitch" vorbereitet. Der Ausdruck kommt daher, dass man dem Ansprechpartner im Aufzug begegnet und exakt die gemeinsame Fahrzeit zur Überzeugung zur Verfügung hat.

Bei Initiativbewerbungen gilt es, das eigene Profil noch stärker herauszustellen. Insbesondere ob man als Generalist, bspw. in der Buchhaltung oder Verwaltung einen Beitrag leisten kann oder als Spezialist bspw. in der Leistungserstellung oder dem Vertrieb dem Gegenüber aufzeigen möchte, welche Vorteile diesem eine Beschäftigung bietet. Häufig gibt es räumliche Ballungen, sog. Cluster; viele Unternehmen mit vergleichbarem Geschäftsmodell befinden sich in unmittelbarer Nähe. Zusätzlich zur Informationsgewinnung über das Internet kann es hilfreich sein, schlicht durch die Straßen zu gehen, Unternehmen in Augenschein zu nehmen und Firmennamen sowie Adresse zu notieren.

Die Ansprache sollte in jedem Fall zielgerichtet erfolgen. Die allgemeine Anschrift oder E-Mail-Adresse des Unternehmens eignet sich hierfür kaum. Fast immer werden solche Kontaktaufnahmen durch Mitarbeiter geöffnet, die schwierig abschätzen können, ob ein spezieller Bedarf besteht und die Bereitschaft vorhanden ist, Ruheständler zu beschäftigen. Weiterhin erhalten zentrale Stellen Anfrage aller Art, die selten individuelle Bedürfnisse des Unternehmens berücksichtigen. Entsprechend entwickelt sich eine pauschale Ablehnung, wenn (elektronische) Post unbekannter Versender eingeht oder Telefonanrufe von unbekannten Nummern erfolgen. Dann ist das Ignorieren oder die pauschale Absage die einfachere Lösung, als den richtigen Entscheider im Betrieb zu informieren.

Eine Möglichkeit, die tatsächlichen Entscheider zu finden, besteht einerseits mittels der Informationen im Internet, insbesondere die Homepage eines Unternehmens; ebenso können mittels der sozialen Netzwerke Mitarbeiter herausgefiltert werden, die meistens ihre Position angeben. Allerdings ist zum vollumfänglichen Nutzen dieser Möglichkeit eine kostenpflichtige Mitgliedschaft notwendig. Die Anbieter offerieren die Möglichkeit, für einen gewissen Zeitraum meistens kostenfrei, sodass festgestellt werden kann, ob die Kosten den Nutzen rechtfertigen.

Allerdings gilt es einzuräumen, dass Initiativbewerbungen im Mittelstand erfolgsversprechender sind. Große Unternehmen haben meist derart aufwendige Prozeduren zur Meldung von Personalbedarf und Stellenbesetzung festgelegt, dass daran eine Einstellung meistens scheitert.

Welche Art der Ansprache die Entscheider der potenziellen Arbeitgeber bevorzugen, kann nicht zuverlässig eingeschätzt werden. Macher liest lieber in Ruhe E-Mails, ein anderer bevorzugt Anrufe, ein Dritter schätzt die Bereitschaft, sich persönlich vorzustellen. Deshalb können Ruheständler die Vorgehensweise wählen, die sie persönlich bevorzugen, wobei der persönliche Anruf keine schlechte Idee ist, nicht nur, aber auch, weil es einen Unterschied zu jungen Menschen ausmacht. Die sogenannte Generation Z, zwischen 10 und 25 Jahre alt, leidet zunehmend unter „Speisekartenangst". Sie haben Probleme, in einem Restaurant Essen zu bestellen, weil eine persönliche Interaktion mit dem Kellner notwendig ist. Vielleicht gibt es eine Zurückweisung, weil ein Essen nicht mehr vorhanden ist. Vergleichbare Angst besteht vor dem Telefonieren. Es gibt eine diffuse Furcht, sich mit alltäglichen Dingen im direkten, persönlichen Kontakt auseinanderzusetzen. Kommunikation ist heute für junge Menschen digital; selbst für Emotionen werden sog. Emojis eingesetzten.

Kurz und knapp ist die Devise für alle Kontaktmöglichkeiten. Während ein Anschreiben relativ standardisiert ausfallen kann, nehmen Gespräche oft unerwartete Wendung. Hier kann das oben angeführte Skript helfen, die knappe Erfassung möglicher Argumente, die gegen eine Einstellung angeführt und wie diese widerlegt werden. Telefonverkäufer arbeiten üblicherweise mit diesem Hilfsmittel.

9.6 Verkaufen

9.6.1 Ablehnungen sind kaum vermeidbar

Viele kostete es persönliche Überwindung, sich nach Jahrzehnten der Berufsausübung erneut „anbieten" zu müssen. Dies ist aber die schichte Realität jedes Verkäufers und ja, Betroffene verkaufen im Bewerbungsprozess. Nicht ihre Persönlichkeit und Identität, aber einen großen, zeitlichen Anteil ihres Lebens. Zum Verkaufen gehört die Ablehnung potenzieller Kunden. Dies nicht persönlich zu nehmen, sich sprichwörtlich den Mund abzuwischen und weiterzumachen, ist ein einfacher Ratschlag, dessen Befolgung schwierig ist. Dennoch hilft vielleicht ein einfache Verkäuferweisheit: „Nicht gekauft hat er schon".

In jedem Fall hat die direkte Kontaktaufnahme den Vorteil, dass man Ablehnungsgründe erfragen kann und u. U. vereinbaren kann seine Kontaktdaten zu hinterlassen und/ oder sich zu einem späteren Termin erneut melden zu können. Ebenso kann in Erfahrung gebracht werden, ob vielleicht andere Unternehmen bekannt sind, die evtl. eine Beschäftigungsmöglichkeit anbieten.

9.6.2 Quantität schlägt Qualität

Erfolgschancen von Bewerbungen sind schwierig zu beurteilen. Oft gibt es für eine Position mehrere Kandidaten, deren Qualifikation nicht bekannt ist und nicht offengelegt wird. Ebenso kann man der einzige Kandidat sein, wird fast zwangsläufig akzeptiert, selbst wenn einzelne Gründe dagegensprechen. Dies gilt für Initiativbewerbungen in noch größerem Maße. Schon der beste Zeitpunkt einer Ansprache ist unklar. In arbeitsreichen Wochen mag bei potenziellen Arbeitgebern wenig Zeit vorhanden sein, sich mit einer Neueinstellung zu beschäftigen; vielleicht werden aber gerade dann Mitarbeiter gesucht. In ruhigen Zeiten besteht vielleicht kein unmittelbarer Bedarf, aber es ist ausreichend Zeit vorhanden, die Bewerbung zu prüfen und Beschäftigungsmöglichkeiten zu finden.

Allerdings gibt es dennoch eine Möglichkeit, die Erfolgschancen zu erhöhen: eine hohe, konstante Anzahl von Bewerbungen. Keiner kann einen Würfelwurf beeinflussen; die Chancen, dass eine bestimmte Zahl fällt, beträgt stets ein Sechstel. Kann allerdings zweimal gewürfelt werden, beträgt die Erfolgswahrscheinlichkeit ein Drittel.

Mit etwas Kreativität finden Menschen immer Ausreden, warum etwas zu einem bestimmten Zeitpunkt nicht passt. Hier hilft nur Selbstdisziplin, die Vorgabe eindeutiger Ziele und die Verfolgung der Zielerreichung. Ziele betreffen stets die Sachverhalte, die in der eigenen Verantwortung liegen. Ob ein Jobangebot erhalten wird, kann allenfalls teilweise beeinflusst werden; ob Bewerbungen abgesandt, Telefonate durchgeführt und Besuche absolviert werden, liegt dagegen einzig am Betroffenen.

9.7 Nachhalten, dokumentieren, nachfassen

Eine hohe Anzahl von Bewerbungen führt rasch dazu, dass der Ruheständler den Überblick verliert. Deshalb sollten mit Beginn des Prozesses die Aktivitäten dokumentiert werden. Aus einem Gesamtüberblick lassen sich einfacher Tendenzen ableiten, ein Gesamtbild gewinnen und Erfolgschancen realistischer beurteilen. Eine einzelne Meinung, die Stichprobengröße 1, ist hingegen wenig aussagefähig.

Das erste Ziel der Bewerbung ist die Möglichkeit eines persönlichen Gespräches. Abschn. 9.4 wurde bereits ein Skript für ein Telefonat als Hilfsmittel vorgestellt. Für persönliche Vorstellungsgespräche würde ein solches Skript zu umfangreich sein; weiterhin wirkt es befremdlich, wenn in Unterlangen geblättert und Antworten daraus übernommen, wenn auch nicht wortwörtlich, vorgelesen werden.

Die Aufforderung, von sich zu berichten, gehört zu jedem Gespräch dazu. Hierauf gilt es, sich in einer längeren und kürzeren Version vorzubereiten und auf offensichtlich zu erwartende Fragen bereits Antworten vorzuformulieren.

Wer in seinem persönlichen Umfeld Menschen hat, die zu Bewerbungsgesprächen einladen, kann diese um Hinweise bitten. Dabei kann es sich sowohl um spätere Vorgesetzte als Mitarbeiter aus dem Personalwesen handeln. Jeder nimmt Auftreten und Aussagen unterschiedlich wahr, weshalb Aussagen über das richtige Verhalten wenig hilfreich sind. Was dagegen hilft, sind Hinweise darauf, was unbedingt zu unterlassen sein. Weiterhin gehören gewisse Fragen fast zum Ritual eines Vorstellungsgesprächs. Auf die Fragen nach den eigenen Schwächen, den größten beruflichen Erfolgen und Niederlagen sollte Antworten parat gehalten werden.

Sicherlich kann man Gespräche simulieren, wobei eine Simulation eine Simulation bleibt.

Bereits angesprochen wurden die technischen Voraussetzungen für Videogespräche und die Überprüfung deren Einsatzfähigkeit. In einem Testgespräch kann das Gegenüber den Hintergrund und die Ausleuchtung beurteilen und Hinweise auf die Bildgröße bzw. Nähe zur Kamera geben.

9.8 Berechtigte Fragen

Stellt sich ein Ruheständler vor, stehen gewisse Fragen wie der weiße Elefant im Raum. Ist der Bewerber tatsächlich noch leistungsfähig? Wird der nicht ständig krank sein? Lässt er sich von einer Chefin, die seine Tochter sein könnte, etwas sagen? Wie lange kann, wie lange möchte er noch arbeiten? Was hat der, der in diesem Alter arbeiten muss, hat falsch gemacht? Hat der Mensch kein Privatleben, keine Hobbys?

Da Diskriminierung oft als schwerwiegende Verfehlung gedeutet und mögliches Fehlverhalten an die Öffentlichkeit geraten kann, trauen sich Interviewer immer weniger, diese berechtigten Fragen zu stellen. Teilweise kann man im Anschrieben auf diese Einwände eingehen, anderseits sind sie zu zahlreich, als das ein knappes Dokument alle entkräften könnte. Entsprechend sollte man sich nicht allein Antworten zurechtlegen, sondern die relevanten Punkte aktiv ansprechen. Die vorherigen Kapitel bieten allgemeine Antworten, die Betroffene auf ihre Situation hin anpassen sollten. Allerdings erst gegen Ende des Gespräches, stehen doch an erster Stelle die positiven Eigenschaften des Ruheständlers und die Vorteile für das Unternehmen bei einer Anstellung, nicht der Ausschluss bzw. die Relativierung kritischer Sachverhalte.

9.9 Arbeitsrechtliche Situation

9.9.1 Befristung des Arbeitsverhältnisses

Große Unternehmen mit einem Personalwesen werden die arbeitsrechtliche Situation kennen, was bei Mittelständlern nicht vorausgesetzt werden kann. Anderseits besteht bei Unternehmen mit weniger als zehn Beschäftigten ohnehin kein Kündigungsschutz.

Eine Befristung des Arbeitsverhältnisses ist, wie in Kap. 8 aufgezeigt erforderlich, wenn kein dauerhaftes Arbeitsverhältnis angestrebt wird. Sicherlich würden die meisten Betroffenen ihre Berufstätigkeit beenden, wenn sie dazu nicht mehr in der Lage sind. Ob dies aber für den Einzelnen gilt, bliebt offen und damit für den Arbeitgeber risikoreich.

Eine Befristung ohne Sachgrund ist für bis zu zwei Jahren möglich, wobei eine dreimalige Verlängerung zulässig ist. Allerdings unterliegt diese dem Vorbeschäftigungsverbot nach § 14 TzBfG. Diese ist zeitlich nicht begrenzt, es gibt keine Karenzzeit, einzig kurze Beschäftigungen, bspw. im Rahmen von Praktika, wären zulässig.

9.9.2 Arbeitsumfang und Entlohnung

Auch hier gibt es deutliche Unterschiede zwischen großen und kleinen Unternehmen. Erstere zeichnen sich durch geringe Flexibilität aus. Es gibt feststehende Gehaltsgruppen, in die Betroffene eingeordnet werden, auch bei der Arbeitszeit dominieren Standardlösungen, weiterhin ist eine Einstellung seitens des meist vorhandenen Betriebsrates zustimmungspflichtig.

Kleine Unternehmen zahlen tendenziell geringere Gehälter, zeichnen sich allerdings durch eine größere Flexibilität aus. Entsprechend werden die Gehälter verhandelt. Die eigenen Vorstellungen sollten sich nicht am letzten Gehalt, sondern der grundsätzlichen Situation ausrichten. Betroffene sollten wissen, welche Entlohnung marktüblich sind. Dabei gilt es den sog. Ankereffekt zu vermeiden. Wenn Menschen um eine Einschätzung eines bestimmten

Wertes gebeten werden, gehen sie dabei von einem sog. Anker aus. Dieser ist bei Ruheständlern typischerweise das letzte Einkommen. Davon gilt es, sich zu lösen, wobei die umgekehrte Perspektive sinnvoll sein kann, das Versetzen in die Situation eines Arbeitgebers, verbunden mit der Frage, was für die Leistungen des Ruheständlers die richtige, fairer Entlohnung wäre.

Geht es um eine spezielle Aufgabe, die umfangreiches Spezialwissen und Erfahrungen benötigt, werden pauschale Lösungen nicht zielführend führen. Stattdessen sollten Unternehmen und Ruheständler gemeinsam und partnerschaftlich darüber sprechen, welche Gewinne für das Unternehmen erzielt werden und wie eine faire Aufteilung aussehen kann. Flexibilität beim Einkommen ist möglich, wobei die Flexibilität nicht einseitig nach unten bestehen sollte.

Bei der Arbeitszeit sind vielfältige Lösungen möglich, eine Abweichung von den üblichen Arbeitszeiten wird durch das Arbeitszeitgesetz eingeschränkt, während nach unten über Tages-, Wochen- und Jahresumfänge vieles denkbar ist und das gleiche wie bei der Entlohnung gilt: Flexibilität des Mitarbeiters sollte es nicht für das Unternehmen umsonst geben.

9.9.3 Tätigkeit und Arbeitsumfeld

Die Entscheidung, Ruheständler einzustellen, ist für viele Unternehmen noch ungewöhnlich, ebenso für Betroffene, die sich nach Jahren eingeübter Abläufe und Routinen auf Neues einlassen.

Um Irritationen und falsche Vorstellungen zu vermeiden, gilt es die Form der Zusammenarbeit klar zu definieren. Einfach auf das vertragliche Direktionsrecht zu verweisen, greift zu kurz. Stellen- und Aufgabenbeschreibungen können nicht sämtliche Tätigkeiten abbilden, helfen aber, die gegenseitigen Erwartungen abzugleichen, nach einiger Zeit die Zielerreichung zu überprüfen und ggf. Anpassungen vorzunehmen.

9.9.4 Arbeitsvertrag

Mit dem neuen Arbeitgeber wird selbstverständlich ein neuer Arbeitsvertrag abgeschlossen. Häufig der erste seit langer Zeit. Deshalb sollte auf eine arbeitsrechtliche Prüfung durch einen spezialisierten Anbieter nicht verzichtet werden. Dabei steht nicht das Misstrauen übervorteilt zu werden im Mittelpunkt, sondern die Gewährleistung einer fairen, partnerschaftliche Lösung für beide Seiten.

Minijob

Der Minijob ist die populärste Form der weiteren Berufstätigkeit von Ruheständlern. Ein wenig arbeiten, ein wenig hinzuverdienen, unter Menschen zu kommen, ohne dass das Leben als Ruheständler groß beeinträchtigt wird, erscheint vielen als interessante Option. Weiterhin gibt es ein umfangreiches Angebot entsprechender Jobs. Grundsätzlich kann dieser auch beim ehemaligen Arbeitgeber wahrgenommen werden; meistens jedoch wird eine neue Aufgabe gesucht, zumal Minijobs tendenziell weniger qualifizierte Jobs betreffen.

2025 dürfen maximal 556 € monatlich verdient werden, wobei die Höhe jährlich an die Entwicklung des Mindestlohns angepasst wird. Damit ist die Arbeitszeit auf maximal 43 h monatlich begrenzt, wobei der Stundenlohn auch höher ausfallen kann, dann aber die Arbeitszeit entsprechend geringer ausfallen muss. Geringfügige Überschreitung sind möglich, müssen aber im Gesamtjahr ausgeglichen werden.

Attraktiv sind Minijobs vor allem für Menschen in regulärer Beschäftigung, die etwas hinzuverdienen möchten. Die Einkommensteuer von pauschal 2 %, sowie die Sozialversicherungsbeträge von 13 % für die Krankenversicherung und 15 % für die Rentenversicherung führt der Arbeitgeber pauschal ab.

Minijobber zahlen 3,6 % ihres Lohnes, maximal 20,02 € monatlich, in die Rentenversicherung ein. Davon können sich Ruheständler befreien lassen, der Anteil des Arbeitgebers bliebt jedoch unverändert. Ob eine freiwillige Zahlung lohnt, müssen Betroffene entscheiden, bei den geringen Beträgen wird sich die Rentenhöhe allenfalls gering ansteigen.

Es ist allerdings nicht möglich, mehrere Minijobs gleichzeitig auszuführen. Dann würden die Einkünfte der normalen Belastung mit Steuern und Sozialversicherungsabgaben unterliegen.

Minijobs werden häufig niederschwellig angeboten, Tätigkeiten ohne große Einarbeitungsphase dominieren diese Tätigkeitsform. Selten handelt es sich dabei um anspruchsvolle Aufgaben. Wer aber aktiv bleiben möchte und den Austausch mit anderen Menschen sucht, kann hier vergleichsweise leicht fündig werden. Insbesondere die Betreuung anderer Menschen stellt dabei einen Schwerpunkt dar. So bietet bspw. die Contilia Gruppe, ein Gesundheitsnetzwerk im mittleren Ruhrgebiet, Ruheständlern die Möglichkeit andere Menschen im Alltag zu unterstützen.

9.10 Berufswechsel

Der Berufswechsel ist sicherlich die größte mögliche Veränderung. Mancher Betroffene hat lange erwogen, vielleicht geträumt, einen bestimmten Beruf auszuüben, hat dies jedoch aus unterschiedlichen Gründen nicht realisiert. Mancher hat sich privat Kenntnisse angeeignet und Fähigkeiten erworben, ein Anderer vielleicht nur ungefähre Vorstellungen gewonnen.

Sicherlich ist es nicht zu spät, etwas Neues zu beginnen. Grundsätzlich kann man auch mit über 60 eine Ausbildung beginnen oder ein Studium absolvieren. Allerdings bedarf es großer Überzeugung und stringenter Argumentation, um in einem völlig neuen Umfeld Fuß zu fassen. Weiterhin wird eine Ausbildung nicht wie eine normale Berufstätigkeit honoriert. Deshalb sollten Betroffene prüfen, ob es nicht Schnittstellen zur bisherigen Tätigkeit gibt, die zumindest an die Branche heranführen. Dies gilt sowohl für Tätigkeiten in der Verwaltung als auch für technische Sachverhalte, wenn bspw. Maschinen gewartet und instandgehalten werden oder Aufgaben in der IT anfallen. Selbst Hilfstätigkeit führen näher an die Branche heran. Wer nach diesen Schritten immer noch eine Ausbildung anstrebt kann und soll diesen Weg gehen.

10
Berufstätigkeit in und für die Familie

Zusammenfassung Wirtschaft und Familie waren jahrhundertlang gleichgesetzt. Die Familie erbrachte Leistungen gemeinsam; jeder hat seine feste Aufgabe, die sich im Laufe des Lebens veränderte. Von der Unterstützung als Kind, der Übernahme der Verantwortung als Erwachsener, bis zum Übergang ins Alterteil. Ruhestand im wortwörtlichen Sinne gab es nicht; wenn die Kräfte nachließen stellte die Familie die Versorgung sicher. Heute sind die Lebensentwürfe vielfältiger, wobei dem Zusammenhalt, der Unterstützung innerhalb der Familie weiterhin hohe Bedeutung zukommt. Insbesondere die ältere Generation unterstützt dabei auf vielfältige Weise Kinder und Enkelkinder. Dabei bestehen Möglichkeiten der steuerlichen Optimierung.

10.1 Unterstützungsmöglichkeiten

Bis auf einzelne Berufs- und Lebensformen wie der Landwirtschaft, hat sich das Lebensmodell der meisten Menschen geändert. Dennoch: wollen Familienangehörige einander unterstützen und füreinander einstehen, kann es sinnvoll sein, dieses Miteinander als offizielle Beschäftigung abzubilden.

Sicherlich können Selbstständige bzw. Unternehmer leichter eine berufliche Beschäftigung für Angehörige finden. Aber auch im Privatleben finden sich vielfältige Möglichkeiten. Es gibt einzelne Ereignisse bei Umzügen oder Renovierungen; allerdings ist das Volumen derart begrenzt, dass der Aufwand einer Beschäftigung selten lohnenswert ist. Dauerhafte Aufgaben können sich dagegen im Haushalt oder Garten ergeben.

Die Möglichkeiten, die die Kinder- bzw. Enkelbetreuung steuerlich bieten, wurden in Kap. 6 aufgezeigt. Allerdings existieren weitere Optionen.

10.2 Arbeitsverhältnisse im familiären Umfeld

In einen Familienbetrieb besteht die Möglichkeit der sog. familienhaften Mitarbeit, wenn ein Angehöriger gelegentlich aushilft und Leistung und Gegenleistung nicht in einem ausgeglichenen Verhältnis stehen, die Entlohnung damit ungewöhnlich niedrig oder hoch ausfällt.

Ein abhängiges Beschäftigungsverhältnis liegt vor, wenn der mitarbeitende Angehörige in den Betrieb eingegliedert ist und dem Weisungsrecht des Arbeitgebers unterliegt, wobei bei Verwandten das Weisungsrecht abgeschwächt sein mag, das Entgelt einen angemessenen Gegenwert für die Arbeit darstellt und über eine Anerkennung für Gefälligkeiten oder freien Unterhalt hinausgeht, das Entgelt zur freien Verfügung steht und auf das eigene Konto überwiesen wird.

Familienunternehmen sollte das angemessene Arbeitsverhältnis auswählen. Wird ein familienhafte Mitarbeiter angesetzt, besteht aber realistischerweise ein abhängiges Beschäftigungsverhältnis, drohen Nachzahlungen in die Sozialversicherungen. Wird ein abhängiges Beschäftigungsverhältnis angegeben und besteht eine familienhafte Mitarbeit, verfallen die Ansprüche in der Sozialversicherung. Im Zweifel gilt den Steuerberater zu fragen und notwendige Anpassung vorzunehmen. Ergänzend unterstützt die Clearingstelle für sozialversicherungsrechtliche Statusfragen der Deutschen Rentenversicherung. Zwar würden Fehleinordnungen meistens erst im Rahmen einer Betriebsprüfung aufgedeckt, ob und wann diese erfolgt, kann jedoch kein Betroffener wissen. Fehler erfolgen oft unbewusst, vor allem, wenn sich das Arbeitsverhältnis unmerklich, in die eine oder andere Richtung verändert.

Werden Familienangehörigen steuerlich nicht als Ehepartner gemeinschaftlich veranlagt, ist eine differenzierte Betrachtung geboten. Geht man exemplarisch von einem Spitzensteuersatz von 42 % des Betroffenen aus, vermindert sich dessen Steuerlast entsprechend um 0,42 € je € Entgelt. Dabei handelt es sich nicht um die durchschnittliche steuerliche Belastung, sondern um den Satz, der aufgrund der Steuerprogression auf den letzten zu versteuernden Euro geleistet werden muss, den sog. Grenzsteuersatz.

Die Sozialversicherungsbeiträge in Höhe der angesprochenen 40 % relativieren jedoch diesen Vorteil aus Sicht der Gesamtbelastung, selbst wenn der mitarbeitende Angehörige ein steuerfreies Einkommen unter dem Grundfreibetrag von 12.096 € in 2025 bezieht. Damit ist die entscheidende Frage, welchen Wert dem Aufbau möglicher Ansprüche in der Sozialversicherung eingeräumt wird.

10.3 Kurzfristige Beschäftigung

Angehörige helfen im Betrieb der Angehörigen häufig aus, wenn die Beschäftigungsspitzen bestehen, als auch bei überraschendem Arbeitsaufwand, wenn bspw. Mitarbeiter ausfallen. Angehörige, die keiner Beschäftigung nachgehen, zumindest nicht in Vollzeit, besitzen die notwendige Flexibilität, sowie die Erfahrung, um kurzfristig einzuspringen. Damit ist insbesondere die Generation angesprochen, die die Verantwortung abgegeben hat. Für Betroffene ist es eine Selbstverständlichkeit zu helfen, wenn sie gebraucht werden; dabei kann eine „offizielle" Beschäftigung steuerlich vorteilhafter sein.

Eine kurzfristige Beschäftigung ist auf drei Monate oder 70 Arbeitstage pro Jahr begrenzt, wobei letztere Angabe dann relevant wird, wenn nicht fünf Tage je Woche die Tätigkeit ausgeübt wird. Es fallen keine Sozialversicherungsbeiträge an. Weitere Voraussetzungen sind, dass die Tätigkeit nur gelegentlich anfällt, nicht zusammenhängend über 18 Arbeitstage ausgeführt wird und der monatliche Arbeitslohn durchschnittlich nicht 150 € überschreitet. Damit kann jährlich ein maximales Einkommen von 10.500 € erzielt werden.

Der Arbeitgeber kann den Lohn mit 25 % pauschal versteuern; Lohnsteuerdaten werden nicht übermittelt. Damit hängt die Steuerersparnis der Familie vom Grenzsteuersatz des Auftraggebers ab. Geht man vom Spitzensteuersatz, ohne Reichensteuer, von 42 % aus, sinkt die Gesamtsteuerlast je Beschäftigten um 17 %, respektive 1785 €, wenn die maximale Beschäftigungsdauer ausgeschöpft wird.

Diese pauschale Steuer kann im Rahmen der Steuererklärung des Angehörigen nicht geltend gemacht werden. Erfolgt keine weitere Beschäftigung, ist der Grundfreibetrag zusammen mit dem Werbungskosten-Pauschalbetrag so hoch, dass der pauschale Steuersatz von 25 % nicht erreicht wird.

Die Beschäftigung als Minijobber wird in Kap. 8 dargestellt. Grundsätzlich ist eine solche Beschäftigungsform auch innerhalb der Familie möglich.

10.4 Steuerlich begünstigte Sachleistungen

Bei der Beschäftigung von Angehörigen sind zusätzliche steuerlich und sozialversicherungsbegünstige Sachleistungen interessant. Es ist keine pauschale Gleichbehandlung aller Mitarbeiter erforderlich; Angehörige können privilegiert werden.

Die vom Gesetzgeber festgelegten Beträge sind fix, selbst wenn die Sachleistungen bei einer geringen Lohnsumme als unverhältnismäßig angesehen werden könnten. Interessant sind Geschenke ohne besonderen Anlass, welche bis zu 50 €/ monatlich steuerfrei sind, woraus sich ein jährlicher Gesamtbetrag von 600 € ergibt. Bei dem angeführten Grenzsteuersatz von 42 % nimmt die Belastung um 252 € ab. Dabei können „geldnahe" Möglichkeiten eingesetzt werden, wie Geldkarten von Warenhäusern oder Internetshops, ebenso Tankgutscheine, eine Auszahlung in bar muss jedoch ausgeschlossen sein.

Zusätzliche Möglichkeiten bestehen in der Übernahme von Verpflegungskosten, der unentgeltlichen Bereitstellung von Mobiltelefonen, Tablets oder Computern und der Möglichkeit, diese privat zu nutzen.

10.5 Umgekehrtes Vorgehen

Unter Umständen hat der Ruheständler ein hohes, steuerpflichtiges Einkommen. Dann kann es sinnvoll sein, Angehörige zu beschäftigen. Dies ist vor allem dann interessant, wenn ohnehin eine Unterstützung erfolgen soll. Ein typisches Beispiel sind Enkelkinder in der Ausbildung. Der angeführte Grundfreibetrag ist auch für diese steuerfrei. Wird das Einkommen des Ruheständlers bspw. mit einem Grenzsteuersatz von 30 % belastet und sollte die Enkeltochter mit 10.000 € jährlich unterstützt werden und erbringt dafür entsprechende Arbeitsleistungen reduziert sich die Belastung um 3000 € bei Beschäftigung gegenüber einer Unterstützung aus dem bereits versteuerten Einkommen.

Sicherlich sind auch Schenkungen möglich, die bei engen Verwandtschaftsverhältnissen meist nicht der Versteuerung unterliegen. Die Freibeträge können alle zehn Jahre erneut genutzt werden. Allerdings darf ein Risiko nicht verdrängt werden: Wird der Schenkende zum Pflegefall und kann den dann anfallenden Eigenanteil an den Kosten von durchschnittlich 3000 € nicht zahlen, können Schenkungen bis zu zehn Jahre zurückgefordert werden.

10.6 Fremdvergleich

Der Fiskus schaut bei Verträgen zwischen Angehörigen genau hin. Diese müssen dem Fremdvergleich mit fremden Dritten entsprechen. Deshalb gilt es, einen Arbeitsvertrag zu formulieren und die Entlohnung an den Marktgegebenheiten zu orientieren. Das Entgelt sollte mittels Banküberweisung fließen.

11

Freiberufliche Tätigkeit

Zusammenfassung Mit der freiberuflichen Tätigkeit wird der Ruheständler zum Unternehmer. Häufig werden Begriffe durcheinandergebracht, deshalb zu Beginn eine kurze Einordnung: Im Gegensatz zum Manager ist der Unternehmer vollumfänglich für seine Geschäftstätigkeit verantwortlich. Ein Manager kann mehr oder weniger Geld verdienen, während ein Unternehmer Geld verlieren kann, je nach rechtlicher Ausgestaltung sein gesamtes Vermögen. Mögliche Gesellschaftsformen werden ausführlich in Kap. 12 angesprochen. Das Steuerrecht unterscheidet nach Einkunftsarten. Freiberufler erzielen Einkünfte aus unternehmerischer Tätigkeit, andere Selbstständige aus Gewerbebetrieb. Wie in Kap. 6 erläutert, werden Einkünfte aus verschiedenen Quellen steuerlich zusammengeführt und veranlagt. Praxisbeispiele bietet Kap. 15 Abschn. 4, 6 und 8.

11.1 Ruheständler als Unternehmer

Die meisten freiberuflichen Tätigkeiten sind weniger risikoreich als gewerbliche Aktivitäten. Dies ist darin begründet, dass primär die eigene Arbeitsleistung und der entsprechende Zeitaufwand eingebracht wird. Zahlt bspw. ein Kunde nicht, war zwar der zeitliche Aufwand vergeblich, es muss jedoch nicht noch Vorleistungen eines Lieferanten bezahlt werden. Weiterhin sind die Fixkosten und die erforderlichen Investitionen, tendenziell geringer.

Da davon ausgegangen werden kann, dass betroffene Ruheständler eine sinnvolle, aber auch wirtschaftliche Tätigkeit wahrnehmen möchten, gilt es, die Freiberuflichkeit mit der eines Unselbstständigen zu vergleichen. Für viele Betroffene wäre es ein Sprung ins sprichwörtlich kalte Wasser. Das Einkommen und die Beschäftigung werden höher oder niedriger liegen; stärker schwanken werden diese Parameter fast immer, sofern nicht eine freiberufliche Tätigkeit ausgewählt wird, die sich stark an einem Austragegeber orientiert, womit aber stets die Gefahr der Scheinselbstständigkeit besteht.

11.2 Freiberufliche Tätigkeiten

Ruheständler sollten nicht vorschnell ausschließen, dass sie freiberuflich tätig werden. Bereits der Vortrag an einer Volkshochschule, der Text für eine Lokalzeitung oder der musikalische Auftritt beim Volksfest sind freiberufliche Tätigkeit. Allerdings gibt es immer wieder gerichtliche Auseinandersetzungen darüber, ob eine Tätigkeit freiberuflich ist. Tätowierern wird bspw. dieser Status verweigert.

Ebenso können die Kenntnisse im bisherigen Berufsfeld freiberuflich genutzt werden. Anstatt aktiv Prozesse durchzuführen, können Dritte dabei beraten werden. Ebenso ist eine Beratung des bisherigen Arbeitgebers möglich, wobei eine Scheinselbstständigkeit auszuschließen ist. Dieser Sachverhalt wird in Kap. 12 dargestellt. Da auch für Auftraggeber die Freiberuflichkeit des Leistungserbringers vorteilhaft ist, sollte nicht auf dessen Urteil vertraut, sondern ein eigenes Urteil gewonnen werden. In Kap. 12 werden ebenfalls mögliche Zuschüsse und Förderungen sowie der Business- oder Geschäftsplan thematisiert.

Interimstätigkeit, die häufig von Ruheständlern wahrgenommen werden, zählen ebenfalls zu den freiberuflichen Aktivitäten. Dabei wird eine Aufgabe für einen gewissen Zeitraum übernommen, wobei dieser zwischen wenigen Wochen und bis zu einem Jahr schwanken kann.

Auf die Abgrenzung zur Liebhaberei wurde in Kap. 7 eingegangen.

11.2.1 Geschäftsmodell

Freiberufliche Tätigkeit ist an die leistungserbringende Person gebunden. Oft werden zusätzlich ein fester Arbeitsplatz und/ oder ein Fahrzeug benötigt; diese sind aber entweder ohnehin vorhanden oder können kurzfristig angemietet werden. Ein Smartphone und ein Rechner dürften bei fast allen Betroffenen vorausgesetzt werden. Für mache Anbieter macht eine Internetpräsenz mittels einer eigenen Homepage Sinn. Ob diese vom begabten Nachbarn erstellt werden kann oder einem professionellen Anbieter erstellt werden muss, hängt von der Zielgruppe ab, wobei die Kosten zum Großteil die einmalige Investition betreffen. Dabei steht die Beantwortung der entscheidenden Frage im Mittelpunkt: Warum soll ein Dritter den Ruheständler beauftragen?

Freiberufler sind keine preiswerten Aushilfen, sondern Experten. Um als Experte wahrgenommen zu werden, bestehen verschiedene Möglichkeiten, die eines gemeinsam haben: sie erfordern einen langen Atem, eine stringente Strategie. Rasch ist in einem sozialen Netzwerk ein Post erstellt, schnell auch ein zweiter. Die Frage ist, wann und ob ein dritter und vierter mit entsprechender Qualität folgt. Vergleichbares gilt für die Veröffentlichung von Fachartikel oder das Vortragen bei Veranstaltungen. Nur an den, der regelmäßig und dauerhaft präsent ist, wird im Bedarfsfall gedacht. Dabei wird bei den Veröffentlichungen bzw. Auftritten stets auf die weiteren Aktivitäten verwiesen.

Eine zusätzliche Möglichkeit sind die zahlreichen Jobbörsen für Freiberufler. Meistens gibt es ein knappes, dürftiges Standardangebot mit der Option, zusätzliche Leistung zu bezahlen. Effektiver erscheint es mit den großen Vermittlern das Gespräch zu suchen. Diese verfügen über zahlreiche Niederlassungen deutschlandweit, sodass ein persönliches Treffen mit den Verantwortlichen möglich ist. Die Fachkräfte verfügen über Kenntnisse der aktuellen Marktsituation.

Eine direkte Ansprache als Anbieter ist dort sinnvoll, wo Kunden als Teil ihres Geschäftsmodells freiberufliche Leistungen erwerben. Dies gilt für Fachbereichsverantwortliche an Volkshochschulen, Veranstalter von Seminaren oder Herausgeber von Fachzeitungen. In einigen Bereichen überschreitet das Angebot deutlich die Nachfrage, wenn es bspw. um die Ausstellung von Kunstwerken oder die Veröffentlichung von Büchern geht. Hier tummeln sich auch unseriöse Anbieter, die dafür Geld verlangen, wofür eigentlich bezahlt wird. Man kann bspw. ein Buch auf diesem Wege drucken lassen, nur handelt es sich dann nicht um eine freiberufliche Tätigkeit, sondern um ein Hobby.

Da Freiberufler primär Dienstleistungen erbringen, können keine Muster, keine Arbeitsproben vorgestellt werden. Evtl. kann auf bereits abgeschlossene Aufträge verwiesen werden und/oder die Erfahrungen aus der Zeit als Mitarbeiter eines Unternehmens.

11.2.2 Preisermittlung

Die Frage der Angebotskalkulation ist einfach: Wieviel soll eine Arbeitsstunde bzw. ein Arbeitstag wert sein bzw. kosten? Ein Ruheständler möchte unter Menschen kommen, ist zufrieden, wenn sein Kosten gedeckt werden, ein anderer ist aus monetären Gründen aktiv, möchte ein möglichst hohes Honorar erhalten. Dennoch sollte nicht die Angebots-, sondern die Nachfrageperspektive eingenommen werden. Was ist die Leistung für einen Kunden wert bzw. zu welchen Sätzen bieten Wettbewerber ihre Leistungen an. Die Idee, mit Niedrigpreisen in den Markt einzutreten, wirkt unprofessionell; weiterhin ist es schwierig, Kunden später mit deutlichen Preissteigerungen zu konfrontieren. Wer bei der Preisgestaltung als Laie wahrgenommen wird, wird Schwierigkeiten haben, bei der eigentlichen Leistung als Profi zu gelten. Um erste Aufträge zu gewinnen, Erfahrungen zu sammeln und Referenzprojekte nennen zu können, kann pro bono für eine gemeinnützige Organisation gearbeitet werden.

Häufig erscheinen die Preise relativ hoch; es sollte allerdings nicht außer Acht gelassen werden, dass der Auftraggeber erhebliche Vorteile im Vergleich zu einer Festanstellung gewinnt. Die Geschäftsbeziehung kann jederzeit beendet werden, das Beschäftigungsrisiko, welche bei Mitarbeitern der Arbeitgeber trägt der Freiberufler. Weiterhin spart der Auftraggeber den Arbeitgeberanteil an der Sozialversicherungskosten ein, Urlaubsanspruch und -entlohnung fallen, ebenso wie die Lohnfortzahlung im Krankheitsfall, nicht an.

Marktpreise lassen sich meist ohne großen Aufwand ermitteln, indem man Anbieter anfragt. Dann gilt es, eine Kalibrierung vorzunehmen und festzulegen, inwieweit ein „mehr" oder „weniger" beim eigenen Angebot angemessen ist. Auf dieser Basis wird die Entscheidung getroffen. Nichts wirkt unprofessioneller als ein Herumdrucksen, wenn ein potenzieller Kunde Preise anfragt.

Bei dem Geschäftsmodell ist darauf zu achten, dass die Kette stets so stark wie ihr schwächstes Glied ist. Ein Ruheständler mag hervorragende Leistungen erbringen, tut sich aber damit schwer diese offensiv anzubieten. Ein anderer überzeugt Dritte mit Beharrlichkeit und Leidenschaft, liefert aber nicht immer das Versprochene. Dass sich diese Eigenschaften grundsätzlich ändern ist ungewiss, weshalb Lösungen gefunden und vielleicht externe Anbieter eingebunden werden.

Im Gegensatz zu jüngeren Wettbewerbern haben die meisten Ruheständler allerdings einen entscheidenden Vorteil: sie verfügen über ein gewisses Grundeinkommen, das Auftragsschwankungen abfedert. Da Menschen am Lebensende eher die Dinge bedauern, die sie nicht versucht, als die, die fehlgeschlagen sind, ein unreflektierter Hinweis an dieser Stelle: wenn Sie eine realistische Chance sehen, wagen Sie es!

11.3 Gewerbliche oder freiberufliche Tätigkeit

Gemäß der steuerlichen Definition der Einkommensarten wird selbstständige Tätigkeit durch Freiberufler geleistet, § 18 EstG legt die Unterschiede zur gewerblichen Tätigkeit fest. Im Umkehrschluss ist ein Selbstständiger, der nicht Freiberufler ist, Gewerbetreibender. Entscheidendes Kriterium der Freiberuflichkeit ist, dass es sich um eine wissenschaftliche, künstlerische, schriftstellerische, unterrichtende oder erzieherische Tätigkeit handelt. Das typische Beispiel ist eine Malertätigkeit. Wer einen Malerbetrieb beauftragt, einen Raum zu streichen, erwartet nicht, dass dies der Inhaber tut, vielmehr kann auch ein Mitarbeiter dies ausführen. Die Leistung steht im Vordergrund, nicht die Frage wer diese erbringt. Anders ist dies, wenn ein Porträt eines Menschen erstellt wird. Dies soll selbstverständlich der beauftragte Künstler persönlich erstellen, womit die Freiberuflichkeit gegeben ist.

Der Grund möglicher Auseinandersetzungen um die Zuordnung einer Tätigkeit ist einfach: Freiberuflichkeit führt zu Vorteilen. Die Einkommensteuer ist davon nicht betroffen, allerdings entfällt für Freiberufler die Gewerbesteuer. Deren Höhe wird durch die Gemeinden festgelegt; die durchschnittliche Höhe von 15 % des Gewerbeertrages ist durchaus bedeutsam. Auf weitere Vorschriften zur gewerblichen Tätigkeit wird in Kap. 11 eingegangen. Weiterhin besteht keine Pflicht zur Buchführung und Bilanzierung, ein Jahresabschluss muss nicht erstellt werden.

Ein Freiberufler kann grundsätzlich einfach loslegen. Eine Anmeldung ist nicht erforderlich. Allerdings lässt sich ein gewisser Verwaltungsaufwand nicht vermeiden. Mancher kümmert sich intensiv und sorgfältig um diese Aufgaben, ein anderer lässt vieles liegen – lange, oft zu lange – bevor er mit Widerwillen die Aufgaben angeht. Mancher hat notwendige Vorkenntnisse, war bspw. als Buchhalter tätig, ein anderer kennt sich mit Verwaltungstätigkeit nicht aus. Eine selbstkritische Eigenprüfung wird aufzeigen, inwieweit ein Steuerberater oder ein Buchhaltungsservice einzubinden sind.

Wird eine freiberufliche Tätigkeit als Möglichkeit ins Auge gefasst, sollten bereits im Vorfeld Belege für mögliche Anlagegüter aufbewahrt werden. So werden Büromöbel bspw. über 13 Jahre abgeschrieben. Wurde diese bspw. 11 Jahre vor Aufnahme der Freiberuflichkeit erworben, können diese immer noch über zwei Jahre abgeschrieben werden.

Wird ein Jahresabschluss nach HGB erstellt, sollte auch die Möglichkeit geprüft werden, ob Vorbereitungskosten noch zu Zeiten der Berufstätigkeit anfallen. Da in dieser Zeit Einkommen und Steuerbelastung meist höher ausfallen, kann so die Steuerbelastung reduziert werden.

11.4 Umsatzsteuer

Sind Freiberufler als Kleinunternehmer aktiv, wenn sie im Vorjahr einen Umsatz von unter 22.000 € erzielten und im laufenden Jahr voraussichtlich weniger als 50.000 € erwirtschaften. Sie besitzen ein Wahlrecht bzgl. der Umsatzsteuerpflicht.

Die Entscheidung, ob Umsatzsteuer berechnet wird, sollten Ruheständler auf der Basis ihres Geschäftsmodelles entscheiden. Wird die Freiberuflichkeit nur für einen begrenzten Zeitraum, vielleicht einen einzelnen Auftrag, wahrgenommen, werden dauerhaft nur gelegentliche Aufträge erwartet, sollte die Befreiung von der Umsatzsteuer genutzt werden. Wird dagegen ein dauerhaftes Geschäftsmodell mit regelmäßigen Umsätzen in nicht unbedeutender Höhe angestrebt, sollte von Beginn an der Umsatzsteuerpflicht entsprochen werden.

Umsatzsteuer soll aus Sicht des Gesetzgebers den Endkunden, primär Privatpersonen, belasten. Unternehmen sind vorsteuerabzugsfähig, d. h. ob diese eine Rechnung mit oder ohne Umsatzsteuer erhalten, ist irrelevant. Werden dagegen Leistungen für Privatpersonen erbracht, erhöht die Umsatzsteuer deren Kosten um 19 %. Wendet sich der Ruheständler primär an Privatpersonen als Kunden, kann er seine Leistung ohne Umsatzsteuer und damit preiswerter anbieten, soweit nicht die angegebenen Beträge überschritten werden.

Ein Vorteil der Umsatzsteuerpflicht liegt in der Vorsteuerabzugsfähigkeit der berufsbedingten Aufwendungen ist, wodurch sich die Leistungen und Produkte, die für die Leistungserbringung benötigt werden, für ihn um 19 % verbilligen. Fairerweise ist einzuräumen, dass die Option zur Umsatzsteuerpflicht eine gewissen, wenn auch überschaubaren, Verwaltungsaufwand verursacht.

11.5 Sozialversicherungen

Für Freiberufler fallen grundsätzlich keine Beträge zur Renten- und Arbeitslosenversicherung an, allerdings werden auch keine Ansprüche erworben. Bei der Krankenversicherung besteht die Frage, ob es sich um eine Nebentätigkeit handelt oder den Schwerpunkt der Lebensführung darstellt. Dabei werden die Gesamtumstände gewürdigt. Bei einem Einkommen unter 75 % des hauptsächlichen Einkommens und einem zeitlichen Umfang von weniger als 20 Wochenstunden wird die Tätigkeit als unbeachtlich eingestuft. Liegt eine Hauptbeschäftigung vor, endet die Mitgliedschaft in der Krankenversicherung der Rentner und eine freiwillige Mitgliedschaft in der gesetzlichen Krankenversicherung wird begründet. Da eine Fehleinschätzung zu erheblichen Nachzahlungen führen kann, sollten sich Betroffene im Zweifelsfall im Vorfeld mit ihrer Krankenkasse abstimmen.

Die Künstlersozialversicherung versichert Künstler, die Musik, darstellende oder bildende Kunst schaffen, ausüben oder lehren. Ebenso werden Publizisten versichert, die als Schriftsteller, Journalist oder in ähnlicher Weise tätig sind. Vereinfacht ausgedrückt, übernimmt die Künstlersozialversicherung den hälftigen Anteil an den Sozialversicherungsbeiträgen, den bei einer abhängigen Beschäftigung der Arbeitgeber trägt. Nach Ablauf des Monats, in dem die Regelaltersgrenze erreicht wurde und eine Vollrente wegen Alters aus der gesetzlichen Rentenversicherung erhalten wird, ist die Pflichtmitgliedschaft beendet. Wird keine Vollrente bezogen oder die Tätigkeit vorher aufgenommen, besteht bei selbstständiger und erwerbsmäßiger Tätigkeit eine Mitgliedspflicht. Erzielt ein selbstständiger Künstler oder Publizist nicht mindestens ein voraussichtliches Jahresarbeitseinkommen, das über der gesetzlich festgelegten Grenze liegt, ist er versicherungsfrei. Diese Grenze liegt bei 3900,00 € jährlich bzw. 325,00 € monatlich.

11.6 Steuerliche Gewinnermittlung

Was für die Umsatzsteuer zutrifft, trifft auch auf die Gewinnermittlung zu. Es gibt eine unbürokratische Lösung, welche bei geringen Umsätzen angemessen ist: die sog. Einnahme – Überschuss – Rechnung, für die es keine Umsatz- oder Gewinngrenzen gibt. Alternativ kann eine Bilanzierung nach HGB erfolgen, die eine detaillierte Lösung darstellt und bei größerem Geschäftsvolumen Vorteile bietet. Der wichtigste Unterschied besteht darin, dass für die Einnahme – Überschuss – Rechnung der Zeitpunkt einer Zahlung relevant ist, für die Bilanzierung dagegen der Zeitpunkt, zu dem sich der zugrunde liegende Vorgang ereignet hat. Wenn bspw. im Dezember eine Leistung erbracht wird, der Kunde erst im Januar zahlt, weist die Einnahme – Überschuss – Rechnung den Zugang im Januar aus. Bei einer HGB-Bilanzierung würde im Dezember eine Forderung gebucht und diese im Januar ergebniswirksam gegen die Zahlung aufgelöst. Das Finanzamt erfährt von der Einnahmen – Überschuss –Rechnung mit der Aufnahme der freiberuflichen Tätigkeit, wenn im Fragebogen zur steuerlichen Erfassung unter „Angaben zur Gewinnermittlung" das entsprechende Kreuz gesetzt wird.

Soweit die Einkünfte aus Renten und Freiberuflichkeit den steuerlichen Grundfreibetrag von 12.096 € in 2025 nicht überschreiten, fällt keine Einkommensteuer an, mögliche Aufwendungen können die Steuerquote nicht unter null drücken. Der Aufwand der Erfassung und des Ansatzes wäre überflüssig. Während für Unselbstständige der Arbeitgeber die Lohnsteuer abführt, muss dies der Freiberufler persönlich leisten. Die endgültige Steuerbelastung wird mit dem Steuerbescheid für das entsprechende Jahr festgelegt. Auf dieser Basis werden quartalsweise Vorauszahlungen festgelegt, die mit dem, durch den Fiskus ermittelten, exakten Betrag verrechnet werden; Nachzahlung oder Erstattung sind dabei die Regel. Vor allem mit dem ersten Jahr der Freiberuflichkeit sind noch keine Vorauszahlungen verbunden, was bei entsprechendem Erfolg zu hohen, kurzfristig fälligen Nachzahlungen führen kann. Darauf sollten sich Ruheständer einstellen; im Gegensatz zur unselbstständigen Tätigkeit sind die Zahlungseingänge nicht mehr „netto", sondern „brutto". Vergleichbares gilt, wenn Umsatzsteuer erhoben wird. Sind größere Umsatzsteigerungen oder -rückgänge absehbar, können steuerliche Vorauszahlungen auf Antrag angepasst werden.

11.7 Steuerlich abzugsfähige Kosten

Wer bereits vor Ruhestandseintritt freiberuflich tätig war, sollte mit Ruhestandseintritt die bisherigen, oft jahrelang korrekten Angaben überprüfen.

Wenn aus einer Nebentätigkeit eine Haupttätigkeit wird, ergeben sich steuerliche Vorteile. Wesentliches Kriterium ist die Haupteinnahmequelle. Da Rentenbezüge meist unter dem vorherigen Einkommen aus unselbstständiger Tätigkeit liegen, kann mit dem Ruhestandseintritt aus einer Neben- eine Haupteinkommensquelle werden. Ruheständler sollten die Einkünfte aus Rentenbezug und Freiberuflichkeit gegenüberüberstellen. Liegen die Beträge nur knapp auseinander, kann es insbesondere im Vorfeld des Rentenbezuges durchaus sinnvoll sein, eine Teilrente zu beziehen, um die Freiberuflichkeit als Haupteinkommensquelle steuerlich ansetzen zu können. Anderseits kann sich eine Sozialversicherungspflicht ergeben. Diese Auswirkungen sollten vorab durch einen steuerlichen Berater ermittelt werden.

Steuerliche Vorteile beginnen mit der Betriebsausgabenpauschale, die ohne Einzelnachweis von Aufwendungen angesetzt werden kann. Bei hauptberuflicher selbstständiger freiberuflicher Tätigkeit dürfen als Betriebsausgabenpauschale 30 % der Betriebseinnahmen aus dieser Tätigkeit, höchstens jedoch 2455 € jährlich, geltend machen. Bei einer Nebentätigkeit dürfen als Betriebsausgabenpauschale 25 % der Betriebseinnahmen aus dieser Tätigkeit, höchstens jedoch 614 € jährlich, ansetzt werden.

Ein Beispiel ist das Arbeitszimmer, dessen Kosten steuerlich nur zum Ansatz gelangen, wenn es den Mittelpunkt der gesamten Berufstätigkeit darstellt und nicht die Betriebsausgabenpauschale gewählt wird. Da pauschal 1260 € zum Ansatz gelangen, ist ein durchaus relevanter Punkt, wobei alternativ ein prozentualer Ansatz der Wohnkosten in Abhängigkeit von der Größe angesetzt werden kann.

Einen großen Posten kann das eigene Fahrzeug darstellen. Wird dieses zu mindestens 10 % beruflich genutzt, kann es zum gewillkürten Betriebsvermögen gehören, allerdings muss diese Nutzung mittels eines Fahrbuches nachgewiesen werden. Bei über 50 % Nutzung gehört das Fahrzeug ohnehin zum Betriebsvermögen. Zu beruflich veranlassten Fahrten gehören auch Reisen zu (potenziellen) Kunden, Weiterbildungsmaßnahmen und Kongressen. Sind mehrere Fahrzeuge im Besitz kann dasjenige, das seltener genutzt wird, zu mindestens 10 % beruflich genutzt werden. Wählt der Ruheständler die Umsatzsteuerpflicht, reduzieren sich die Anschaffungskosten unmittelbar um 19 %.

Ob anteilige Heiz- oder Stromkosten, Kopierpapier oder Stifte, das neue Regal im Arbeitszimmer, die Fahrt und Teilnahme an einer Fachmesse, der Ruheständler wird sich damit vertraut machen, festzustellen, welche Kosten im Rahmen der Freiberuflichkeit anfallen. Die Trennung von Privat- und Geschäftsleben macht dies aufwendiger als in einem Unternehmen, in dem sämtliche Kosten betriebsbedingt sind. Manche Kosten, wie Geschenke oder Einladungen, können nur teilweise geltend gemacht werden. Wiederrum wird sich der Einzelne mit dem Thema auseinandersetzen, während ein Anderer wenig Interesse zeigt. Ist ein Dienstleister mit den steuerlichen Aufgaben betraut, muss dieser zumindest über die Vorfälle unterrichtet werden und die notwendigen Dokumente und Nachweise erhalten.

Bei allem berechtigten Interesse an der Minimierung der Steuerlast gilt es allerdings, nicht zu übertreiben. Wer in Urlaub fährt, sollte nicht die Fahrkosten steuerlich ansetzen, weil ein alter Kollege in der Region wohnt oder eine Reise komplett als Informationssammlung deklarieren.

11.8 Versicherungen

Arbeitnehmer erbringen keine eigenständigen Leistungen gegenüber einem Kunden; Vertragspartner ist der Arbeitgeber. Ist eine Leistung mangelhaft, haftet der Mitarbeiter allenfalls im Innenverhältnis, wobei die Rechtsprechung engen Grenzen bzgl. der Höhe und der Art des zurechenbaren Verschuldens setzt. Anders beim Freiberufler, der unmittelbar und persönlich haftet, wenn eine Leistung aus Sicht des Kunden nicht vertragsgemäß erfolgte. Ebenso trägt dieser die Kosten eines Rechtsstreites. Deshalb sollte eine Rechtsschutz- und eine Berufshaftpflichtversicherung abgeschlossen werden, wobei viele Anbieter Kombiprodukte anbieten.

11.9 Ausländische Betriebsstätte

Viele Geschäftsmodelle sind nicht mehr an einen bestimmten Ort gebunden. Vor allem Dienstleistungen können von fast jedem Ort der Welt erbracht werden, soweit eine leistungsfähige, stabile Internetverbindung vorhanden ist. Freiberufler, die nicht beim Kunden präsent sein müssen, nutzen zunehmend die Möglichkeit, ihre Arbeit an einem angenehmen Ort zu erbringen. Dies kann auch Angehörige mit der weiteren Berufstätigkeit versöhnen, wenn diese gemeinsam mit dem Ruheständler reisen; die Freiberuflichkeit u. U. die Finanzierung der Reise überhaupt ermöglicht.

Auf die Möglichkeit der Steuerpflicht im Ausland wurde bereits in Kap. 5 eingegangen. So mancher Prominenter ist über die Vorgaben gestolpert, hat seine Lebensmittelpunkt offiziell in ein Land mit niedriger Besteuerung verlegt, tatsächlich aber mehr Zeit in Deutschland verbracht, sodass nachträglich hier die Steuerpflicht festgestellt wurde. Die Mehrzahl der Freiberufler verbringt jedoch nur einige Tage oder Wochen im Ausland. Der formale Firmensitz verbleibt in Deutschland, wo die meisten Kunden ansässig sind, auch auf einen Wohnsitz in Deutschland wird nicht verzichtet. Da aber die Möglichkeit besteht, nutzen manche Ruheständler die Gelegenheit, zeitweise an schönen Orten zu sein. Eine ganze Branche ist mittlerweile entstanden, die entsprechende Örtlichkeiten mit passender Infrastruktur anbietet. Die Vernetzung mit anderen Anbietern und vergleichsweise geringe Lebenshaltungskosten erleichtern die Entscheidung. Solange die erwähnte 183 Tage des Jahres in

Deutschland verbracht werden, ergibt sich scheinbar kein Einfluss auf die Versteuerung. Das Erstaunen wäre groß, wenn aufgrund von vier Wochen in Portugal oder zwei Monaten in Thailand die Gründung einer ausländischen Betriebsstätte unterstellt würde. Allerdings kann dies unbewusst erfolgen. Die Folgen wären erheblich, da die Begründung einer Betriebsstätte zur Versteuerungspflicht an einem anderen Ort führt, unabhängig von der Aufenthaltsdauer. Die dort erbrachten Leistungen bzw. die dadurch erzielten Gewinne unterliegen der lokalen Versteuerung, nicht anders, als wenn ein produzierendes Unternehmen einen neuen Standort begründet. Damit verbunden wäre eine Doppelbesteuerung, wenn der ausländische Fiskus auf bereits in Deutschland versteuerte Gewinne noch einmal zugreift. Zwar hat die Bundesrepublik mit vielen Staaten Doppelbesteuerungsabkommen (DBA) geschlossen, um einen doppelten Zugriff des Fiskus zu vermeiden. Unabhängig davon, wollen sich Betroffene aber berechtigterweise den nicht unerheblichen Aufwand und die damit verbundenen Kosten sparen.

Grundsätzlich liegt eine Betriebsstätte vor, wenn eine ortsfeste Einrichtung vorhanden ist. Hierunter fallen der Ort der Leitung, Zweigniederlassungen und Geschäftsstellen. Entscheidend ist der enge Bezug zum eigentlichen Geschäft des Unternehmens. Erfolgen ausschließlich Informationsbeschaffung, Wareneinkauf oder vorbereitende Tätigkeiten, gilt eine Geschäftseinrichtung nicht als Betriebsstätte. Wenn die Zeit im Ausland vor allem der Erholung dienen soll, mag es Betroffene geben, die konsequent von der Arbeit abschalten. Manche Freiberufler sind dagegen zumindest erreichbar, werden im Einzelfall aktiv oder hängen einige Tage an den Aufenthalt an, um bewusst in einer anderen Umgebung zu arbeiten. Geschäftspartner sind bei einer entsprechenden Internetverbindung ohnehin erreichbar, da Verträge heute rechtssicher auf elektronischem Weg abgeschlossen werden können. Betroffene werden kaum unterscheiden, welche Aufgaben aus dem Ausland und welche vom heimischen Schreibtisch abgeschlossen werden. Unbewusst kann so eine Betriebsstätte begründet werden, ohne dass sich der Unternehmer des Sachverhaltes bewusst wird. Wobei die Begründung keinen zeitlichen Restriktionen unterliegt, sondern von den ausgeführten Handlungen abhängig ist.

12

Selbstständige Tätigkeit

Zusammenfassung Das Steuerrecht kennt sieben Einkunftsarten. Jede eigenverantwortliche, unternehmerische Tätigkeit wird im Steuerrecht als gewerbliche Tätigkeit bezeichnet. Die Ausnahme der Freiberuflichkeit wurde in Kap. 11 dargestellt. Grundsätzlich besteht in Deutschland Gewerbefreiheit; jeder darf ein Gewerbe begründen und unternehmerisch aktiv sein, nur in einzelnen Tätigkeitsfeldern sind formale Qualifikationskriterien zu erfüllen. Allerdings sind vor Beginn der Selbstständigkeit gesetzliche Vorgaben zu erfüllen, weshalb eine unbewusste, spontane Aufnahme der Aktivitäten nicht anzuraten ist. Ebenso ist eine Gesellschaftsform zu wählen, wenn der Betroffene nicht als Einzelunternehmen tätig sein möchte. Selbstständigkeit gemeinsam mit anderen wird in Kap. 13 thematisiert. Praktische Beispiele finden sich in Kap. 15 Abschn. 4, 7 und 10.

12.1 Unbewusste Schwarzarbeit oder Freundschaftsdienst

Rentner und Arbeitslose haben einem alten Sprichwort zufolge am wenigsten Zeit. Dies liegt bei Rentnern auch daran, dass der neue Lebensabschnitt dem persönlichen Umfeld bekannt ist. Jetzt könnte der Betroffene doch die reichlich vorhandene Zeit nutzen, um im Familien- und Bekanntenkreis zu unterstützen, so die verbreitete Ansicht. Dabei sind insbesondere, aber nicht nur, Handwerker gefragt. Anfragen an Betriebe werden aufgrund deren Personalknappheit teilweise überhaupt nicht beantwortet; die Kosten sind stark angestiegen und der Bekannte hat schließlich reichlich Zeit, so die Ansicht. Allgemeine Helferdienste werden von Ruheständlern ebenfalls erbeten. Wer rastet, der rostet bekanntlich, also tut man dem Betroffenen noch einen Gefallen, wenn man um Hilfe bietet.

Sicherlich wird engen Freunden und Angehörigen gerne geholfen, aber beim Schwager eines Bekannten stellt sich schon die Frage, warum man dies tun sollte, zumindest ohne Gegenleistung. Dann wird manchmal ein gewisses Entgelt vereinbart, unbürokratisch und einfach per Barzahlung geleistet.

Dabei sind die Grenzen zwischen erlaubtem und verbotenem Handeln nicht immer eindeutig. Kann nicht dem Freund eines Freundes am Wochenende geholfen werden? Wo aber hört der Freundschaftsdienst auf und fängt die Schwarzarbeit an?

Das Schwarzarbeitsbekämpfungsgesetz (SchwarzArbG) legt die Grenzen zwischen erlaubter und unerlaubter Tätigkeit fest. Bei der Schwarzarbeit entziehen sich die Beteiligten ihren steuerlichen und sozialversicherungsrechtlichen Pflichten.

Typisches Kennzeichen ist die Entlohnung in bar. Da eine solche Entlohnung vom Empfänger kaum steuerlich deklariert wird, liegt eine Steuerhinterziehung, meistens auch Sozialversicherungsbetrug, vor. Hingegen sind Hilfeleistungen durch Lebenspartner oder Angehörige, sowie Nachbarschaftshilfe oder Gefälligkeiten keine Schwarzarbeit, wenn sie nicht nachhaltig auf Gewinnerzielung gerichtet sind. Als nicht nachhaltig auf Gewinn gerichtet gelten Tätigkeiten, die gegen geringes Entgelt erbracht werden, wobei das Gesetz keine konkreten Beträge nennt. So können die eigenen Kinder intensiv und über einen längeren Zeitraum beim Hausbau unterstützt werden, während es unzulässig ist, zu einem entfernten Bekannten zu reisen, dort zu übernachten und für die Tätigkeit eine marktübliche Entlohnung „netto" unter Abzug der Umsatzsteuer zu empfangen.

In der Praxis sind die Übergänge vom Freundschaftsdienst zum geschäftlichen Handeln fließend. Besondere Fähigkeiten, handwerkliches Geschick und die Verfügbarkeit spezieller Geräte sprechen sich rasch herum. Plötzlich kommt die Anfrage eines Bekannten, ob unbürokratisch am nächsten Wochenende bei dessen Nichte geholfen werden kann. Natürlich nicht umsonst. Dass in der aktuellen Zeit viele Menschen unter den gesteigerten Baukosten leiden, erhöht die Bereitschaft, ein wenig zu sparen. Eine unbürokratische Barzahlung erscheint als beste Lösung für beide Seiten. Selbst bei der Vereinbarung marktüblicher Preise bliebt viel über, wenn diese „netto" erfolgt. Die Mehrwertsteuer von 19 % entfällt, die für Privatkunden nicht abzugsfähig ist. Zusätzlich bleiben Sozialabgaben außen vor, ebenso wie die Besteuerung des Einkommens bzw. des Gewinns.

Wenn auch die Begriffe ähnlich klingen, ist Nachbarschaftshilfe, die ein Pflegebedürftiger erhält, etwas anderes. Hier erfolgt eine Bezahlung über die Pflegekasse.

Schwarzarbeiter unterschätzen das Aufdeckungsrisiko häufig. Der Zoll als verantwortliche Behörde hat seine Kapazitäten zur Bekämpfung der Schwarzarbeit in den vergangenen Jahren erheblich aufgebaut. Nachbarn, selbst Unbeteiligte, die an einem Grundstück vorbeikommen, können unbürokratisch Auffälligkeiten melden. So blieben Aktivitäten zu ungewöhnlichen Zeiten, insbesondere am Wochenende, kaum unbemerkt, da an Sonn- und Feiertage ein grundsätzliches Arbeitsverbot besteht. Fahrzeuge mit Kennzeichen weit entfernter Gemeinden steigern den Argwohn. Solche Indizien reichen als Anfangsverdacht aus. Werden Ermittlungen aufgenommen, haben Zollbeamten Rechte, die mit denen der Polizei vergleichbar sind.

12.2 Gewerbliche Tätigkeiten

Nicht jeder Ruheständler erfasst die Tragweite gewerblichen Handelns. Wer für einen anderen Leistungen erbringt und dafür ein Entgelt erhält bezieht Einkommen aus gewerblicher Tätigkeit. Die in Kap. 11 aufgezeigten Erleichterungen für Freiberufler bestehen für Gewerbetreibende nicht. Vielmehr ist ein nicht unbedeutender Aufwand erforderlich, der vor Erbringung der ersten Leitung anfällt und sich kaum lohnt, wenn sporadisch in geringem Umfang gewerbliche Leistungen erbracht werden.

Eine Alternative besteht darin, bspw. als Minijobber für ein Unternehmen Leistungen zu erbringen, evtl. auch dem alten Arbeitgeber verbunden zu bleiben, wie es in Kap. 8 dargestellt wurde. Die andere Möglichkeit ist die Anmeldung eines Gewerbebetriebs, um als selbstständiger Unternehmer aktiv zu werden.

12.3 Vom Einzelfall zum Geschäftsmodell

Insbesondere in den Kap. 4 und 5 wurde die systematische Planung des Ruhestandes aufgezeigt und empfohlen. Der dort aufgezeigte Weg sei weiterhin angeraten. Dennoch kann das sog. „Top – down" Vorgehen um „Bottom – Up" ergänzt, vielleicht revidiert werden. Henry Mintzberg, ein kanadischer Ökonom, hat festgestellt, dass beabsichtigte Strategien nicht immer realisierten Strategien entsprechen. Es ist stets eine persönliche Entscheidung, inwieweit den einmal gefassten Plänen gefolgt wird oder Gelegenheiten spontan ergriffen werden, selbst wenn diese nicht vorgesehen waren. Die wichtigste Frage in diesem Zusammenhang ist, was drohen kann, wenn die spontane Entscheidung sich als Fehler herausstellt. Meistens weniger als befürchtet. Dennoch sollten gewisse Fragen zumindest grob beantwortet werden, bevor die Entscheidung getroffen wird, ob eine gewerbliche Tätigkeit erstrebenswert ist.

Die aufgezeigte Entwicklung erfolgt meistens im Familien- und Bekanntenkreis. Nicht selten haben Betroffene schon längere Zeit Bedarf an bestimmten Leistungen und warten darauf, dass der Ruheständler endlich Zeit hat. Um aber aus der gelegentlichen zur dauerhaften Beschäftigung zu kommen, muss der Sprung von persönlichen Empfehlungen zum Marktauftritt geschafft werden. Von der passiven Akzeptanz von Nachfragen sollte der Übergang zum aktiven Anbieten der Leistungen erfolgen.

Unterstützung im Einzelfall erfolgt meistens unterhalb der Wahrnehmung der etablierten Anbieter. Bei einem Markteintritt entsteht jedoch eine Konkurrenzsituation, muss die eigene Leistung zumindest gleichwertig sein. Weiterhin ist die Frage der Verfügbarkeit zu klären. Gehören ungeplante Einsätze zum Geschäftsmodell, wird es für einen Einzelunternehmer schwierig, diese anzubieten.

Ergänzend stellt sich die Frage, worauf verzichtet wird, wenn eine gewerbliche Tätigkeit aufgenommen wird. Dies kann einerseits freie Zeit sein, andererseits auch Einkommen, das mit einer unselbstständigen Tätigkeit erzielt würde. Stehen primär finanzielle Erwägungen im Mittelpunkt, kommt dem Risiko des Verlustes notwendiger Investitionen und der schwankenden Einnahme Bedeutung zu.

12.4 Neue Ideen

Der Wunsch nach einem langen Berufsleben als Unselbstständiger sich Selbstständig zu machen, ist für einige Betroffenen ebenfalls ein Motiv. Was aber ist die Geschäftsidee, konkret: Wofür sind Dritte bereit zu zahlen? So viel, dass ein dauerhaftes Einkommen erreicht wird?

Das Thema der Neugründungen hat mittlerweile auch das Fernsehen erreicht, leider mit fragwürdigen Konzepten. Warten im Ausland die Kunden wirklich auf deutsche Anbieter, die ihr Hobby zum Beruf machen? Kaum. Sicherlich kann man einen langen Atem beweisen, einen neuen Beruf erlernen und sich tief in neue Sachverhalte einarbeiten. Erfolgsversprechender ist jedoch ein Anknüpfen an das vorhandene Wissen und Kenntnisse, zumindest die Übernahme von Teilaspekten, die mit anderen, neuen Sachverhalten verknüpft werden.

Gleichermaßen empfehlenswert ist das Gewinnen praktischer Erfahrung, nicht nur den Austausch mit Menschen, die im angestrebten Tätigkeitsfeld aktiv sind, sondern auch durch Mitarbeit bei einem entsprechenden Anbieter. Allerdings gilt es, den Fehler der „Stichprobengröße1" zu vermeiden. Kennt man einen Menschen, der in einem Geschäftsfeld selbstständig ist, kann dieser bei aller Offenheit der Austausch nur eine, seine Perspektive anbieten. Insbesondere sollte der Austausch nicht nur mit erfolgreichen Selbstständigen erfolgen, sondern auch mit Menschen, die daran gescheitert sind. Die Gründe des Misserfolges sind oft aufschlussreicher als die des Erfolges oder, um es mit Leo Tolstoi zu sagen: „Alle glücklichen Ehen sind gleich glücklich, alle unglücklichen Ehen anders unglücklich".

12.5 Förderung

Die Förderung der Selbstständigkeit ist ein wichtiges, politisches Ziel. Entsprechend vielfältige Beratungsmöglichkeiten stehen zur Verfügung. Die Jobcenter der Agentur für Arbeit, lokale Handwerkskammern und Industrie- und Handelskammern können erste Anlaufstelle sein. Ein Vorteil liegt in der meist kostenfreien Beratung, die nicht ins Detail gehen kann, aber grundsätzliche Fragen beantwortet. Weiterhin werden diverse Zuschüsse aufgezeigt, die bei der Beratung durch professionelle Anbieter in Anspruch genommen werden können. Ebenso häufig gibt es Gesprächskreise und Veranstaltungen, die sich an Interessierte wenden. Hier sind lokale Gründerzentren besonders aktiv.

Besondere Vorteile genießen Arbeitslose. Besteht vor Ruhestandseintritt diese Situation, sollten die entsprechenden Unterstützungsangebote genutzt werden. Von der Agentur für Arbeit kann ein Arbeitsvermittlungsgutschein (AVGS) erhalten werden, der für Beratungsleistungen genutzt wird, wodurch die Beratung für den Betroffenen kostenfrei ist. Auch für freiberufliche Tätigkeiten besteht diese Möglichkeit.

Weiterhin gibt es Gründungszuschüsse. Betroffene erhalten sechs Monate ungekürztes Arbeitslosengeld I weiterhin ausgezahlt sowie zusätzlich 300 € monatlich; sogar eine Verlängerung um neun Monate ist möglich. Allerdings muss noch mindestens 150 Tage Anspruch auf Arbeitslosengeld bestehen und die Tätigkeit soll hauptberuflich ausgeübt werden. Aus der Selbstständigkeit kann unbegrenzt hinzuverdient werden, ohne eine Kürzung des Arbeitslosengeldes. Es handelt sich allerdings um eine sog. Kann – Leistung, über deren Gewährung der zuständige Sachbearbeiter entscheidet.

Um den Gründungszuschuss zu beantragen, muss ein professioneller Businessplan eingereicht werden. Ausschlaggebend ist hierbei die Finanzkalkulation mit einer Rentabilitäts- und Liquiditätsplanung für mindestens zwei Jahre. Ergänzend sollten Betroffene ihre fachlichen und persönlichen Qualifikationen nachweisen und im Businessplan erläutern.

12.6 Geschäftsplan

Aus Sicht der Agentur für Arbeit ist ein Geschäftsplan notwendig, sollen Betroffene doch ihren Lebensunterhalt aus der Selbstständigkeit bestreiten können und nicht (erneut) staatliche Unterstützung beziehen müssen. Aber auch für Ruheständler, die ihren Lebensunterhalt aus Rentenzahlung bestreiten können, ist ein Geschäftsplan sinnvoll; führt dessen Erstellung doch dazu, wage Vorstellungen in konkrete Zahlen zu überführen.

An erster Stelle sind berufsrechtlichen Restriktionen zu klären. Die Handwerksordnung legt fest, für welche Berufe eine Meisterpflicht besteht. Davon sind solche Berufe betroffen, bei deren Ausübung Gefahr für Leib und Leben oder die Gesundheit von Dritten besteht. Alternativ ist die Einstellung eines Meisters möglich.

Das Thema „Geschäftsplan" wird bewusst an dieser Stelle angesprochen, nicht im Kap. 11 bei der Freiberuflichkeit. Gewerbliche Tätigkeit sind nicht mehr oder weniger anspruchsvoll, allerdings bedarf es zur Ausübung meistens materieller Vermögensgüter, womit entsprechende Investitionen erforderlich werden. Die Unterstützung bei der Erstellung des Geschäftsplans beinhaltet standardisierte Aufstellungen, die sicherstellen, dass keine Positionen vergessen werden.

Ausgangsbasis wird der Umsatzplan sein. Wie viele Leistungen können zu welchen Preisen verkauft werden. Hierzu sollte eine intensive Marktanalyse erfolgen. Bei bestehenden Anbietern können Preise angefragt werden, in verschiedenen Regionen festgestellt werden, wie viele Anbieter vorhanden sind und ob es sich um über- oder unterdurchschnittlich viele handelt. Besonders aufschlussreich kann es sein, wenn man von einer Geschäftsaufgabe erfährt und ein persönliches Gespräch mit dem Inhaber geführt wird. Das eigene Angebot wird umfangreicher oder geringer sein, die Verfügbarkeit schneller oder langsamer, die Geschäftsräume an einer attraktiveren oder unattraktiveren Stelle. All diese Kriterien werden zur Preisfindung herangezogen.

Nur wenn ein ganz spezielles Angebot gemacht wird, bei dem mögliche Kunden (fast) keine Alternative haben, kann ausgehend von den Kosten geplant werden.

Einerseits bedarf es gewisser Anlagegüter, Räumlichkeiten, Fahrzeuge und Werkzeug; ebenso sind Umlaufgüter notwendig, Material muss vorgehalten werden, u. U. erfolgen Bestellungen für Projekte, die vom Betroffenen bis zur Zahlung des Endkunden vorgesteckt werden müssen. Schlussendlich muss der gesamte Geschäftsbetrieb aus verfügbaren finanziellen Mitteln finanziert werden, bis erste Kundenzahlungen eingehen. In diesem Zusammenhang sollten zeitliche Kostenstrukturen die mögliche Entwicklung aufzeigen. Wird bspw. ein Mietvertrag für eine Werkstatt oder ein Leasingvertrag für ein Geschäftsfahrzeug abgeschlossen, fallen die Kosten in jedem Fall bis zu einem möglichen Kündigungstermin an, unabhängig von der Entwicklung des Geschäftes. Eine grundsätzliche Herausforderung besteht darin, dass meist erst Aufträge eingehen, wenn die Leistungserbringung gesichert und die notwendigen Güter beschafft wurden. Unverbindliche Absichtserklärungen möglicher Kunden im Vorfeld sind nett, aber nicht als belastbare Grundlage eines Finanzplans heranzuziehen.

Auf Basis des Finanzbedarfs wird festgelegt, wie dieser beschafft wird. Dabei werden eigene, finanzielle Mittel den wesentlichen Teil ausmachen, Fremdkapital stellen Banken älteren Gründern meist nur vorsichtig zur Verfügung und/oder verlangen erhebliche Sicherheitsleistungen wie eine Hypothek auf möglichen Grundbesitz. Ob und in welchem Umfang vorhandene finanzielle Mittel für die Selbstständigkeit eingesetzt werden, hängt von der persönlichen Risikobereitschaft und der Notwendigkeit ab die Mittel zur Sicherung des Lebensunterhaltes einzusetzen. Ältere haben meist größere Vermögenswerte als Jüngere; damit steht mehr zur Verfügung, kann aber auch mehr verloren werden.

Nach dem Abgleich von Bedarf und Bestand der finanziellen Mittel kann es u. U. sinnvoll sein, das finanzielle Polster zu erhöhen, wenn bspw. vor Beginn der Selbstständigkeit noch einige Zeit neben dem Rentenbezug als Mitarbeiter eines Unternehmens Einkommen bezogen wird.

Eine wichtige Risikokennziffer ist die sog. „Cash Burn Rate", die festlegt, wie lange die finanziellen Mittel reichen bzw. wann diese aufgebraucht sind, wenn keine Umsätze realisiert werden.

Spektakuläre Gründungen erfolgen meisten in Marktbereichen, in denen sich dauerhaft eine, zumindest wenige Lösungen durchsetzen werden. Meist handelt es sich um internetbasierte Angebote. Ob es sich um Reisen oder Einkäufe handelt, um Lieferantendienste oder E-Roller-Anbieter, es etablieren sich allenfalls eine Handvoll Anbieter. Wachstum um fast jeden Preis ist deshalb das Motto der Anfangsphase, verbunden mit der Bereitschaft hohe Verluste zu tragen, solange die Hoffnung auf spätere Gewinne besteht. Fast alle Anbieter scheitern; dieses Geschäftsmodell ist für Ruheständler kaum geeignet. Vielmehr gilt es eine Marktnische zu finden, sei es, dass lokale Nähe erforderlich ist, dass Kunden persönlich betreut werden müssen oder dass das Geschäftsvolumen für große Anbieter zu unbedeutend ist.

12.7 Geschäftsentwicklung

Im täglichen Arbeiten entwickeln Selbstständige ein Gefühl dafür, wie das Geschäft läuft, sehen schlussendlich auf ihrem Bankkonto, wie sich Gewinnen oder Verluste entwickeln. Diese Sichtweise mag bei einem einfachen Geschäftsmodell zutreffen. Viele der in Kap. 11 vorgestellten Freiberufler tätigen als Berater oder Autoren geringe, einmalige Investitionen und können weitere, mögliche Aufwendungen einzelnen Aufträge zuordnen; die Einnahmen entsprechen damit weitergehend den Gewinnen, aufgrund vernachlässigbarer Investitionen und Abschreibungen auch dem Zahlungsmittelüberschuss, dem sog. „Cash – Flow".

Bei Gewerbetreibenden ist die Situation komplexer. Wird bspw. ein Anlagegut eingesetzt, ist bei der Kalkulation entscheidend, auf wie viele Leistungseinheiten dessen Kosten verteilt werden. Kostet das Anlagegut 10.000 € und werden 100 Aufträge jährlich erwartet, müssen je Auftrag 100 € kalkuliert und erwirtschaftet werden. Wie aber reagiert der Ruheständler, wenn Mitte des Jahres nur 30 oder bereits 80 Aufträge eingegangen sind? Welche Abweichungen vom Geschäftsplan sind normale Schwankungen, welche weisen auf Fehleinschätzungen bzw. -entwicklung hin?

Verschiedene betriebswirtschaftliche Kennzahlen bilden die Entwicklung des Geschäftes ab und zeigen möglichen Handlungs- bzw. Korrekturbedarf auf. Im Idealfall bevor eine Krise einsetzt, die drastische Maßnahmen erfordert. Bekannte Buchhaltungssysteme verfügen über die Möglichkeit einer sog. „betriebswirtschaftlichen Auswertung", die wesentliche Kennzahlen zur Verfügung stellt. Auswertungen sind stets nur so gut, wie die eingesetzten Daten, wobei vor allem der Aktualität Bedeutung zukommt. Steuerlich mag ein jährlicher Abschluss ausreichen; zur Beurteilung der Unternehmensentwicklung reicht dieser nicht. Ob der Ruheständler das Buchhaltungssystem auswählt, die Daten eingibt und auswertet oder diese Aufgabe fremdvergibt, mag individuell geregelt werden. Erforderlich ist dies in jedem Fall, auch wenn damit Kosten verbunden sind. Ansonsten wären sie nicht die ersten, die eines Tages überrascht feststellen, dass schlicht kein Geld mehr vorhanden ist.

Bei Einbindung eines unabhängigen Dritten in diesen Prozess, kann die Verbindlichkeit der Planeinhaltung, die Initiierung erforderlicher Korrekturen, schlussendlich das schmerzhafte, manchmal unvermeidliche ziehen der sprichwörtlichen Reißleine sichergestellt werden.

12.8 Tragfähigkeit

Der Geschäftsplan dient dazu, Chancen und Risiken zu quantifizieren, vage Überlegungen und ungefähre Erwartungen in konkreten Zahlen auszudrücken. Dabei ist die entscheidende Frage, ob der Gründer seinen Lebensunterhalt aus der Selbstständigkeit bestreiten kann, auch wenn dies für einen Ruheständler nicht unbedingt erforderlich erscheint. Soll sich das Geschäft dauerhaft etablieren, müssen die Kosten erwirtschaftet werden, die bspw. ein angestellter Verantwortlicher verursachen würde.

Ein weiterer zu berücksichtigender Punkt sind die Kapitalkosten. Diese werden Zinsen für Fremdkapital sein, aber auch das eingesetzte eigene Geld sollte einer fiktiven Verzinsung unterzogen werden, da diese als Kapitalanlage zur Verfügung stünde, wenn es nicht im Unternehmen gebunden wäre.

Wird weniger verdient, zumindest aber keine Verluste realisiert, mag im steuerlichen Sinne keine Liebhaberei vorliegen, im tatsächlichen Sinne allerdings schon.

Kahneman fragte Menschen, ob sie lieber 900 USD sicher erhalten oder eine 90-prozenige Chancen nutzen möchten, 1000 USD zu gewinnen. Die Mehrheit entschied sich für den sicheren Gewinn. Vor die Wahl gestellt, 900 USD sich zu verlieren oder mit einer 90-igen Wahrscheinlichkeit 1000 USD zu verlieren, gingen Menschen auf das Risiko ein (Kahneman, 2011, S. 344). Menschen gehen bei möglichen Verlusten größere Risiken als bei möglichen Gewinnen ein. Daraus lässt sich die Gefahr ableiten, dass viele Betroffene bereit sind, dem sprichwörtlich schlechtem Geld Gutes hinterherzuwerfen. Theoretisch wird die Idee abgelehnt, in der Praxis dagegen ein flexibles, aber risikoreiches Handeln eingegangen. Dann wird bspw. Geld aus anderen Quellen eingesetzt, um scheinbar kurzfristige Engpässe zu finanzieren oder eine scheinbare Pechsträhne auszugleichen. Davor gilt es, sich zu schützen, im Vorfeld. Vermögenswerte, die nicht eingesetzt werden sollen, werden separat angelegt, bestenfalls haben nur Dritte, bspw. der Ehepartner, Zugriff.

Ebenso sollte gewisse Abbruchkriterien im Vorfeld festgelegt werden. Dabei werden sowohl Termine als auch Kosten und Umsatz berücksichtigt. Und nein, es ist nicht fehlender Durchhaltewille oder mangelndes Engagement, das zum Abbruch führt. Eine der fragwürdigsten Sprüche in diesem Zusammenhang lautet auf Englisch: „Winners never quit, Quiter never win".

12.9 Gründung mit oder gegen den bisherigen Arbeitgeber

Bereits in Kap. 8 wurde darauf verwiesen, dass nicht alles im Arbeitsleben nach eigenen Vorstellungen gelaufen ist. Manche Entscheidung des Arbeitgebers wurde zähneknirschend, teilweise kopfschüttelnd umgesetzt. Was aber nützt die scheinbar bessere eigene Idee, wenn man sie nicht umsetzen kann?

Nun stellt sich eine andere Situation dar. Von mancher Idee wird sich der (ehemalige) Arbeitgeber überzeugen lassen, wenn man für deren Umsetzung persönlich ins Risiko geht. Dieses Risiko kann darin seinen Ausdruck finden, dass man in einem neuen Arbeitsvertrag eine hohe, erfolgsabhängige Beteiligung gegenübergestellt, aber auch, dass ein neues Unternehmen gemeinsam mit dem bisherigen Arbeitgeber begründet wird. Ebenso kann eine Selbstständigkeit darauf beruhen, dass man Ressourcen nutzt und dafür ein Entgelt entrichtet.

Viele Unternehmen konzentrieren sich auf umsatz- und/oder wachstumsstarke Marktsegmente. Andere Aktivitäten werden beendet, obwohl ein relevanter Markt noch vorhanden ist, häufig sogar noch länger als erwartet wurde. Mitarbeiter zu finden, die mit Engagement eine Aufgabe wahrnehmen, die bspw. in zehn Jahren enden wird, ist schwierig, vor allem junge Mitarbeiter zeigen daran wenig Interesse, während Ruheständler den möglichen, zeitlichen Rahmen für ausreichend erachten. Einzelne Kunden werden aus unterschiedlichen Gründen auf etablierte Lösungen setzen, wollen daran festhalten und nicht auf die angebotenen, neuen Lösungen wechseln. Weiterhin müssen zunehmend kreative, improvisierte Lösungen gefunden werden, wenn bspw. die Ersatzteilversorgung schwieriger wird oder für die Software kein Update mehr zu bekommen ist. Die hierfür notwendige Erfahrung ist bei Ruheständlern, aufgrund der oft jahrzehntelangen Beschäftigung mit dem Sachverhalt, vorhanden. Da sich auch andere Anbieter zurückziehen, nimmt der Preisdruck häufig ab, was zu interessanten Gewinnspannen führt.

Im Rahmen einer solchen Tätigkeit kann vereinbart werden, auf die Ressourcen des Unternehmens zurückzugreifen. Diese werden erst vergütet, wenn sie in Anspruch genommen werden, wodurch das benötigte Kapital und das unternehmerische Risiko sinken. Für das Unternehmen lohnt sich die Aktivität insbesondere deshalb, weil als Alternative oft nur die Ausmusterung der entsprechenden Ressourcen besteht, die wesentlich geringere Erlöse generiert.

Setzt man sich in Konkurrenz zum bisherigen Arbeitgeber, gilt es, die Ausführungen in Kap. 9 zum Schutz geistigen Eigentums zu berücksichtigen.

12.10 Einbindung der Angehörigen

Die weitere Tätigkeit als Mitarbeiter eines Unternehmens bietet Betroffenen in finanzieller Hinsicht Chancen, bei einer Freiberuflichkeit kann zumindest meistens nicht viel schiefgehen, bei gewerblichen Aktivitäten sind dagegen Vermögensverluste nicht auszuschließen. Im persönlichen Umfeld macht sich mit Bekanntwerden der Planungen Interesse, aber auch Sorge, breit. Befürchtungen betreffen den Ruheständler, aber auch das mögliche Erbe bzw. dessen Verminderung, gar Auflösung. Der Lebenspartner ist deshalb in die Entscheidungen einzubeziehen, vor allem wenn eine Ehe als Zugewinngemeinschaft geführt wird. Anders verhält es sich mit weiteren Angehörigen. Von diesen muss sich kein Ruheständler beeinflussen lassen. Er ist der Souverän über seine Ressourcen und entscheidet wie er Zeit und Geld einsetzt, nicht andere.

Stellt das Vererben von Vermögenswerten ein wichtiges Ziel dar, gilt es, die Finanzplanung der Selbstständigkeit daran anzupassen, die betroffenen Werte nicht einzubeziehen, auch nicht kurzfristig als finanziellen Puffer. Schenkungen bieten einen vergleichsweise geringen Schutz, da diese bis zu zehn Jahre zurückgefordert werden können, im schlimmsten Fall vom Insolvenzverwalter. Einzig wenn ein unmittelbarer Verbrauch nachgewiesen werden kann, bspw. für ein Reise oder Hochzeit, ist keine Rückforderung möglich.

Im weiteren Kapitel wird auf die Gesellschaftsform der Selbstständigkeit eingegangen. Meistens wird in der Gründungsphase eine Form gewählt, die die persönliche Haftung des Selbstständigen beinhaltet. Damit hätten Gläubiger Zugriff auf sämtliche Vermögensgüter, wenn Forderungen nicht bedient werden. Ist der Ruheständler verheiratet und lebt in einer Zugewinngemeinschaft, haften beide Ehepartner gesamtschuldnerisch. Zwar wäre diese Haftung durch eine Gütertrennung aufzuheben, diese ist aber einerseits mit Aufwand verbunden, da der während der Ehe erzielte Zugewinn aufgeteilt werden müsste, anderseits drohen Nachteile im Erbschaftsfall. Ohne eine fachgerechte Beratung sollte diese Maßnahme nicht umgesetzt werden.

12.11 Kleingewerbe

Der eine große Wurf erscheint verlockend, der langsame Aufbau der Geschäftsaktivitäten ist dagegen meist erfolgsversprechender und nachhaltiger. Auf Basis des Geschäftsplans wird der voraussichtliche Umsatz geschätzt. Liegt dieser unter 22.000 € jährlich zu Beginn der Geschäftstätigkeit und im zweiten Jahr unter 50.000 € liegt ein Kleingewerbe vor. Das bedeutet, dass der Ruheständler die Vereinfachungen nutzen kann, die das Umsatzsteuergesetz vorsieht.

Kleingewerbetreibende sind keine Kaufleute im Sinne des HBG, womit die Pflicht zum Eintrag ins Handelsregister, zur doppelten Buchführung und zur Erstellung einer Bilanz entfällt. Außerdem entfällt die Umsatzsteuerpflicht, die bereits in Kap. 5 dargestellt wurde.

Die Gründungskosten eines Kleingewerbes sind gering, die notwendigen Genehmigungen werden meist rasch erteilt. Zur Gewerbeanmeldung benötigen Handwerker eine Handwerkskarte, die von der Handwerkskammer ausgestellt wird. Für verschiedene andere Tätigkeiten sind Nachweise der fachlichen und persönlichen Eignung notwendig. Nach der Anmeldung versendet das Finanzamt einen „Fragebogen zur steuerlichen Erfassung". Meistens liegt eine Pflichtmitgliedschaft bei der Industrie- und Handelskammer (IHK) oder Handwerkskammer (HWK) vor, wobei für ersten vier Jahre die Umlage entfällt, wenn der Jahresertrag unter 25.000 € liegt. Weiterhin ist die Anmeldung bei der Berufsgenossenschaft erforderlich. Bei Unklarheit unterstützt die Deutsche Gesetzliche Unfallversicherung.

12.12 Bartering

Nicht unmittelbar mit dem Kleingewerbe verbunden, aber eine interessante Möglichkeit des Einstiegs in die Geschäftstätigkeit, stellt das sog. Bartering dar. Dabei handelt es sich um den Tausch von Gütern gegen Güter, anstelle des marktüblichen Tausches von Geld gegen Güter. Insbesondere im ländlichen Bereich ist es immer noch üblich, dass der Maler dem Elektriker hilft, der Heizungstechniker dem Trockenbauer und andersherum, ohne dass Geld fließt. Ebenso kann der Einstieg bei Kunden gelingen, die nicht die notwendigen, finanziellen Mittel besitzen, vielleicht skeptisch bzgl. der Beauftragung des Ruheständlers sind, aber ihrerseits Leistungen anbieten, die der Ruheständler persönlich, vielleicht Angehörige, nutzen können. Steuerlich können die Geschäftsbeziehungen korrekt über entsprechende Rechnung abgewickelt werden. Der auf diesem Wege erzielbare Umsatz ist voraussichtlich zu gering, um ein nachhaltiges Geschäftsvolumen aufzubauen; erste, wertvolle Erfahrungen können allerdings gewonnen werden.

Allerdings sind die Grenzen zur gewerblichen, steuerpflichtigen Einkommenserzielung nicht immer eindeutig. So darf man bspw. auf ebay private Güter unbegrenzt verkaufen, entwickelt sich allerdings eine gewerbliche

Tätigkeit mit gezielten An- und Verkäufen, wird steuerpflichtiges Einkommen generiert. Aufgrund der Meldepflichten der Portale besteht ein hohes Aufdeckungsrisiko.

12.13 Firmenname, Firmenauftritt

Beim Kleingewerbe muss aus der Unternehmensbezeichnung hervorgehen, dass Unternehmen und Inhaber identisch sind, weshalb der persönliche Name mit Vor- und Zunamen beim Firmennamen enthalten sein muss. Allerdings kann der Firmenname ergänzt werden. In diesem Zusammenhang wird auch die Internetadresse ausgewählt. Zwar sind mittlerweile auf die Endungen „.com" oder „.de" unglaublich viele Adressen vergeben, ebenso gibt es lokale Endungen wie „hamburg" oder „ruhr" auf denen möglicherweise noch Optionen bestehen.

Marken- und Schutzrechte sollten keinesfalls verletzt werden, was häufig unbewusst geschieht. Deshalb ist eine Prüfung vor der Festlegung notwendig. Dazu werden die Markenregister der Markenämter durchsucht, die öffentlich zugänglich sind, evtl. wird ein Patentanwalt beauftragt.

Fast jeder Name existiert in Deutschland mehrfach. Eine Abgrenzung erfolgt durch die Ergänzung des Firmennamens um den Geschäftszweck. Dabei stehen nicht sprachliche Akrobatik, Wortspiele oder Scherze im Mittelpunkt, sondern die Möglichkeit für Kunden, unmittelbar zu erkennen, was angeboten wird.

Eine Erreichbarkeit über E-Mails und Smartphone ist heute eine Selbstverständlichkeit. Inwieweit ein Internetauftritt, ein Firmenlogo, ansprechende Geschäftspapiere und Visitenkarten notwendig sind, hängt von Geschäftsmodell ab. Wer lokale Handwerkdienste anbietet, muss nicht den größten Standard bieten; wer international Kunden beraten möchte, sollte nicht schon vor dem ersten persönlichen Kontakt unprofessionell wirken.

Gleichermaßen gilt es zu beachten, dass persönlicher Auftritt und Geschäftsmodell stimmig sind. Was bei jungen Selbstständigen selbstverständlich ist, weicht bei Ruheständlern teilweise unbewusst ab. Man sollte nicht mit dem privaten, hochpreisigen Auto vorfahren und betonen, dass das Angebot besonders preiswert ist, aber auch nicht im abgewetzten T-Shirt exklusive Lösungen anbieten.

12.14 Verkaufsförderung

Was im Kap. 9 über die Suche nach einem neuen Arbeitgeber betont wurde, gilt auch für einen Gewerbetrieb im Rahmen der Kundengewinnung: Quantität schlägt Qualität. Sicherlich muss auch die Qualität den Ansprüchen der Abnehmer genügen, häufig steht aber der eigene Perfektionismus dem Ruheständler im Weg. Es ist erfolgsversprechender drei gute als ein perfektes Angebot zu machen.

Abhängig von Geschäftsmodell werden Kunden in der lokalen Umgebung gesucht, wenn bspw. die Leistungserbringung nur durch persönliche Anwesenheit möglich ist oder spezialisierte Angebote für deutschlandweite, vielleicht sogar internationalen Kunden offeriert werden. Wer bspw. gängige Fahrzeuge repariert, ist lokal tätig, wer einen bestimmten Oldtimertyp mit Ersatzteilen versorgt, sucht überregionale Kunden.

Verkauf ist teilweise eine Frage der Mentalität, zu einem größeren Teil aber des Willens. Wer nicht verkaufen kann, nicht verkaufen will, sollte selbstkritisch prüfen, ob die Selbstständigkeit die richtige Arbeits- ja Lebensform ist. Abweisungen und Zurückweisungen sind Bestandteil jeder Selbstständigkeit.

Bei lokalen Angeboten gilt es die sprichwörtlichen Klinken zu putzen, mögliche Kunden direkt anzusprechen, evtl. in lokalen Medien aufzutreten, Einwurfsendungen erstellen und persönlich auszuliefern. Spezialisierte Angebote werden meistens über das Internet verbreitet. Hier sind oft professionelle Anbieter hilfreich, die Suchbegriffe optimieren und die Auffindbarkeit erhöhen. Bei den Anbietern, insbesondere dem Marktführer Google, können kostenpflichtige Angebote die Sichtbarkeit erhöhen.

Sämtliche Tätigkeiten übernehmen professionelle Anbieter gegen entsprechende Honorierung. Wie angeführt, hat der Ruheständler gegenüber jüngeren Mitbewerbern meistens den Vorteil, nicht auf die Einnahmen angewiesen zu sein. Sind die Fixkosten nicht zu hoch, kann eine langsame Entwicklung erfolgen, erst eigene Schritte gegangen werden und später erwogen werden, gezielt Verkaufsaktivitäten durch externe Anbieter zu fördern.

12.15 Gesellschaftsform

Mit der Anmeldung des Gewerbes wird der Ruheständler grundsätzlich als Einzelunternehmer aktiv. Dass es sich um die einfachste Form der Selbstständigkeit handelt, wurde bereits aufgezeigt. Damit verbunden ist allerdings die unbegrenzte persönliche Haftung. Diese beinhaltet für Gläubiger den vollständigen Zugriff auf das gesamte Vermögen; nicht nur Barvermögen oder Kapitalanlagen wären betroffen, auch Wohneigentum müsste veräußert werden. Wird ein Insolvenzverfahren eingeleitet, verfolgt der Insolvenzverwalter mögliche Zahlungen zurück und stellt Rückforderungen, wenn diese kurz vor der Insolvenz eintraten. Schenkungen können bis zu zehn Jahre von den Empfängern zurückgefordert werden. Damit besteht für Ruheständler, die häufig Vermögenswerte für den Ruhestand aufgebaut haben, ein höheres Risiko als für einen 25-jährigen Gründer, bei dem im sprichwörtlichen Sinne wenig zu holen ist und bei einer Privatinsolvenz nach drei Jahren wieder bei null anfangen.

Damit erscheint die Gründung einer Kapitalgesellschaft zur Risikobeschränkung als beste Lösung.

Die Unternehmergesellschaft (UG) kann bereits mit einem Eigenkapital von einem Euro gegründet werden und schränkt die Haftung auf das Vermögen der UG ein. Allerdings ist damit die Pflicht zur doppelten Buchführung verbunden. Die UG hat als „Mini – GmbH" nicht das beste Image. Weiterhin werden sich Schuldner bei der begrenzten Haftung absichern und Zusagen von Inhaber verlangen. Wenn aber ohnehin die Grenzen der Kleinunternehmertums überschritten sind, sollte eine Gründung erwogen werden.

Die GmbH ist häufigste Form der Kapitalgesellschaft. Aufgrund des Mindestkapitals von 25.000 € können Geschäftspartner eine gewisse Professionalität der Besitzer vermuten. Weiterhin lassen sich über verschiedene Anteilhöhen Beteiligung Dritter passgenau abbilden. Da Eigentum und Tätigkeit voneinander getrennt sind, können Menschen miteinander zusammenarbeiten und vertraglich festlegen, wer welche Rechte und Pflichten hat. Ebenso ist ein vollständiger oder teilweiser Verkauf bzw. die Einstellung von Geschäftsführern möglich. Weiterhin bestehen Möglichkeiten der Steueroptimierung. Wer Gewinn aus der GmbH erhält, bezieht Kapitaleinkünfte, die pauschal mit 25 % versteuert werden. Allerdings gilt es, mögliche Fallstricke auszuschließen, die sogar den einzigen Gesellschafter/ Geschäftsführer betreffen, wenn bspw. eine verdeckte Gewinnausschüttung vom Fiskus vermutet wird. Die laufenden Kosten aufgrund der gesteigerten Ansprüche sollten nicht unterschätzt werden.

12.16 Buchführungspflicht

Das HGB legt die Buchführungspflicht für bestimmte Unternehmen fest. Wer als Kapitalgesellschaft aktiv, im Handelsregister eingetragen ist und jährliche Umsätze von über 600.000 € oder Gewinne von mehr als 60.000 € erwirtschaftet, muss die „Grundsätze ordnungsgemäßer Buchführung" einhalten und eine doppelte Buchführung gewährleisten. Hierfür sind Kenntnisse der Buchführung unabdingbar. Verfügt der Ruheständler nicht darüber, empfiehlt es sich einen externen Dienstleister zu beauftragen.

Wer nicht zur Buchführung verpflichtet ist, kann die in Kap. 11 angeführte Einnahmen- Überschuss-Rechnung verwenden. Zur Übermittlung an das Finanzamt ist das amtliche EÜR-Formular zu verwenden. Allerdings sollten unterjährig alle Belege erfasst werden, um nicht zum Jahresende Schubladen und Taschen durchwühlen zu müssen. Die Erfassung erfolgt idealerweise mittels eines Online-Programmes oder durch den Steuerberater. Einerseits kann so die Entwicklung fortlaufend beobachtet werden, anderseits ist der Übertrag auf das amtliche Formular mittels einer Schnittstelle einfach.

12.17 Zukünftige Entwicklung

Bei der Einschätzung der Geschäftsentwicklung gibt es einen, typischen Fehler: die Unterschätzung der Dynamik. Häufig entwickelt sich die Selbstständigkeit besser oder schlechter als erwartet.

Deshalb ist der grundsätzliche Tipp, sich eine möglichst große Flexibilität zu bewahren und Kosten möglichst variabel zu gestalten, selbst um den Preis höherer Gemeinkosten. Die Verknüpfung sicherer, fixer Kosten mit unsichereren variablen Gewinnen gilt es zu vermeiden.

Ebenso sollte nach einiger Zeit geprüft werden, ob die Selbstständigkeit das Richtige für den Ruheständler ist. Dabei spielt der Gewinn nur eine Rolle; wichtiger ist es, mit sich und der Umwelt im Reinen zu sein. Dazu gehört, die stets vorhandene Unsicherheit zu akzeptieren.

Literatur

Kahneman, D. (2011). *Schnelles Denken, langsames Denken*. Siedler.

13

Kooperation, Beteiligung

Zusammenfassung Ob mit 66 Jahren das Leben anfängt, wie es Udo Jürgens bereits 1977 besungen hat, mag man unterschiedlich sehen. Dennoch sind viele Ruheständler voller Tatendrang. Nicht nur Leser dieses Buches, auch andere, fühlen sich längst nicht dem sprichwörtlichen „Alten Eisen" zugehörig, wollen ihr Leben, aber auch ihre Umwelt aktiv gestalten. Der Weg von der spontanen Idee, über die kritische, gleichwohl konstruktive Beurteilung der Erfolgschancen wird im weiteren Kapitel aufgezeigt. Sicherlich ist es grundsätzlich erfolgsversprechender, zielgerichtet vorzugehen, wie es im vorliegenden Buch aufgezeigt wird, als sich auf zufällige Ideen und spontane Eingebungen zu verlassen. Dennoch können sich Gelegenheiten einstellen, die der weiteren Auseinandersetzung damit wert sind.

13.1 Ideen

Wer bereits die sprichwörtlichen Hausaufgaben gemacht hat, sich über eigene Ziele und Intentionen bewusst ist, kann zügig abwägen, wo eine vertiefte Beschäftigung sinnvoll und wo eine freundliche Absage die jeweils beste Alternative darstellt. „Die Gelegenheit ergreift der vorbereitete Geist" wusste bereits Louis Pasteur.

Dabei ist vor allem die „mittlere Distanz" aufschlussreich: Menschen die einem nahe, aber nicht zu nahestehen, zu denen Kontakte bestehen, die aber nicht ständig präsent sind. Manchmal kommt man in lockerer Atmosphäre zusammen, tauscht sich unverbindlich über dies und das aus und urplötzlich entsteht, aus dem scheinbaren Nichts eine Geschäftsidee, die meisten in gewerblicher Kap. 12 oder freiberuflicher Form Kap. 11 umgesetzt werden kann. Kooperationen werden im vorliegenden Kapitel gehandelt.

Ebenso kann bewusst gemeinsam nach Ideen gesucht werden, die sich für die berufliche Tätigkeit nach dem Ruhestandseintritt eignen. Allerdings können auch Betrüger an den Ruheständler herantreten, die sich ausschließlich persönlich bereichern möchten. Die Wenigsten fallen auf eine E-Mail herein, die darauf hinweist, dass ein Millionenvermögen in Nigeria auf sie wartet, wobei vorab Abwicklungskosten zu erstatten seien. Dennoch: auch die Betrüger werden kreativer. In einer Phase der Neuorientierung ist diese Gefahr besonders hoch.

13.2 Alleine oder gemeinsam

Der erste Tipp besteht darin, gedanklich etwas zurückzutreten, keine spontanen Zusagen zu treffen, nicht gegenüber fremden Dritten, aber auch nicht gegenüber Freunden. Die in den vorherigen Kapiteln vorgestellten Schritte können nicht nur „Top-down" zur allgemeinen Ausrichtung, sondern auch „Bottom-up" zum Abgleich der eigenen Lebensplanung mit einer speziellen Idee genutzt werden.

Sowohl als derjenige, der andere einbinden möchte, als auch derjenige, der von anderen um Teilnahme gebeten wird, sollte die Frage gestellt werden, warum bestimmte Leistungsaspekte nicht über den Markt bezogen werden. Das häufige Argument des niedrigeren Preises ist, ist dabei kritisch zu sehen; wird doch auf Basis besonders preiswerter oder kostenloser Leistungen kein nachhaltiges Geschäftsmodell begründet.

Wer unbedingt Zeit mit persönlichen Bekannten verbringen möchte, sollte gemeinsame Radtouren als bessere, vor allem konfliktärmere Lösung wählen.

Die in Kap. 10 dargestellte Zusammenarbeit im Familienkreis beschränkt sich auf eindeutig festgelegte Leistungen und Gegenleistungen; die aufgeführten steuerliche Vorteile können im Bekanntenkreis nicht realisiert werden.

13.3 Weiterentwicklung

Wenn eines üblicherweise von den Beteiligten unterschätzt wird, ist es die Dynamik der Geschäftsentwicklung. Sowohl in positiver wie negativer Richtung ereignet sich häufig mehr als geplant. Wie bereits in Kap. 12 aufgezeigt, steigt die Risikobereitschaft bei möglichen Verlusten stärker an, unterscheidet sich dennoch individuell. Weiterhin ist ein absolutes Risiko, bspw. der Verlust von 10.000 € für die einzelnen Beteiligten als relatives Risiko unterschiedlich zu beurteilen. Einer mag den Betrag leicht aufbringen, ein anderer müsste auf notwendige Rücklagen zurückgreifen. Bei Gewinnen zeigt sich eine vergleichbare Situation: Einer möchte das Geld unmittelbar für das weitere Wachstum investieren, ein anderer lieber entnehmen.

Sicherlich kann niemand im Vorfeld alle Eventualitäten planen, dennoch sollten grundsätzlich vergleichbare Erwartungen und Einstellungen bestehen, wenn die Unternehmensführung partnerschaftlich wahrgenommen wird. Bei grundsätzlichen Unterschieden sollten andere Formen der Zusammenarbeit ausgewählt werden.

13.4 Unterstützung Dritter

Wer sich mit beruflichen Aktivtäten im Ruhestand auseinandersetzt, kommt häufig mit anderen Betroffen in Kontakt. An verschiedenen Stellen dieses Buches wurde empfohlen, aktiv den Austausch zu suchen. Jeder Einzelne geht andere Schritte, wobei die Selbstständigkeit eine Möglichkeit darstellt. Das hierbei Chancen und Risiken besonders groß sind, wurde ebenfalls erwähnt. Wie sollten Betroffene reagieren, wenn Bekannte feststellen, dass die Planung nicht der Realität entspricht, unerwartete Schwierigkeiten auftauchen, Unterstützung notwendig wird? Menschen in Not zu helfen, ist ein natürlicher Impuls, vor allem wenn persönlich Bekannte betroffen sind. „Der Starke ist am mächtigsten alleine" lautet ein geflügeltes Wort aus Friedrich Schillers „Wilhelm Tell". Zwar betont Tell „Beim Schiffbruch hilft der einzelne sich leichter", entzieht sich jedoch nicht vollständig der Unterstützung; „Der Tell holt ein verlornes Lamm vom Abgrund, Und sollte seinen Freunden sich entziehen? Doch was ihr tut, lasst mich aus eurem Rat. Ich kann nicht lange prüfen oder wählen, Bedürft ihr meiner zu bestimmter Tat, Dann ruft den Tell, es soll an mir nicht fehlen."

Allerdings werden Chancen und Risiken selten in einem rationalen Verhältnis stehen. Zeitliche Ressourcen sind oft vorhanden und können eingesetzt werden, bei einer finanziellen Unterstützung sieht dies anders aus. Selbst bei großzügigen Versprechungen der Rückzahlung, vielleicht verbunden mit einer möglichen Gewinnbeteiligen, ist die Ablehnung meistens die richtige Entscheidung. Dies sollte idealerweise einem Gründer aus dem persönlichen Umfeld bereits im Vorfeld vermittelt werden.

Werden dennoch Darlehen Dritten gewährt, gilt es unbedingt, die Konditionen schriftlich festzuhalten. Aus steuerlichen Gründen muss eine Verzinsung vereinbart und als Einkünfte aus Kapitalvermögen versteuert werden.

13.5 Möglichkeiten der Zusammenarbeit

Ein gemeinsames Unternehmen erscheint spontan oft als die beste Lösung. Alle Beteiligten werden sich mit entsprechendem Einsatz engagieren, schon weil sie an der Entwicklung unmittelbar partizipieren. Die im Berufsleben oft gemachten negativen Erfahrung von Verwaltungs- und Abstimmungsaufwand entfallen weitgehend. Dennoch ergibt sich häufig ein unterschiedliches Engagement, sowohl zeitlich als auch finanziell. Diese lässt sich bei den einfachen rechtlichen Formen, die weiter unten aufgeführt werden, nicht vollständig abbilden. Deshalb sollte im Zweifel erwogen werden, ob bspw. Bereitstellung von Ressourcen, primär, aber nicht ausschließlich, von Geld, eine Anstellung bspw. als geringfügiger Beschäftigter oder eine Beauftragung als externer Dienstleister die bessere Alternative darstellt. Der etwas höhere Aufwand der Vorbereitung wird durch das reduzierte Konfliktpotenzial meist aufgewogen.

Ebenso ist eine Zusammenarbeit als steuerrechtlich fremde Dritte möglich, wenn die Beteiligten jeweils gewerbliche Aktivitäten als Einzelunternehmen organisieren und Liefer- und Leistungsbeziehungen vereinbaren.

Häufig steht die Gewinnerzielung nicht im Mittelpunkt; dann kann auch der Einstieg in einen gemeinnützigen Verein bzw. dessen Gründung erwogen werden.

13.6 Investieren

Robert Kiyosaki zeigt in seinem Weltbestseller „Rich dad, poor dad" einen Weg zum Wohlstand auf. Für ihn ist die Richtung klar: über unselbstständige Arbeit zur Freiberuflichkeit, darauf aufbauend zum Unternehmer, um als letztes Ziel Investor zu werden. Sicherlich verfügen die wenigsten Ruheständler über die finanziellen Möglichkeiten, die ein Investieren im großen Maßstab verfügen; dennoch gibt es Möglichkeiten. Im Internet stellen sich auf verschiedenen Foren Gründer vor, die zur Umsetzung ihrer Geschäftsidee Geld benötigen. Bei einer solchen „Schwarmfinanzierung" kann man sich mit überschaubarem Einsatz beteiligen. Grundsätzlich ist das Risiko des Scheiterns groß. Wer mag, kann sich über Möglichkeiten informieren und Investitionen vornehmen; meistens stehen die Chancen nicht in angemessenem Verhältnis zu den Risiken. Weiterhin beschränkt sich die Partizipation auf die Bereitstellung von Geld, weitere Aufgaben werden nicht übernommen.

13.7 Entscheidungsprotokoll

In Kap. 5 wurde aufgezeigt, dass Meinungen Dritter aufschlussreich, aber nie vollständig objektiv sind, objektiv sein können. Sind Menschen gemeinsam an einem Geschäft beteiligt, ist zumindest der Wille groß, die richtigen Entscheidungen zu treffen. Die konkrete Idee, das „Geschäftsmodell", kann mittels des Entscheidungsprotokolls beurteilt werden.

Vor allem ausgeglichene Entscheidungen werden von einer Gruppe erwartet, wobei die Qualität bei möglichst unterschiedlichen Gruppenmitgliedern weiter verbessert werden soll, ist ein oft angebrachtes Argument für möglichst diverse Teams. Einfache Versuche bestätigen diese Perspektive. Soll die Anzahl von Kugeln in einem Glas geschätzt werden, liegen Versuchsteilnehmer fast immer deutlich daneben. Wird aber eine größere Anzahl von Schätzungen zusammengeführt, ist das Ergebnis signifikant näher an der tatsächlichen Zahl als die Angaben der Einzelnen. Das Entscheidungsprotokoll eignet sich aufgrund des gewissen Aufwandes nur für wesentliche Entscheidungen, nicht nur für Entscheidungen über Kooperationen, sondern auch für Einzelunternehmer, wenn qualifizierter Rat verfügbar ist.

Das im weiteren Kapitel vorgestellte Entscheidungsprotokoll bietet keine absolute Sicherheit, verbessert jedoch die Entscheidungsqualität deutlich, wie der Träger des Wirtschaftsnobelpreises Daniel Kahneman nachwies. Dabei sind Möglichkeiten, die Qualität grundsätzlicher Entscheidungen zu verbessern, relativ, nicht absolut. Selbstverständlich würde ein Einzelner einmal besser als eine Gruppe liegen, nicht jedoch dauerhaft.

Nun wird jeder, der eine Geschäftsidee verfolgt, grundsätzlich an deren Sinnhaftigkeit und Durchsetzbarkeit glauben. Dennoch sollte eine Ablehnung nicht negativ aufgefasst werden. Im Gegenteil: viele neue Ideen sind gut, ja notwendig, auch wenn Ablehnungen nach gründlicher Erwägung häufiger als die Umsetzung erfolgen. Um eine Analogie aus dem Fußball aufzugreifen: Spiele werden in der Offensive gewonnen, Meisterschaften in der Defensive.

13.8 Entscheidungsprotokoll

Der Entscheider möchte alle relevanten Kriterien einbeziehen, nur gelingt dies dem Einzelnen selten. Ein Techniker hat eine andere Perspektive als ein Betriebswirt, wer seinen Arbeitsschwerpunkt auf den Vertrieb legt, sieht Dinge anders als derjenige der der Produktqualität den höchsten Stellenwert einräumt. Der Controller hat einen anderen Blick als der Personaler.

Beim Entscheidungsprotokoll wird eine Checkliste mit den notwendigen Perspektiven und Informationen zusammengestellt, woraus sich einzelne Dimensionen ableiten lassen, wie Finanzen, Technik und Kunden. Daraufhin werden die einzelnen Dimensionen an verschiedene Verantwortliche übergeben, wobei ein Einzelner mehrere Dimensionen übernehmen kann, falls keine Alternativen bestehen. Dies ist bei kleinen Gruppen nicht immer möglich, oft gibt aber es Externe, die Verantwortung übernehmen können: Der Steuerberater bei den Finanzdaten, der kürzlich ausgeschiedene Produktionschef bei der Technik, ein externer Vertriebspartner beim Absatz.

Die Einnahme einer Außenperspektive objektiviert die Informationssammlung, wie sie bereits in Kap. 5 bei der Selbst- und Fremdeinschätzung erläutert wurde. Wo immer möglich, sollte eine Basisrate, eine Referenzklasse gefunden werden. Wenn beispielsweise eine neue Technologie zum Einsatz kommen soll, werden sich Berufskollegen finden, die diese bereits einsetzen. Wenn eine Anlage länger als üblich betrieben werden soll, wird es ebenso Unternehmen geben, die die „alten Schätzchen" noch nutzen. Ein neues, vergleichbares Produkt wird schon von Wettbewerbern angeboten. Es reicht nicht aus, von „guten" oder „geringen" Erfolgen bei vergleichbaren Anbietern zu sprechen, sondern vielmehr festzustellen, dass vier von fünf die Absatzziele erreichen oder überschritten, aber nur drei von acht mit einer bestimmten Investition zufrieden waren.

Wichtig ist, dass kein Teammitglied Andere im Vorfeld beeinflusst, weshalb auch informelle Gespräche über die eigene Einschätzung unterlassen werden sollten. Die Zusammenführung einzelner, isolierter Entscheidungen führt zu besseren Entscheidungen als die gemeinsame Entscheidungsfindung. Es sei an das Münzenglass erinnert, dessen Inhalt verschiedene Menschen schätzen. Ein vergleichbares Bild zeigt das Fernsehquiz „Wer wird Millionär" auf, wo der „Publikumsjoker", die anonymisierte Meinung des Publikums im Fernsehstudio fast immer eindeutig und richtig ist.

13.9 Entscheidungssitzung

Mit der aufgezeigten Vorbereitung wird eine Entscheidungssitzung ihrem Namen gerecht. Keine informell abgestimmte Lösung wird nur noch formal vollzogen, sondern tatsächlich entschieden. Dazu bringt der Initiator die Bereitschaft mit, seine Idee zu „beerdigen", wenn es sinnvoll ist.

Unterschiedliche Bewertungen der einzelnen Dimensionen sollen und werden zu Diskussionen führen. Dabei stellt der Informationsaustausch, nicht der Meinungskonsens, das Ziel dar. Nachdem eine einzelne Dimension diskutiert wurde, gibt jeder Teilnehmer seine Bewertung ab. Dies erfolgt verdeckt, wobei spezielle Apps benutzt werden können, aber auch einfach Zettel ausgefüllt werden können, die ein Beteiligter einsammelt und ablegt. Die Anonymität wird ernstgenommen, nicht zum Nachbar herübergeblinzelt oder das Lächeln bzw. Stirnrunzeln des Unternehmensleiters berücksichtigt. Hier reicht eine einfache Quantifizierung mit Werten von 0 bis 10 aus.

Auf diesem Wege werden die verschiedenen Dimensionen thematisiert. Die Ergebnisse werden übersichtlich auf einer Tafel oder mittels eines anderen Mediums für alle Beteiligten sichtbar festgehalten. Bei der Zusammenführung werden die einzelnen Dimensionen nicht gewichtet, sondern gleichwertig angesetzt. Was nicht wichtig ist, ist keine Zieldimension; was ein Zieldimension ist, ist wichtig. Damit wird sichergestellt, dass nicht eine Fachperspektive bzw. -vertreter die anderen überstrahlt und der Eindruck entsteht, dass der eigene Beitrag allenfalls als Beiwerk dient. Selbstverständlich können einzelne Punkte als sog. „Ko – Kriterien" identifiziert werden, die eine weitere Verfolgung der Geschäftsidee schlicht unmöglich erscheinen lassen, worauf deutlich hingewiesen wird.

Nach Abschluss der Diskussion erfolgt eine erneute, wiederum anonymisierte Bewertung. Dabei geht es darum, ein Projekt durchzuführen oder zu unterlassen. Die Mitglieder des Entscheidungsteams geben ihre Meinung ab; fundiert auf Basis der Bewertungen der Einzelpunkte.

Wurden Ablehnungsgründe identifiziert, kann erwogen werden, wie und in welchem Umfang eine Verbesserung erfolgen kann. Dabei geht es wiederrum um die relative, nicht absolute Qualität in einem bestimmten Bereich.

13.10 Konfliktlösung, Trennung

Eine vertragliche Festlegung aller Eventualitäten ist nicht möglich. Auch die Bestimmung eines Mediators, der im Konfliktfall vermitteln soll, führt selten eine befriedigende Lösung herbei. Es gibt schlicht zu viele Parameter, die sich der objektiven Bewertung entziehen.

Allerdings sollten die Beteiligten feste Termine, mindestens einmal jährlich, festlegen, zu denen sie gemeinsam erwägen, ob die weitere Zusammenarbeit in der bisherigen Konstellation andauern soll. Allzu oft erwägt einer, vielleicht mehrere Partner, stillschweigend die Auflösung der Zusammenarbeit, möchte dieses Thema aber aus Gründen der Loyalität nicht zur Sprache bringen, zumindest nicht als erster.

13.11 Gesellschaftsform

Neben den in Kap. 12 aufgezeigten Gesellschaftsformen gibt es spezielle, auf die Zusammenarbeit mehrerer Menschen ausgerichtet, Möglichkeiten.

Die Gesellschaft bürgerlichen Rechts (GbR) ist die einfachste Form der wirtschaftlichen Zusammenarbeit. Schließen sich mindestens zwei Personen zu einem Geschäftszweck zusammen, wird diese begründet. Die Gründung ist einfach und schnell möglich, da es sich nicht um eine Firma im Sinne des HGB handelt. Es besteht keine Buchführungspflicht; allerdings ist ein Gewerbebetrieb dann nur als Kleingewerbe möglich, wie es in Kap. 12 dargestellt wurde. Bei Entscheidungen ist eine einstimmige Beschlussfassung erforderlich, weiterhin haften alle Gesellschafter gesamtschuldnerisch und unbegrenzt mit ihrem Privatvermögen. Ein notarieller Eintrag in das öffentlich sichtbare Gesellschaftsregister ist verpflichtend, wenn die GbR über Grundstücksbesitz verfügt oder an einer GmbH beteiligt ist. Ebenso ist freiwilliger Eintrag möglich. Die GbR gewinnt durch diese Offenlegung von Identität, Haftungs- und Vertretungsverhältnissen eine höhere Glaubwürdigkeit.

Die größte Herausforderung liegt in der Weiterentwicklung. Selten ist das Geschäftsmodell statisch; fast immer wird auf Veränderungen reagiert, reagiert werden müssen. Ein Beteiligter ist risikobereiter als der andere, einer kann weiteres Geld investieren, was dem anderen nicht zur Verfügung steht. Irgendwann kommt der Zeitpunkt, an dem die persönliche Leistungsfähigkeit nachlässt, was aber kontrovers beurteilt werden kann. Dann ist es schwierig, wenn nicht unmöglich, Lösungen zu finden.

Die offene Handelsgesellschaft (OHG) ist eine Sonderform der GbR. Als Kaufmann im Sinne des HGB ist die Gesellschaft zur doppelten Buchführung verpflichtet und muss im Handelsregister eingetragen sein. Die dargestellten Herausforderungen der GbR blieben bestehen.

Für freiberuflich Tätige gibt es die Möglichkeit der Gründung einer Partnergesellschaft (PartG), wobei die unbeschränkte Haftung mit dem Privatvermögen Bestand hat.

Bei einer OHG bleibt die persönliche Haftung aller Gesellschafter bestehen, während bei einer Kommanditgesellschaft (KG) die Haftung, sowie auch das Recht zur Unternehmensführung komplexer geregelt sind.

Sind die Beteiligten in unterschiedlichem Maße engagiert, kann die KG eine Lösung darstellen. Der Komplementär haftet uneingeschränkt und hat das Recht zur alleinigen Geschäftsführung, während Kommanditisten nur mit ihren Einlagen haften, allerdings bei Entscheidungen über ein Stimmrecht verfügen.

Die Kommanditgesellschaft auf Aktien (KGaA) ist eine Aktiengesellschaft, die über einen persönlich haftenden Gesellschafter verfügt, der eine herausragende Stellung genießt, aber auch das persönliche Risiko trägt. Allerdings ist diese Rechtform derart aufwendig, dass sie für Ruheständler kaum als Gesellschaftsform in Betracht kommt.

14

Einkommens- und Vermögensentwicklung

Zusammenfassung Primäres Thema des vorliegenden Buches ist die Berufstätigkeit, nicht die Vermögensentwicklung. Dennoch bestehen zahlreiche Wechselwirkungen, die eine Berücksichtigung geboten erscheinen lassen. In Kap. 3 wurden unter dem Begriff der „Lebensinventur" bereits einzelne Sachverhalte angesprochen. Mit der Veränderung der Ausgangslage, der Verlängerung der Berufstätigkeit, der Umsetzung anderer Lebens- und Arbeitsmodelle sollte die Überlegungen konkretisiert und an die veränderte Situation angepasst werden. Dabei besteht die zentrale Herausforderung darin, dass eine Planung bis zum Lebensende gehen soll, die finanziellen Mittel bis dahin ausreichen sollen, diesen Zeitpunkt aber keiner kennt. Glücklicherweise.

14.1 Spezielle Situation der Ruheständler

Für manchen Ruheständler ist das Vermögen bzw. Einkommen kein Thema, primär wenn ausreichend finanzielle Mittel vorhanden sind oder vorhanden sein werden. Die Berufstätigkeit dient dann vor allem der Verbesserung der Lebensqualität und -freude. Andere benötigen zusätzliche, finanzielle Mittel und arbeiten weiter, um diese zu erwirtschaften. In jedem Fall kann eine Auseinandersetzung mit dem Thema hilfreich sein, um Spielräume vergrößern und Risiken reduzieren. Zwar gibt es zahlreiche Veröffentlichungen, die sich mit dem Sachverhalt beschäftigen, auch den Übergang vom Erwerbsleben in den Ruhestand behandeln, die weitere, verbleibende Lebenszeit jedoch selten berücksichtigen.

Ruheständler haben gegenüber jüngeren Menschen Vor- und Nachteile, wenn es um die Einkommens- und Vermögensentwicklung geht.

Bereits in Kap. 2 wurde auf die relative Sicherheit der gesetzlichen Rente hingewiesen, dies gilt auch für Betriebsrenten, die im Falle der Insolvenz des Betriebs geschützt sind. Weiterhin ist eine jährliche Anpassung der Rentenzahlungen an die Einkommensentwicklung (noch) gewährleistet. Die notwendige Anpassung an die Realität, des schlechter werdenden Verhältnisses zwischen Beitragszahlern und -empfängern, die Vermeidung unzumutbarer Belastungen der Beitrags- und Steuerzahler wird primär zukünftige Ruheständler treffen. Die große Herausforderung eines Ruheständlers besteht in dem nicht planbaren Zeithorizont. Jüngere Menschen können verschiedene Perioden, bspw. bis zum Erwerb von Wohneigentum oder der Geburt bzw. der Selbstständigkeit der Kinder halbwegs verlässlich planen. Zwar steht der Vermögensaufbau als ein Ziel weitgehend fest, die Vermögensgüter ändern sich aber im Zeitablauf. Typisch ist der Aufbau von Geldvermögen, das zu einem bestimmten Zeitpunkt in eine selbstgenutzte Immobilie investiert wird, zu deren Erwerb zusätzliche Kredite aufgenommen werden. Weiterhin ist als langfristige Perspektive der Eintritt in den Ruhestand planbar, unabhängig davon, ob dieser dann mit 65, 67 oder 70 Jahren erfolgen wird. Zukünftige Steigerungen des Renteneintrittsalters sind wahrscheinlich, allerdings mit einer langsamen, stufenweisen Anhebung.

Beim Ruheständler dagegen sind Zeiträume, vor allem der entscheidende zwischen Ruhestandseintritt und Ableben, nicht planbar, was unmittelbare Auswirkungen auf die finanziellen Aspekte des Lebens hat. Wird bspw. Vermögen aufgebraucht, stellt sich die Frage, ob dies 10 oder 20 Jahre, vielleicht noch länger, ausreichen soll.

Der Tod soll nicht am Ende eines langen Siechtums eintreten, sondern rasch, unerwartet und schmerzlos. Bei einer langen, oft lebenslangen Partnerschaft wären Ruheständler zumindest nicht unglücklich, wenn das eigene Ableben dem des Partners vorausgeht.

Entsprechend sollten bestimmte Prämissen vorgesehen werden, die daraus resultierenden Folgen antizipiert werden:

- als mögliches Lebensende wird das einhundertste Lebensjahr angesetzt,
- der Lebenspartner wird eher als der Ruheständler versterben,
- Pflegeleistungen werden irgendwann bezogen, der Wechsel in eine Pflegeeinrichtung vollzogen.

14.2 Individuelle Situation

In Kap. 3 wurde im Rahmen der Lebensinventur bereits empfohlen, den Finanzbedarf im Ruhestand festzustellen und mögliche Differenzen zum Einkommen zu ermitteln.

Selbst wenn das Einkommen dauerhaft zur Gewährleistung des gewünschten Lebensstandards ausreicht, sollte festgestellt werden, wieviel Geld kurzfristig ausgegeben werden kann, ohne den langfristig angestrebten Lebensunterhalt zu gefährden. Alter schützt bekanntlich nicht vor Torheit, glücklicherweise. Ruheständler dürfen selbstverständlich Geld ausgeben, nicht nur für scheinbar sinnvolle Dinge, mag dies auch als „Verprassen" auf Dritte wirken, die Planung verhindert jedoch, dass es ein „sinnloses Verprassen" wird. Ein gewisser Spielraum, ein gewisses Polster ist immer erforderlich, gehen doch Waschmaschine oder Fernseher, Kühlschrank oder Fahrzeug stets zur unpassenden Zeit, vielleicht kurz hintereinander, kaputt. Drei durchschnittliche Monatseinkommen, nicht weniger als 5000 €, sind hierfür eine realistische Zahl.

14.2.1 Ziele

Im vorliegenden Kapitel beschränkt sich das Ziel einseitig auf den finanziellen Bereich. Beim Thema Lebensinventur wurde bereits angesprochen, die verschiedenen Einnahmen zu erfassen. Neben der gesetzlichen Rente sind teilweise Riester oder Rürup Renten zu erwarten, teilweise besteht der Anspruch auf Betriebsrenten. Ebenso sind einmalige Zahlungen möglich. Hier werden die wahrscheinlichen Nettoeinkünfte nach Abzug von Steuern und Sozialabgaben berücksichtigt. Allerdings gehen diese Zugänge in einem ersten Schritt nicht in die Berechnung ein.

Das erste, primäre Ziel ist sicherlich die Sicherung des angestrebten Lebensunterhaltes. Entsprechend gilt es, die mögliche Lücke anhand der in Kap. 2 aufgezeigten Vorgehensweise zu ermitteln.

Mit dem Ziel der Sicherung des Lebensunterhaltes ist dessen Sicherheit verbunden. Die meisten Betroffenen möchten exakt wissen, wann welcher Geldbetrag eingeht bzw. zur Verfügung steht. Bei darüber hinausgehenden Einkünften bestehen unterschiedliche Vorstellungen und Risikoneigungen.

Flexibilität kann ebenfalls ein Ziel sein, steht aber im Widerspruch zur Sicherheit. Mehrfach wurde auf die unverändert hohe Sicherheit der gesetzlichen Rente verwiesen, allerdings ist diese auch maximal unflexibel. Inflexibilität erscheint oft pauschal als Nachteil, hat allerdings auch den Vorteil, dass der Ruheständler vor sich selbst geschützt wird und die Grenze zwischen risikoreich und waghalsig nicht überschreitet, nicht überschreiten kann. Allerdings kann die Flexibilität erhöht werden, wenn höhere Renteneinkünfte so angelegt werden, dass sie kurzfristig zur Verfügung stehen.

14.2.2 Späterer Rentenbeginn

Gesetzliche Rentenzahlungen sind an eine Beantragung gebunden. Erfolgt kein Antrag erfolgen keine Rentenzahlungen. Insbesondere, wenn weiterhin als Mitarbeiter eines Unternehmens Einkommen gezogen wird, ist dies eine Option. Mit jedem späteren Monat erhöht sich die Rentenzahlung um 0,5 %. Durch den ein Jahr späteren Rentenbeginn stiegt die Durchschnittshöhe der Rente um ca. 100 €/ monatlich. Auch zu diesem Sachverhalt bietet die Deutsche Rentenversicherung eine Beratung an.

Weitere Einzahlungen
Bei durchschnittlichem Rentenbezug und Monatseinkommen werden durch ein Jahr zusätzliche Einzahlungen um 29 €/ monatlich ansteigen.

Freiwillige Einzahlungen in die Deutsche Rentenversicherung
Die nachgelagerte Rentenversteuerung führt dazu, dass Vorsorgebeiträge zum Zeitpunkt des Aufbaus steuerfrei sind und erst zum Zeitpunkt der Auszahlung versteuert werden müssen. Altersvorsorgeaufwendungen sind in voller Höhe bis zum Höchstbetrag als Sonderausgaben absetzbar. Dieser beträgt 2024 27.566 € bei Alleinstehenden und 55.132 € bei Verheirateten. Diese Beträge werden an die Beitragsbemessungsgrenze der Rentenversicherung angepasst. Wer nicht sehr gut verdient, wird noch steuerlichen Spielraum besitzen. Freiwillige Einzahlungen sind ab dem 50. Lebensjahr möglich, allerdings darf noch keine Altersvollrente bezogen werden.

Nicht Pflichtversicherte können ebenfalls Einzahlungen leisten, bei einer Ehe ist dies tendenziell für den weiblichen Partner besser, da Frauen prinzipiell länger leben, im Zweifel aber für denjenigen, der über eine bessere Gesundheit verfügt. Einzahlungen sollten möglichst spät erfolgen, da der Zeitpunkt der erworbenen Rentenpunkte keinen Einfluss auf die Auszahlungshöhe hat.

Die Höhe der sog. Rentenpunkte wird jährlich angepasst. Seit Juli 2024 liegt dieser bei 39,32 €. Daraus ergibt sich ein Preis für einen Rentenpunkt in

Höhe von rund 8437 €. Für 703 € pro Monat bzw. 8436 € pro Jahr steigt die monatliche Rente um einen Rentenpunkt.

Ein Vorteil liegt sicherlich darin, dass Auszahlungen bis zum Lebensende sicher sind und auch die Witwenrente des Ehepartners entsprechend ansteigt. Weiterhin ist der jährliche Anstieg im Rahmen der allgemeinen Rentenerhöhung gesichert.

14.3 Freiwillige Vorsorge

Ein besonders Ärgernis für viele Ruheständler ist, dass auf Auszahlungen von Betriebsrenten oder Direktversicherungen Beiträge zur Kranken- und Pflegeversicherung anfallen, obwohl die Einzahlungen aus bereits versteuertem und mit Sozialversicherungsbeiträgen belastetem Einkommen erfolgen. Mögliche Belastungen sollten Betroffene kennen, um nicht unrealistische Vorstellungen zu verfolgen. Das Bundesverfassungsgericht hat die „Doppeltverbeitragung" im Gegensatz zur doppelten Besteuerung als zulässig eingestuft (1 BvR 739/08).

Vermögensnutzung
Ein vorhandenes Vermögen kann als Sicherheit für unerwartete Ausgaben dienen, ebenso regelmäßige Erträge zum Lebensunterhalt zu nutzen.

Zu dem Thema gibt es zahlreiche Veröffentlichungen, die grundsätzliche Strategien betreffen, aber auch einzelne Anlagetipps geben. Da bei den meisten Ruheständlern kein Vermögensaufbau mehr erfolgt, gleichzeitig der Anlagezeitraum tendenziell kürzer ist, sollte Sicherheit vor Gewinnmaximierung stehen. Grundsätzlich versprechen Aktien höhere Gewinne als festverzinsliche Papiere. Betrachtet man den MSCI World, als breiten Aktien Index, möglichst als sog. ETF mit geringen, laufenden Kosten, kann bei einer Betrachtung seit fünfzig Jahren festgestellt werden, dass Anteile, die mindestens 15 Jahre im Depot waren, nie ins Minus gerieten. Selbst in den schlechtesten 15 Jahren waren 2,4 % Rendite pro Jahr drin. Langfristig kann durchaus mit einer Rendite von 7 % gerechnet werden. Allerdings bleibt das Risiko eines Vermögensverlustes im ungünstigsten Zeitpunkt bestehen. Eine praxisnahe Empfehlung ist deshalb bei der Verteilung der Anlageformen den prozentualen Anteil sicherer Anlageformen wie erstklassige Anleihen so hoch wie das Lebensalter zu halten und den verbliebenden Anteil in festverzinsliche Papiere erstklassiger Schuldner zu investieren. Finanztip vergleicht die Möglichkeit der freiwilligen Einzahlung in die Rentenversicherung und kommt bei einer Auszahlung des Aktienpaketes bis zum 100. Lebensjahr auf einen knappen Vorteil des ETF-

Fonds, weist allerdings auch auf das größere, damit verbundene Risiko hin (Scharpenberg, 2025).

Lebenslange Renten wurde bereits in Kap. 3 als wenig attraktive Anlageform angeführt.

14.4 Hantelstrategie

Oben wurden die Grenzen zwischen risikoreichen und waghalsigen Investitionen angesprochen. Die Einordnung hängt weder vom eingesetzten Geldbetrag noch vom Risiko der Entscheidung ab, als vielmehr von der Frage, was passiert, wenn der schlimmstmögliche Fall eintritt: der vollständige Verlust des eingesetzten Kapitals. Ein 75-jährige Rentner kann sein überschüssiges Geld ins Spielkasino mitnehmen und vollständig verlieren, sofern die Rente zum Lebensstandard reicht. Unmittelbare Folgen für sein Leben und seine Einkommensperspektive ergeben sich nicht. Deutlich davon abzugrenzen und zu vermeiden und sind Risiken, deren Höhe unsicher ist. Damit sind bspw. Bürgschaften verbunden, die zu einer persönlichen Haftung führen können.

Stellt die gesetzliche Rente die einzige oder überwiegende Einkommensquelle dar, ist es durchaus möglich, vorhandenes Kapital risikoreich zu investieren. Risiko ist nicht mit Sorglosigkeit zu verwechseln. Wird jedoch der – risikoreichere – Schritt in die Selbstständigkeit gegangen, sollten vorhandene Vermögenswerte mit größerer Sicherheit angelegt werden.

Vermögenstransfer
In Kap. 4 zur Lebensplanung wurde die Familie bzw. deren finanzielle Unterstützung als mögliches Lebensziel angesprochen. Die Freiwilligkeit dieser Entscheidung sei nochmals betont. Wer mag, kann seine Rente, seine zusätzlichen Einkünfte ohne Gewissensbisse für die Dinge ausgeben, die ihm am Herzen liegen. Nicht nur rechtlich, auch moralisch endet die Verantwortung für Nachkommen mit dem Ende deren Berufsausbildung.

Bevor mit einem Vermögenstransfer begonnen wird, sollte erst der eigene, finanzielle Puffer gesichert werden. Die eigene Sicherheit, auch in der ungewissen Zukunft, zu sichern, bedarf es des aufgezeigten Abgleichs der Einnahmen und Ausgaben, vor allem der Sicherheit der Prognose. Wer von der gesetzlichen Rente in einer Mietwohnung lebt, kann sehr viel sicherer planen, als ein Freiberufler, der weit auf sein Einkommen angewiesen ist und den Sanierungsbedarf seiner selbstgenutzten Immobilen schwer abschätzen kann.

Komplexe Verfahren des Vermögensübertrags wie die Güterstandsschaukel zwischen Ehepartnern oder die Gründung einer Familienstiftung werden hier nicht thematisiert. Mit der Ermittlung der Folgen und der Umsetzung sollten ausschließlich Profis mit dokumentierter Erfahrung in diesen Bereichen beauftragt werden. Umsonst sind allerdings nur Verkaufsgespräche, eine ergebnisoffene Beratung kostet.

Dabei bestehen grundsätzlich zwei Möglichkeiten, die miteinander kombinierbar sind. Einerseits die laufende, regelmäßige Unterstützung, andererseits der einmalige Übertrag des Vermögens mittels Schenkung und/oder Erbfall.

An erste Stelle steht die Frage, wann und in welchem Umfang Vermögen transferiert werden soll. Das Durchschnittsalter bei der Geburt des ersten Kindes hat sich bei Frauen auf 30 Jahre erhöht. Plant der Ruheständler mit 67 Jahren den Übergang, wäre sein Kind 37 Jahre, ein Enkelkind würde ins Schulalter kommen. Bei einer durchschnittlichen Lebenserwartung von 78 Jahren von Männer und 83 Jahren von Frauen, wäre das Kind beim s Ableben des Ruheständles über 30 Jahre alt (Destatis.de, 2025).

Ein regelmäßiger Vermögensübergang kann bei sicherer, ausreichender Rente Einkommen aus der Berufstätigkeit transferiert werden, wobei auch eine Aufteilung möglich ist. Zwar arbeitet man aus finanzieller Perspektive dann primär für die nachfolgende Generation; jedoch ist bei vielen Menschen Freude und Stolz den Kindern zu helfen, ein starkes Motiv.

Als vermeintliche Damoklesschwert stehen Schenkungs- und Erbschaftssteuer im Raum. Davon sind primär wohlhabende Menschen betroffen, bestehen doch einerseits hohe Freibeträge, bspw. für Kinder von 400.000 € und kann weiterhin eine selbstgenutzte Immobilie steuerfrei übertragen werden. Das Risiko, als Pflegefall einen hohen Eigenanteil, insbesondere bei einer Heimunterbringung, tragen zu müssen, wurde in Kap. 3 aufgezeigt.

Deshalb sollte ein Vermögensübergang nach Möglichkeit rechtzeitig einsetzen, wozu üblicherweise die Schenkung dient. Die erwähnten Freibeträge können alle zehn Jahre erneut genutzt werden. Stirbt der Erblasser innerhalb der zehn Jahre, wird der Betrag allerdings vollständig auf die Erbschaftsteuer angerechnet. Nach zehn Jahren ist das Vermögen damit endgültig vor dem Zugriff Dritter, bspw. der Pflegekasse, geschützt. Gleiches gilt für mögliche Forderungen aus beruflichen Fehltritten, bspw. der Insolvenz nach einer gescheiterten Unternehmensgründung. Auch hier ist für die Gläubiger nach zehn Jahren nichts mehr zu holen.

Weiterhin haben Schenkungen den Vorteil, dass mögliche Schwierigkeiten bei der Gestaltung des Vermögensübergangs im Rahmen der gesetzlichen Erbfolge umgangen werden. Es gibt keinen Pflichtanteil bei Schenkungen;

ebenso kann eine Erbengemeinschaft vermieden werden, welche oft zu Schwierigkeiten führt, wenn bspw. mehrere Erben über die weitere Nutzung einer Immobilie entscheiden müssten. Allerdings möchte der Gesetzgeber vermeiden, dass kurz vor dem Tod der Pflichtanteil zu stark dezimiert wird. Schenkungen an andere Erben werden deshalb über zehn Jahre mit jeweils zehn Prozent abgeschmolzen. Die Differenz muss für die Ausschüttung des Pflichtanteils zur Verfügung stehen.

In Kap. 10 wurde die Berufstätigkeit innerhalb der Familie als Option dargestellt. Der Vorteil liegt darin, dass die Versteuerung als Einkommen bereits erfolgte, keine Schenkung stattfand. Von der Rückforderung ausgenommen sind ebenfalls Schenkungen, die anlassbezogen erfolgten und bereits dafür aufgewendet wurden. Dies kann der Erwerb des Führerscheins, die Ausrichtung der Hochzeit oder der Hochzeitsreise sein. In jeden Fall sollte der Zweck des Geldtransfers dokumentiert sein.

14.4.1 Nießbrauch

Eine weitere Möglichkeit des Vermögens- bzw. Einkommenstransfers stellt der Nießbrauch dar. Nießbrauch ist das unveräußerliche und unvererbliche absolute Recht, eine fremde Sache, ein fremdes Recht oder ein Vermögen zu nutzen (§ 100 BGB; Nießbrauch an Sachen, § 1030 BGB; Nießbrauch an einer Erbschaft, § 1089 BGB). Das Eigentum an einer Sache verleiht dem Eigentümer im Wesentlichen drei Rechte: Nutzung, Fruchtziehung und Verfügung. Durch die Einräumung des Nießbrauchs überträgt der Eigentümer einer Sache das Recht zur Nutzung und zur Fruchtziehung an einen Dritten und behält nur das Verfügungsrecht für sich.

Der Nießbrauch, der tatsächliche Übergang der Einkünfte, muss glaubhaft dargestellt und vollzogen werden; die Ausrichtung auf die steuerliche Optimierung darf kein explizites Ziel darstellen, insbesondere Rückzahlung, sog. Kick – back, dürfen nicht erfolgen. Der Bundesfinanzhof hat in einem aktuellen Urteil vom 20.06.2023 (IX R 8/22) festgestellt, dass der befristete Übertrag einer Einkommensquelle an minderjährige Kinder nicht als missbräuchlich anzusehen ist, wenn aus der Übertragung mit Ausnahme der Verlagerung der Einkommensquelle steuerlichen Vorteile entstehen.

Wird ein Nießbrauch an unbeweglichen Sachen (Grundstücke oder grundstücksgleiche Rechte) eingeräumt, ist gemäß § 873 BGB eine sog. dingliche Einigung und eine Eintragung ins Grundbuch notwendig, die eine notarielle Beurkundung erfordert.

Tab. 14.1 Kapitalwertbestimmung von Schenkungen. (Schneider, 2025, S. 62)

Vollendetes Lebensalter	Männer		Frauen	
	Durchschnittliche Lebenserwartung	Kapitalwert	Durchschnittliche Lebenserwartung	Kapitalwert
46	34,02	15,659	38,31	16,280
50	30,34	15,001	34,52	15,739
60	21,75	12,852	25,41	13,889
70	14,39	10,036	17,03	11,175

Am einfachsten ist sicherlich der Nießbrauch für ein Wertpapierdepot zu gestalten. Dies muss allerdings einen gewissen Wert aufweisen, um signifikante Erträge zu gerieren. Da bei Aktien die Dividenden jährlich schwanken, kann mittels fest verzinslicher Papiere eine höhere Stabilität erreicht werden. Bei angestrebten Erträgen von bzw. 3000 € müssen bei einem Zinssatz von 4 % 75.000 € angelegt werden.

Eine andere Situation liegt vor, wenn anstelle eines befristeten ein dauerhafter Nießbrauch eingeräumt wird. Dies ist bspw. der Fall, wenn eine Immobilie bereits an die nachfolgende Generation übertragen wird, die Eltern jedoch einen Nießbrauch bis zum Lebensende eingeräumt bekommen.

Der Gesetzgeber unterstellt bei dieser Gestaltung eine vorweg genommene Schenkung bzw. Vererbung. Zur Ermittlung der Schenkungs- bzw. Erbschaftssteuer wird der jährliche Nießbrauch vervielfältigt, wozu die zu erwartende Lebensdauer des Überträgers genutzt wird. Die so ermittelte Summe wird der Versteuerung unterzogen, sofern die Freibeträge, welche in Abhängigkeit vom Verwandtschaftsgrad festgelegt sind, überschritten werden. In jedem Fall wird der Betrag jedoch vom Finanzamt erfasst und bei weiteren Übertragungen bzw. Vererbungen als Besteuerungsgrundlage herangezogen, wobei die Freigrenzen für Schenkungen nach zehn Jahren erneut genutzt werden können (s. Tab. 14.1).

Der Kapitalwert wird mit der Jahresmiete eines vergleichbaren Objektes multipliziert. Bei einer monatlichen Miete von 400 € und einem Lebensalter des männlichen Nießbrauchgebers von 60 Jahren ergibt sich bspw. der Betrag von 400 * 12 * 12,852 = 61.690 €.

Tritt der Erbfall innerhalb der 10 Jahre nach Nießbrauchgewährung ein, mindert der Schenkungsbeitrag den individuellen Freibetrag.

14.4.2 Vermögensentwicklung durch weitere Berufstätigkeit

Bei der Berücksichtigung der weiteren Berufstätigkeit im Rahmen der Vermögensentwicklung gilt es, deutlich zu unterscheiden. Eine unselbstständige Tätigkeit kann zwar beendet, geplante Einkünfte nicht realisiert werden, jedoch sind Verluste weitgehend ausgeschlossen. Bei einer Freiberuflichkeit ist die Einkommenssituation unsicherer, aber auch hier sind Verluste selten, während eine unternehmerische Tätigkeit Verluste generieren kann. Mögliche Absicherungen, wie sie bei Wertpapieren möglich sind, der Verkauf einzelner Anteile, ist kaum möglich, allenfalls die vollständige Veräußerung. Deshalb sollten die in Kap. 12 aufgezeigten Vorsichtsmaßnahmen konsequent eingehalten werden. Weiterhin setzt sich der Vermögenszuwachs einerseits aus Gewinnen, anderseits aus dem Wert des Unternehmens zusammen. Häufig gibt es Wechselwirkungen: läuft die Selbstständigkeit gut, werden oft Gewinne reinvestiert, dass Vermögen nimmt zu, Entnahmen bzw. Nutzungen erfolgen jedoch nicht. Damit besteht bei der Selbstständigkeit meistens eine ungünstige Chancen – Risiko – Verteilung. Diese soll Ruheständler nicht davon abhalten zu gründen; vor dem Ziel des Vermögenszuwachses sind jedoch andere Vorgehensweisen anzuraten.

Eine mögliche Pflegebedürftigkeit und die damit verbundenen Konsequenzen wurden in Kap. 3 thematisiert.

Literatur

Destatis. (2025). *Sterbensfälle und Lebenserwartung.* https://www.destatis.de/DE/Themen/Gesellschaft-Umwelt/Bevoelkerung/Sterbefaelle-Lebenserwartung/_inhalt.html. Zugegriffen am 17.07.2025.

Scharpenberg, J. (2025). *So zahlen sich freiwillige Rentenbeiträge für Selbstständige aus.* https://www.finanztip.de/gesetzliche-rentenversicherung/freiwillige-rentenversicherung/. Zugegriffen am 14.08.2025.

Schneider, T. (2025). Nießbrauchgewährung innerhalb der Familie. In *KKA* (Bd. 1/25, S. 62–64). Gütersloh Bauverlag BV.

15

Praxisbeispiele

Zusammenfassung Dass es nicht den einen, für jeden Ruheständler richtigen Weg gibt, reflektieren die vielfältigen Alternativen, die im vorliegenden Buch aufgezeigt werden. Abschließend werden einige praktische Lebensmodelle aufgezeigt, die Ruheständler eingeschlagen haben. Jeder einzelne Lebensweg ist zu individuell, als dass diese als exaktes Vorbild dienen kann oder dienen soll. Ebenso lassen sich keine grundsätzlichen Muster ableiten und Systematiken entwickeln. Aber zur Anregung, zur Inspiration können die Beispiele vom Leser sicherlich herangezogen werden. Der Weg, den der Leser einschlagen möchte, vielleicht schon eingeschlagen hat, mag nicht bei allen, wohl bei vielen zum beruflichen Erfolg, sowie auch zur privaten Zufriedenheit geführt haben

15.1 Weitermachen, zu meinen Bedingungen

Der Bereich „Personalentwicklung" in Unternehmen hat sehr unterschiedliche Qualität. Manche Unternehmen kümmern sich frühzeitig um freiwerdende Stelle, andere lassen die Dinge treiben, hoffen, dass sich eine Lösung finden wird, wenn Mitarbeiter ausscheiden, getreu dem kölschen Motto: „Et hätt noch immer jot jejange".

Bernd D. war in einer mittelständischen Schreinerei jahrzehntelang für die Buchführung verantwortlich. Allerdings verbirgt sich hinter dieser Bezeichnung sehr viel mehr, als es den Anschein hat. In einem größeren Unternehmen hätte es sich „kaufmännischer Leiter" nennen können.

Unterstützt wurde er von einer Halbtagskraft, die nach dem Schulbeginn ihrer Kinder wieder berufstätig wurde.

Selbstverständlich stand der Zeitpunkt des Ruhestandseintritt längst fest. Bernd plante, bis zum letzten Tag vor dem Beginn des Renteneintritts zu arbeiten. Kurz vor Ende Urlaub nehmen, um dann ganz langen Urlaub zu haben erschien ihm unsinnig. Ein halbes Jahr vor dem Arbeitsende von Bernd schalte der Inhaber Hartmut L. eine Anzeige in der lokalen Zeitung, um einen Nachfolger zu finden. Die Reaktion: Null. Dann folgte ein Gespräch mit der Agentur für Arbeit, die dem Inhaber mitteilte, dass erfahrene Buchhalter sich aktuell ihre Stelle aussuchen können. Größere Unternehmen würde ein Jahresgehalt zahlen, was im fünfstelligen Bereich über den Vorstellungen von Hartmut L. lag. Einzelne Gespräche kamen zwar tatsächlich zustande, wobei die Vorstellungen von Gehalt, Arbeitszeiten und Homeoffice beim Inhaber Kopfschütteln und Sprachlosigkeit verursachten. Seine Kinder, die in anderen Branchen tätig sind, versicherten im allerdings nachdrücklich, dass der heutige Arbeitsmarkt so funktioniert.

Die Schreinerei ist wirtschaftlich erfolgreich, hat sich im hochpreisigen Segment eine verlässliche Kundengruppe aufgebaut, aber so hohe Gehälter zu zahlen, würde die gesamte Gehaltsstruktur ins Wanken bringen. Der Inhaber klagte Bernd sein Leid, verbunden mit dem Hinweis, dass es doch toll wäre, wenn Bernd im Unternehmen bliebe, aber da ließe sich ja leider nichts machen.

Bernd kennt Hartmut L. lang genug, um die Aussage als das zu deuten, was sie war: ein Testballon. Bernd begann abzuwägen, ob die weitere Berufstätigkeit eine Option darstellen könnte. Die Kinder sind aus dem Haus, zeitaufwendige Hobbies hat er nicht und seine Frau wird noch fünf Jahre berufstätig sein. Die zu erwartende gesetzliche Rente ist auskömmlich, der Lebensunterhalt ist gesichert, aber große Sprünge sind nicht zu machen. Allerdings haben Bernd und seine Frau eine gemeinsame Leidenschaft: Urlaub an der Ostsee. Der Kauf einer Ferienwohnung war bisher unrealistisch, aber mit jedem weiteren Jahr Berufstätigkeit würde aus dem Traumziel eine realistischere Möglichkeit werden.

200.000 € zur Finanzierung einer passenden Wohnung erschienen bisher unerreichbar, nun aber realistisch. Würde Bernd die fünf Jahre bis zum Ruhestand seiner Frau weiterarbeiten, müsste 40.000 € netto im Jahr angespart werden. Kein Problem, zumal Bernd neben seinem Einkommen die gesetzliche Rente beziehen wird. In der Rechnung noch unberücksichtigt ist, dass die Ferienwohnung auch einige Zeit vermietet werden könnte. Damit würden die laufenden Kosten der beiden Immobilien problemlos gedeckt.

Dann bestände sogar noch die Möglichkeit den Arbeitsumfang ein wenig zu reduzieren, zumal seine Kollegin ihre Arbeitszeit gerne aufstocken würde.

Hartmut L. ist sichtlich erleichtert, als Bernd ihm das Angebot unterbreitet. Die Reduzierung der Arbeitszeit passt zwar nicht in sein Weltbild, letztlich einigt man sich aber auf eine Reduktion um vier Wochenstunden.

15.2 Beamter im Unruhestand

Ein Berufsleben als Beamter hat Vor- und Nachteile. Einer, neben der Sicherheit des Arbeitsplatzes, vielleicht größten Vorteile sind die Ruhestandsbezüge. Da Ralf T. bereits seine Ausbildung bei der damaligen Deutschen Bundespost absolviert hatte und früh in das Beamtenverhältnis übernommen wurde, beträgt seine Pension 72 % seines letzten Bruttogehaltes. Durchschnittlich beziehen deutsche Beamte eine Pension von monatlich 3255 €. Als mittlerer Beamter liegt er relativ nah an diesem Wert. Geldsorgen hat Ralf nicht, sind auch nicht zu erwarten, auch wenn Pensionen steuerpflichtig sind.

Da seine Frau ebenfalls Beamtin war, spielt das bei vielen Rentner relevante Thema „Finanzen" keine Rolle. Rücklagen haben sie nicht gebildet, private Vorsorge nicht geleistet, was aber auch nicht notwendig war, wobei auch erwähnt werden sollte, dass ihr Einkommen geringer als das von Bekannten in der Privatwirtschaft war.

Als stets aktiver Mensch hat er zwar keine „Bucket List" ausgestellt und seine Vorhaben für den Ruhestand nicht schriftlich fixiert, aber dennoch mit seiner Frau viele schöne Dinge geplant, einige bereits unternommen. Freie Zeit ist reichlich vorhanden, die einzige Tochter ist bereits aus dem Haus, Enkel gibt es (noch) nicht.

Nach knapp neun Monaten Ruhestand machte sich allerdings eine gewisse Leere breit. Der Winter begann, die trüben, ereignislosen Tage schienen länger und länger. Seine Frau hatte damit keine Probleme, stellt aber fest, dass Ralf wie der sprichwörtliche Tiger im Käfig durch die Wohnung lief. Irgendwas sollte, musste sich verändern, zumal sich die allgemeine Unzufriedenheit auch in seinem Verhalten widerspiegelte, wie er selber einräumen musste. Die vielfältigen Angebote seiner Heimatstadt für ältere Mitbürger hat er ausprobiert, an verschiedenen Aktivitäten teilgenommen, um festzustellen, dass diese nichts für ihn waren. Innerhalb einer Gruppe einer der Jüngsten zu sein, mag mit 66 Jahren ungewöhnlich sein, aber wenn er sich auch selber zu den „Alten" zählen muss, erschienen ihm die anderen doch als zu alt.

Warum also nicht das Angenehme mit dem Nützlichen verbinden und eine Beschäftigung suchen. Ein Minijob mit einem Verdienst von 538 € monatlich netto erschien als interessante Möglichkeit. Angebote lassen sich leicht finden, ob bei der Bundesagentur für Arbeit, auf Jobbörsen, selbst lokale Anzeigenblätter sind voll davon. Ralf war über die Fülle und Vielfalt der Jobs erstaunt. Langes Abwägen ist seine Sache nicht, nach einem Urlaub stand in der nächsten Zeit kein Ereignis an, also loslegen, lautete sein Motto.

Die Kontaktaufnahmen erfolgten einfach per Telefon, Lebenslauf und Bewerbungsunterlagen waren nicht erforderlich. Ein kurzes Gespräch und dann die Tätigkeit aufnehmen. Allerdings entsprachen die Erwartungen nicht den Vorstellungen von Ralf. Ob als Verkaufshilfe auf dem Weihnachtsmarkt, als Aushilfe an einem Hotelempfang oder als Unterstützer eines Hausmeisters, Ralf fühlte sich nicht wohl und gab die Aufgaben nach kurz Zeit auf. „Dreimal Glück ist Können" lautet ein Sprichwort, ist dreimal Pech dann Unvermögen, musste Ralf sich fragen. Betrachtete er die Aufgaben, konnte er sich eigentlich nicht beschweren, Vorgesetzte und Kollegen waren nett, erklärten ihn was zu tun ist und ließen ihm auch Zeit zur Einarbeitung, schlussendlich aber sollte Ralf funktionieren. Schließlich handelte es sich bei den Tätigkeiten um Helferaufgaben oder „Hilfsarbeiterjobs", wie Ralf es ausdrückte. Es ging darum Anweisungen auszuführen, nicht Ideen zu haben, nicht neue Lösungen zu finden, sondern bekannte Lösungen umzusetzen, nicht perfekte, sondern zufriedenstellende Arbeit zu leisten. Das diejenigen, die ihm sagten, was er wie zu tun hat, seine Kinder sein könnten, war Ralf vorab klar, erleichterte ihm aber nicht das Arbeiten. Das war in seinem bisherigen Berufsleben anders, ganz anders.

Lag die Schuld bei den anderen oder doch bei ihm? Sollte er weitersuchen oder aufgeben? Was müsste sich bei ihm ändern? Wozu war Ralf bereit, wozu nicht? Ein Gespräch mit seiner Tochter änderte seine Perspektive. Jana hatte studiert und währenddessen einige Nebenjobs angenommen. Zwar waren seitdem einige Jahre vergangen, aber die Erinnerung war lebendig. Bei aller Vielfalt handelt es sich dabei stets um von Ralf als „Hilfsarbeiterjobs" bezeichnete Aufgaben. „Wer rasch eine Aufgabe sucht, wer schnelles Geld verdienen möchte, für den gibt es nur solche Aufgaben" klärt Jana auf. „Ob du schlauer bist als dein Chef oder meinst, schlauer zu sein, interessiert keinen. Du funktionierst oder du funktionierst nicht". Ja, das muss Ralf einsehen.

Schließlich macht es sich nochmal gezielter auf die Suche. Eine gewisse Selbstständigkeit, nicht ständig unter Aufsicht stehen, das war Ralf wichtig. Sichere, verlässliche Einsatzzeiten und nicht ständig zur Verfügung stehen zu müssen. Seit einem halben Jahr ist es nur als Auslieferungsfahrer für einen Apothekengroßhändler tätig. Einmal wöchentlich fährt er durch seine Heimatstadt. Keine intellektuell herausfordernde Aufgabe, wobei der Straßenverkehr selbstverständlich seine Aufmerksamkeit erfordert. Er ist zufrieden, seine Frau auch und was sie mit dem zusätzlichen Geld machen, das wissen sie bereits ganz genau.

15.3 Der Rückruf

Für Michaela T. war eines immer klar: Schluss ist Schluss. Sie hatte erlebt, wie ihr Vater als Selbstständiger noch mit 70 arbeitete, arbeiten musste, weil er, wie man früher sagte „nicht geklebt hatte", keine Einzahlungen in die Rentenversicherung geleistet hatte und privat nur in geringem Umfang vorgesorgte. Der eigentliche Ruhestand fiel für Alfred T. dann kurz aus; nach drei Jahren war er tot.

Das sollte Michaela nicht passieren. Zwar hatten die drei Kinder einiges an Arbeitszeit und Renteneinzahlungen gekostet, im Rahmen der Scheidung von ihrem Ehemann wurden, durch den Versorgungsausgleich die Rentenanwartschaften zu ihrem Vorteil angepasst. Ihre Lebensversicherung hatte sie 1995 abgeschlossen, mit einem historisch hohen Garantiezins von vier Prozent. Da sie auch die Betriebsrente über Jahrzehnte angespart hatte, machte sie sich um ihren Lebensstandard keine Sorgen. Bei aller Freude am Berufsleben, ließ sie jeden wissen, wie schön es wäre, wenn die Berufstätigkeit vorbei ist. Dies Gefühl hatte sie tatsächlich vor drei Jahren, als sie nach über 40-jähriger Berufstätigkeit ihren Ruhestand antrat.

Die dann einsetzende Entwicklung verlief allerdings nicht wie erhofft. Eine Freundin zog weg, ein andere wurde dauerhaft krank, mit einer Dritten schlief der Kontakt ein. Die Tage füllten sich noch, aber immer langsamer. Dann las Michela zufällig eine Text über die klassische „Marienthaler Studie" über einen österreichischen Ort in den 1930er-Jahren. Nach Schließung des Textilherstellers verbreitet sich die Arbeitslosigkeit. Unter den betrachteten Menschen machte sich Resignation breit. Dennoch füllten sie ihren Tag, benötigten für kurze Beschäftigungen lange Zeiträume, selbst das Tempo der Fußgänger ging deutlich zurück. Die früher so energische, zupackende Michaela, die sich gerne über Menschen echauffierte, denen man beim Gehen die Schuhe binden konnte, fühlte sich persönlich angesprochen. Es musste was passieren.

Ihre alte Arbeitsstelle war längst neu vergeben, aber den Betrieb im Allgemeinen, Chef und Kollegen im Speziellen konnte sie immer gut leiden. Es wäre doch einen Versuch wert, sich dort erneut ins Gespräch zu bringen. Aber als Bittstellerin aufzutreten? Die eigenen Aussagen zurückzunehmen? Das ging ihr doch gegen den Strich. Schließlich überwand sie ihren Stolz und rief Karl P. an. Als Hausmeister hatte er einen guten Draht zu allen, die mit kleinen und großen Problemen zu ihm kamen. Ob er nicht vorsichtig beim Chef anfragen könnte, ob es nicht etwas für sie zu tun gäbe?

Drei Tage später war der Inhaber am Telefon. Er hatte schon länger überlegt, Michaela anzurufen, aber sie hatte ja so lauthals verkündet, dass sie sich auf den Ruhestand freut und außerdem dürfte sie bei ihrer guten Rente ja ohnehin nicht dazuverdienen. Die Sorge konnte Michaela zerstreuen, da Zuverdienste seit 2023 unbegrenzt möglich seien. Der neue Verkaufsleiter sei kompetent und engagiert, nur das Nachfassen bei Anfragen liegt ihm nicht so. Da hat Michaela doch früher richtigen Biss gezeigt. Ob sie nicht mit einem Minijob wieder loslegen möchte? Bei 25 € Stundenlohn käme man dann auf ca. 27 h im Monat. Michaela legt direkt in der Folgewoche mit altem Elan los. Allerdings finden sich noch zahlreiche andere Aufgaben im Vertrieb. Nicht dringend, aber wichtig. In 27 Monatsstunden ist dies nicht zu schaffen. Schließlich einigen sich beide Seiten auf einen neuen Arbeitsvertrag. Ein wenig langsamer möchte es Michaela schon angehen, weshalb 24 Wochenstunden von Montag bis Donnerstag vereinbart werden, was ca. 100 Monatsstunden entspricht. Der Vertrag läuft erst einmal über zwei Jahre, kann aber verlängert werden.

15.4 Deckungsengpasskosten

„Deckungsengpass" im Allgemeinen, „Deckungsengpasskosten" im Speziellen, wie Pavel F. diesen Ausdruck hasste. Diesen Begriff des Rechnungswesens nutze sein Chef, der Verkaufsleiter eines mittelständischen Stahlgroßhändlers, regelmäßig, um Pavel davon abzuhalten, seine Verkaufsanstrengungen in Tschechien zu intensivieren.

Pavel ist, bzw. war, für den Verkauf von Spezialstählen nach Osteuropa verantwortlich. Als gebürtiger Tscheche verfügt er über hilfreiche Kenntnisse der verschiedenen Länder und Sprachen. Zwar unterscheiden sich die slavischen Sprachen deutlich, dennoch ist es für einen Tschechen sehr viel einfacher Polnisch oder Kroatisch zu lernen, als für einen deutschen Muttersprachler, der sich dafür mit dem Niederländischen leichter tut. Die notwendige Initiative, die Findigkeit und Hartnäckigkeit eines Verkäufers gehörte zu den notwendigen Eigenschaften, über die Pavel ohnehin verfügte.

Allerdings war er der einzige Verkäufer für Osteuropa. Einerseits konnte er den überschaubaren Markt bedienen, anderseits war es schwierig, andere Verkäufer mit dem notwendigen Profil zu finden, Menschen anzustellen, die Deutsch und eine slavische Sprache beherrschen, über technisches Fachwissen verfügen und dies im Verkauf anwenden möchten. Dass der Standort im Siegerland nicht auf jeden jungen Menschen als Lebensort attraktiv wirkt, tat ein Übriges. Dabei fühlten sich Pavel und seine Familie seit Jahren in der waldreichen Region mit vergleichsweise geringen Wohnkosten wohl. Das ein Reh morgens durch den eigenen, großen Garten streift, werden die wenigsten Großstadtmenschen kennen.

Die Arbeit hat ihm immer Freude bereitet, die vergleichsweise hohe Eigenverantwortung, die Möglichkeit, den Erfolg seiner Bemühungen auf Basis der Umsatz- und Ergebniszahlen zu messen und entlohnt zu bekommen, war für ihn Motivation, nicht Belastung. Pavel sorgte für überschaubare, aber regelmäßige Umsätze, wobei mit den von ihm vertriebenen Spezialstähle gute Gewinnmargen erzielt wurde. Für seinen hohen Einsatz gab es ein entsprechendes Gehalt, das eigene Haus war längst abbezahlt, aus finanziellen Gründen konnte Pavel dem Ruhestand gelassen entgegenblicken.

Bei aller guten, fairen Zusammenarbeit wurmte Pavel allerdings eine Sache seit Jahren: er war der festen Überzeugung, in Tschechien mehr, erheblich mehr, Umsatz generieren zu können. Dazu war allerdings entsprechender, zeitlicher Einsatz notwendig. Pavel konnte am Telefon verkaufen, wusste aber auch, dass zur Anbahnung neuer Geschäftskontakte persönliche Gespräche der Schlüssel sind. Das klassische „Klinkenputzen", das ihm nichts ausmachte, im Gegenteil, neue Menschen kennenlernen, deren technische Anforderungen zu verstehen und gemeinsam Lösungen zu finden, bereitet ihm unverändert Freude. Das einzige Problem: der Chef ließ ihn nicht. Pavel müsste einige Zeit in Tschechien verbringen, die ungewisse Hoffnung auf neue Umsätze würde unweigerlich zu einer Vernachlässigung vorhandener Kunden führen, schließlich könnte sich Pavel nicht zweiteilen. Pavel als einziger Osteuropäer im Vertrieb war nun mal ein Engpass, ein Deckungsengpass im kaufmännischen Sinne.

Mit seinem bevorstehenden Ruhestand löste sich aus Unternehmenssicht der Engpass nicht grundsätzlich auf. Rechtzeitig wurde ein Nachfolger gefunden und von ihm eingearbeitet. Aufgrund der Freizügigkeit in der EU wurde ein polnischer Fachmann eingestellt, der die Lücke, die Pavel hinterließ, schließen würde. Allerdings wäre es wirtschaftlich riskant gewesen, einen zweiten Verkäufer zu beschäftigen, um neue Kunden zu gewinnen. Lieber auf Nummer sicher gehen, keine festen, fixen Kosten verursachen und auf unsicherere, variable Gewinne zu hoffen, war das Motto des Inhabers.

Pavel wusste um seine Möglichkeiten und Grenzen als Angestellter. Als Ruheständler würde er jedoch nach seinen eigenen Spielregeln spielen. Er würde Spezialstahl in Tschechien verkaufen, soviel stand fest. Nur mit dem Wissen seiner Frau beschäftigte er sich mit dem Thema, rechnet durch, ob eine Selbstständigkeit als Händler eine Alternative wäre, allerdings hätte er die erwartete Lieferbereitschaft nur durch ein eigenes Lager zusagen können. Dessen Aufbau hätte einen sechsstelligen Eurobetrag benötigt, wozu seine Frau nicht zustimmen wollte. Alternativ hätte er sich bei einem anderen Stahlgroßhändler bewerben können, allerdings widersprach dies seiner ausgeprägten Loyalität zum bisherigen Arbeitgeber.

Nun gehört ein wenig Pokern zu Verkauf, und verkaufen konnte Pavel. Er informierte also den Verkaufsleiter und den Firmeninhaber drei Monate vor seinem Ruhestandseintritt, dass er seinen lang gehegten Wunsch, neue Kunden in Tschechien zu akquirieren, in die Tat umsetzen würde. Mit oder ohne den bisherigen Arbeitgeber. Um seine Überzeugung in das Geschäftsmodell Ausdruck zu verleihen, war Pavel bereit, auf ein festes Einkommen zu verzichten und als Verkäufer auf Provisionsbasis tätig zu werden. Pavel kannte die üblichen Margen, er wollte nicht mehr, aber auch nicht weniger.

Ein entsprechender Vertrag wurde aufgesetzt und Pavel machte sich an die Arbeit. Bei den längeren Reisen nach Tschechien wird er meistens von seiner Frau begleitet. Beide genießen Landschaft und Kultur; das deftige, böhmische Essen sagt ihnen ebenfalls zu. Pavel stellt fest, dass er es bewusst etwas langsamer als früher angeht. Er füllt seinen Terminkalender mit weniger Kundenbesuchen, die aber gleichwohl nicht weniger erfolgreich sind. Die Abwicklung der Aufträge übernimmt dann der neue Kollege bei der alten Firma. Reich wird Pavel mit der neuen Aufgabe nicht, die Umsätze liegen sogar etwas unter seinen Zielen, früher hätte ihn das gewurmt, heute nicht mehr.

15.5 Der Wechsel zur Konkurrenz

Die letzten Berufsjahre waren kein Zuckerschlecken für Carsten W. Als Einkäufer konnte er seinen Job, wusste wie weit er in Verhandlungen Spielräume ausschöpfen konnte und wo diese ausgeschöpft waren. Hart ja, aber immer fair, war der Ruf, den er sich bei seinen Lieferanten erarbeitet hatte. Auch mit seinem eigenen Chef war die Zusammenarbeit gut. Alles war prima, bis zu dem Tag, an dem ein Jungspund die Einkaufsleitung übernahm, befeuert von der Unternehmensleitung beachtliche, unbenutzte Potenziale sah, die erfahrene Einkäufer nicht sahen. „Alles viel zu teuer" war seine pauschale Kritik. Die Lieferanten müssten sehr viel härter angegangen werden, Verhandlungen unerbittlicher geführt werden, wobei aus Sicht von Carsten anstelle von „Verhandlungen" das Wort „Erpressungen" das passendere wäre.

Die Folgen ließen nicht lange auf sich warten. An die Stelle vieler langjähriger, etablierter Lieferanten traten bisher unbekannte Anbieter, oft aus dem Ausland. Längere Lieferzeiten, schwankende Qualität und schwierigere Abstimmungen waren die Folgen. Die Kollegen aus Produktion, Qualitätswesen und Arbeitssicherheit beschwerten sich regelmäßig bei Carsten. Als erster Ansprechpartner versuchte er, die Probleme so gut als möglich zu lösen, die häufigen Notfalllösungen bei nicht vertragsgemäßer Leistungserbringung eines Lieferanten ließen immer weniger Zeit für seine eigentliche Arbeit. Carsten versteht Einkauf als langfristige Aufgabe, Lieferanten besuchen, regelmäßige Kontakte zu pflegen und gemeinsam mit den unternehmensinternen Nutzern Lösungen zu finden, wo Effizienzverbesserungen möglich sind, aber auch zu erkennen, wo Grenzen gesetzt sind.

Sein Chef sah dies bekanntlich anders. Auseinandersetzungen häuften sich, wurden teilweise lautstark, seine bisher guten Leistungsbeurteilungen gingen nach unten. Der Konflikt gipfelte in einer Abmahnung, die Carsten jedoch nicht auf sich sitzen ließ. Als Gewerkschaftsmitglied hatte er nicht nur Rückhalt beim Betriebsrat, die Gewerkschaft trug auch die Kosten arbeitsrechtlicher Auseinandersetzungen. Letztlich wurde die Abmahnung zurückgezogen, aber das Tischtuch zwischen Carsten und seinem Vorgesetzten war zerschnitten. So einfach würden sie ihn aber nicht loswerden. Seit der Lehre war Carsten im gleichen Betrieb tätig, was ihn dann bei einer Kündigung und dem arbeitsrechtlich meist folgenden Vergleich zustehen würde, konnten beide Seiten ermessen. Also entschloss sich Carsten, so lange wie nötig durchzuhalten. Im Ruhestand plante er, sein Wissen einem neuen Arbeitgeber zur Verfügung zu stellen. Nach den Erfahrungen bei seinem bisherigen Betrieb suchte er allerdings Sicherheit, wobei ihm klar war, dass diese auch bei sorgfältiger Vorbereitung nur relativ sein kann. Aufgrund seiner ununterbrochenen Berufstätigkeit hatte er mit 61 Jahren die 45 Beitragsjahre erreicht. Carsten ließ sich vom Versicherungsältesten beraten. Er konnte somit die vorgezogene Altersrente, die sog. Rente mit 63, in Anspruch nehmen. Zwar gibt es keinen Abschlag auf die Rente, allerdings würde auch keine Einzahlungen mehr erfolgen. Bei einem durchschnittlichen Verdienst pro Jahr würde er auf einen Rentenpunkt verzichten, welcher aktuell bei rund 40 € liegt, womit zwei Jahre weniger Einzahlung die Rente dauerhaft um 80 € kürzen. „Rente mit 63" ist nicht wortwörtlich zu verstehen; vielmehr bedeutet dies, zwei Jahre vor dem offiziellen Renteneintritt, womit sich die vorgezogene Rente langfristig zur Rente mit 65 entwickelt. Bei seinem Geburtsdatum, dem 24.04.1962, wäre es am 01.05.2025 so weit.

Damit hatte er noch knapp neun Monate Zeit der Vorbereitung. Seine Ziele waren klar: möglichst früh das Unternehmen, genauer den Chef verlassen, die zukünftige Rente nicht vermindern und gerne noch dem Chef eins auswischen.

Da aber die Möglichkeit des unbegrenzten Zuverdienstes besteht, könnte Carsten eine neue Stelle annehmen, weiter in die Rentenversicherung einzahlen und sich finanziell sogar besser als vorher stehen. Carsten begann also vorsichtig sich umzuhören, was eine gewisse Diskretion in einer Branche erfordert, in der sich die Akteure kennen. Schließlich ergab sich eine Möglichkeit bei einem Anbieter 200 km entfernt. Carsten würde primär im Homeoffice arbeiten, aber weiterhin (potenzielle) Lieferanten besuchen. Man verständigte sich auf einen Zeitvertrag über zwei Jahre. Das Einkommen wäre etwas niedriger, allerdings würde Carsten durch den Verdienst plus der Rente besser als vorher stehen.

Beim bisherigen Arbeitgeber ging Carsten nur den offiziellen Weg, informierte die Personalabteilung über den Renteneintritt, die dann mit seinem Chef sprechen konnte. Carsten konnte sich allerdings nicht verkneifen, über Dritte zu verbreiten, dass er bei einem Wettbewerber anfangen würde. Kurz vor Ende der Beschäftigung kam es zu einer Szene, unschön für seinen Chef, der sich lauthals über die Illoyalität beklagte, von Wettbewerbsverboten sprach und Carsten zwei Monate vor Vertragsende freistellte, schön für Carsten, der den längeren Urlaub genoss und sich sicher war, in Sachen Wettbewerbsverbot auf der sicheren Seite zu stehen.

15.6 Arbeiten, wo andere Urlaub machen

Petra F. hatte sich bewusst für ihre Laufbahn entschieden. Als Steuerberaterin hätte sie sich selbstständig machen können, aber eine Anstellung in einer Kanzlei vorgezogen. Sie wollte sich auf ihre Mandanten und deren Bedürfnisse konzentrieren, nicht auf die Entwicklung ihrer finanziellen Situation. Auf Sicherheit bedacht, hatte sie in das berufsspezifische Versorgungswerk regelmäßig hohe Beträge einbezahlt, für sich, nicht für andere. Bei den Versorgungswerken ist dies tatsächlich der Fall. Das Geld wird angelegt und später an den einzelnen Einzahler monatlich ausgeschüttet, vergleichbar mit einer gesetzlichen Rente. Versorgungswerke stehen nur speziellen Berufsgruppen, primär Freiberuflern, zur Verfügung. Die Rentabilität war lange hoch, auch weil Berufsvertreter vergleichsweise lange arbeiten und die Leistungen erst spät in Anspruch nehmen. Langsam werden aber Nachteile offensichtlich, da Anlageentscheidungen immer mit Risiken verbunden sind und kleine, fast exotische, Versorgungswerke mit vergleichsweise hohen Verwaltungskosten kämpfen, wobei die Anlage des Vermögens nicht immer professionellen Ansprüchen genügt. Dies sind jedoch keine Probleme von Petra. Bei ihr ist alles im grünen Bereich, das Leben, das sie sich wünscht, wird sie führen können, zumindest aus der finanziellen Perspektive.

Aber welches Leben ist dies? Petra hat einmal erlebt, wie der ehemalige Kanzleiinhaber nach dem Ende seines Berufslebens rapide gealtert ist, sowohl körperlich als auch geistig, wie er die ehemaligen Mitarbeiter besucht hat und leuchtende Augen bekam, wenn er berufliche Gespräche führte. Arbeiten bis zum Umfallen möchte Petra nicht, aber dass Sinn Glück schlägt, hat sie beim ehemaligen Inhaber erfahren. Gemeinsam mit ihrem Mann hat Petra über die Jahre eine große Leidenschaft entwickelt, die Liebe zu einem Sehnsuchtsort vieler Deutscher: Italien. Eine kleine Gemeinde in Ligurien ist zu ihrer zweiten Heimat geworden. Über die Jahre haben sie nicht mehr die dörfliche Gemeinschaft von außen betrachtet, sondern sind mehr und mehr Teil davon geworden. Aus Bekanntschaften wurden Freundschaften, was durch die Bereitschaft, sich auf die Mentalität einzulassen und Italienisch zu erlernen befördert wurde. Dabei hat sich mehr oder weniger zufällig ein gutes Verhältnis zu Paolo, einem „consulente fiscale" einem lokalen Steuerberater, ergeben. Gut zu wissen, dass nicht nur das deutsche Steuerrecht oft kompliziert und widersprüchlich ist.

Der italienische Steuerberater verfügte über eine mittelständische Kanzlei, Petras bisherigem Arbeitgeber nicht unähnlich. Auch die Kundenstruktur ist ähnlich: Zahlreiche Privatpersonen, die die persönliche, individuelle Betreuung schätzen, ebenso ein bunter Strauß von Freiberuflern, Gewerbetreibenden und Kapitalgesellschaften. Ein Unterscheidungsmerkmal zu anderen Anbietern gab es nicht, die Erlöse waren zufriedenstellend, nicht mehr und nicht weniger. Gemeinsam könnte man vielleicht einen Unterschied machen.

Immer mehr aktive, finanzstarke Menschen treten in den Ruhestand. Nicht wenige erwägen die verbleibenden Jahre dort zu verbringen, wo sie sich am wohlsten fühlen, wobei Italien als „Sehnsuchtsort" eine wichtige Rolle spielt. Die Veränderung des Lebensmittelpunktes hat zahlreiche Auswirkungen, sowohl im privaten als auch im rechtlichen und finanziellen Bereich. Für diesen Menschen könnten Petra und Paolo Angebote aus einer Hand erstellen. Petra würde einige Wochenstunden arbeiten und dort leben, wo ihr Mann und sie es schon lange wünschen.

Der Anlauf stellt sich zäher als erwartet heraus. Kunden zu finden erwies sich als relativ schwierig. Erst als die beiden Steuerberater Geld in die Hand nahmen, ihren Internetauftritt professionell gestalteten und mittels einer Agentur für Sichtbarkeit in den sozialen Medien sorgten, erhöhte sich langsam, aber stetig das Interesse. Petras Mann meldet sich in Netzwerken regelmäßig zum Thema, setzt Petras Tipps in kleine, leicht zu erfassende Informationshappen um. Nach acht Monaten ergab sich eine neue Dynamik, mehr und mehr Mandanten wenden sich an Petra und Paolo. Irgendwann arbeitet Petra nicht weniger als vorher, was ihr aber in der neuen Umgebung weiter Freude bereitet. Um ihren Mann musste sie sich keine Sorge machen. Dieser bietet umzugswilligen Deutschen Unterstützung bei den organisatorischen Fragen, von Behördengängen bis Handwerkerbeauftragungen, an und ist ebenfalls mehr als ausgelastet.

15.7 Hobby zum Beruf

Nein, Simon hat sein Hobby nicht erst entdeckt, als es im wortwörtlichen Sinne in aller Munde war. Er kochte schon gerne und gut, bevor diverse Kochsendungen im Fernsehen liefen und sich Starköche für ihre Kreationen feiern ließen. Dabei ist ihm immer bewusst gewesen, dass das Einfache das Schwerste ist. Nicht diverse Zutaten, nicht wilde Geschichten sind Merkmal der Kochkunst, sondern einfache, oft traditionell Gerichte aus erstklassigen Zutaten zu erschaffen.

Als Fachkraft für Arbeitssicherheit hatte er bei einem Automobilzulieferer angefangen, als es wirtschaftlich noch gut lief. Neben der gesetzlichen Rente wird er eine gute Betriebsrente erhalten, die seinen Lebensunterhalt sichert. Daran ändert auch die Ausgleichzahlung nach seiner Scheidung wenig, da die Ehe nur wenige Jahre hielt, sind die finanziellen Auswirkungen überschaubar.

Selbstverständlich wusste Simon, dass es einen großen Unterschied zwischen Profis und Amateuren, zwischen der Kochwelt im Fernsehen und der Realität gibt. Also entschloss er sich, einfach in die Realität hineinzuschnuppern. Dass kein renommiertes Restaurant auf ihn als neuen Chefkoch wartete, war Simon bewusst. Allerdings hatte ein Bekannter von seinem Bruder berichtet, der es in Österreich zum „Haubenkoch" gebracht hatte. Dieser suchte vor allem in der Hauptsaison im Sommer Aushilfskräfte, Unterkunft und Verpflegung werden gestellt, womit das Einkommen nicht so schlecht, wie auf den ersten Blick wäre. Da Simon Ende April seinen letzten Arbeitstag hatte, fühlte er sich im Juni zu neuen Aufgaben bereit.

Als Küchenhelfer war Simon natürlich vom eigentlichen Kochen weit entfernt und stand in der Hackordnung weit unten, wobei nicht der oft beklagte Kasernenhofton herrscht. Vielleicht machte der weiche österreichische Akzent die Atmosphäre erträglicher. Insbesondere an den freien Nachmittagen kam Simon mit den Kollegen ins Gespräch. Viele einte der Wunsch, einmal ein eigenes Restaurant zu eröffnen, in welcher Funktion auch immer. Allerdings waren auch zwei Kollegen dabei, die den Versuch gewagt und Schiffbruch erlitten hatten. Bereitwillig erläuterte einer Simon die wirtschaftlichen Grundlagen. So hatte Simon sich das nicht vorgestellt, so viel Arbeit und so wenig Lohn? Auch der ganze Aufwand war beachtlich. Ein gutgehendes Lokal zu übernehmen, erforderte erhebliche Abschlagszahlungen, der Aufbau eines neuen Restaurants nicht wenige finanzielle Mittel. Auch bei Beurteilung seiner Kochkünste beschlichen Simon leichte Zweifel. Der Haubenkoch spielte doch in einer anderen Liga, musste er sich eingestehen. Ein weiteres Restaurant mit Hausmannskost eröffnen? Den Spagat zwischen Qualität und Wirtschaftlichkeit meistern? Die Sorge des Scheiterns tragen? Vor allem aber sämtliche Rücklagen auflösen, wahrscheinlich sogar Schulden machen? Nach einem intensiven Sommer verabschiedet sich Simon von Chef, Kollegen und anderen Aushilfen. Die Idee des eigenen Restaurants war in weite Ferne gerückt.

Dann, im späten Herbst, kam der Anruf eines Kollegen aus dem österreichischen Restaurant. Er hätte eine Idee: einen Food Truck. Nein, er wolle nicht von Standort zu Standort fahren, wie ein Eisverkäufer. Vielmehr kann man den Truck, samt Koch, für Veranstaltungen mieten. Ob Simon mitmachen wolle? Keine Gourmetküche, ein kleines begrenztes Angebot, unmittelbar vor und für die Gäste zubereitet? Das hört sich interessant an. Der Kollege hatte bereits das passende Fahrzeug; für den Umbau wären noch Investitionen notwendig. Simon machte mit, gemeinsam gründeten sie eine GbR und sind seit dem Frühjahr unterwegs. Arbeiten vor allem dann, wenn andere frei haben, was Simon aber nicht stört. Neben der Essenszubereitung bereitet ihm vor allen der Kontakt mit den Menschen unerwartet Freude. Auch in kaufmännischer Hinsicht rechnet sich das Modell. Da Vorräte erst beschafft werden, wenn ein Auftrag angenommen wurde, da für Bedienung und Service keine zusätzlichen Kräfte benötigt werden, ist der finanzielle Aufwand planbar, die Risiken übersichtlich. Reich wird Simon mit der neuen Aufgabe nicht, aber wenn alles so weiterläuft, ist der Truck in drei Jahren abbezahlt. Vielleicht expandieren die beiden Kollegen dann weiter.

15.8 Expertenwissen für andere Interessierte

Man ist so alt wie man ist, nicht so alt wie man sich fühlt oder zu fühlen vorgibt. Soviel stand für Caroline S. fest. Sie war nun 64 Jahre alt und in überdurchschnittlich guter Form, wobei diese Einschätzung nicht auf ihrer persönlichen Meinung, sondern der Untersuchung ihres Hausarztes beruht. Solche Untersuchungen betreffen primär den Körper, aber auch im Kopf war Caroline nicht nur gut beieinander, sondern stets auf dem Laufenden, immer bereit, neue, innovative Wege zu gehen.

Als Ausbildungsleiterin eines Produzenten elektronischer Komponenten war der Kontakt mit jungen Menschen schon berufsbedingt vorgegeben. Sicherlich schüttelte sie über manches den Kopf, sicherlich musste und wollte sie nicht jede Modewelle mitgehen. Nicht anbiedern, sondern respektvolle Begegnung war ihre Maxime.

Vieles hat sich selbstverständlich in ihrer langjährigen Berufstätigkeit verändert. Dass die Jugend von heute nicht mehr die Jugend von gestern ist, gehört zweifelsohne dazu. Den allgemeinen Klagen über die „Generation Schneeflocke" wollte sie sich nie anschließen. Allerdings müssen mehr und mehr Auszubildende doch an die sprichwörtliche Hand genommen werden, wobei ein nach Irrungen und Wirrungen erfolgreicher Abschluss Caroline immer wieder froh, ja glücklich machte.

Ein Problem, das viele andere Unternehmen haben, hat ihr Unternehmen allerdings nicht: die Anzahl der Bewerber ist ausreichend hoch. Ein Erfolg, den sich Caroline auf die Fahne schreibt, berechtigterweise, wie auch die Unternehmensleitung einräumt. Caroline nutze sämtliche Möglichkeiten. Nicht nur ein professioneller Internetauftritt, Besuche bei Ausbildungsmessen und die Vergabe von Praktika gehörten zu den Maßnahmen. In Abstimmung mit den Auszubildenden erfuhr Caroline, welche Medien wie bespielt werden sollten, was bei Kandidaten angesagt war und was an Relevanz verloren hatte. Bei der Gestaltung musste Caroline manchmal schlucken, aber der Wurm soll schließlich dem Fisch schmecken, nicht dem Angler. Auch die steuerlichen Möglichkeiten nutzt Caroline konsequent, um ihr Unternehmen als attraktiven Arbeitgeber dazustellen. Neuerdings hatte sie eine Möglichkeit gefunden, die Handykosten der Auszubildenden zu übernehmen. Da sich viele dieses Prestigeobjekt dreistellige Eurobeträge monatlich kosten lassen, eine weitere Möglichkeit die Attraktivität ihres Unternehmens zu erhöhen.

Caroline berichtet ihren Berufskollegen gerne über ihre Aktivitäten, sprach auf Kongressen und veröffentlichte Fachtexte. Sie hatte allerdings den Eindruck, dass viele Kollegen klagten, einzelne Ideen von ihr übernahmen, aber die Grundlage ihres Erfolges, eine langfristige, stringente Strategie, nicht verfolgen, zumal auch die Unternehmensleitung den verbreiteten Fehler beging und Personalarbeit als „Schönwetterthema" ansah, finanzielle Mittel in guten Zeiten zur Verfügung stellt und wenn es wirtschaftlich eng wurde, rasch wieder Projekte einstellten.

Caroline wollte dieses Thema, ihre Herzangelegenheit, nach dem Ruhestandseintritt weiterverfolgen. Allerdings nicht als Sonntagsrednerin, sondern als Beraterin für interessierte Unternehmen. Ein Jahr ohne Auszubildende konnten Unternehmen verkraften, auch ein zweites, irgendwann würden bestehende Lücken aber nicht mehr ausgeglichen werden.

Aufgrund ihres Netzwerkes glaubte Caroline, Kunden zu finden und überzeugen zu können. Die ganze Verwaltungsarbeit, die Kalkulation und Angebotserstellung, die Rechnungsstellung, das Forderungsmanagement waren jedoch nicht ihre Welt. Caroline wusste allerdings genau, dass dies zu einem erfolgreichen Geschäftsmodell notwendigerweise dazu gehörte.

Dann kam ihr ein Zufall zugute. Ein Kollege aus der Projektabwicklung ging in den Ruhestand. Caroline und er kannten sich aus der gemeinsamen Mitgliedschaft im Schwimmverein, weshalb sie zur Verabschiedung eingeladen wurde. Privat ein umgänglicher, humorvoller Mensch, wirkte Peter K. im Berufsalltag so, als ginge er zum Lachen in den Keller, erledigte seine Aufgaben sorgfältig, teilweise pedantisch, das ziemliche Gegenteil von Caroline. Nun mögen sich Gegensätze nicht immer anziehen, können sich beruflich aber gut ergänzen.

Peter K. gefiel die Idee einer Zusammenarbeit. Caroline würde ihre Expertise als Freiberuflerin interessierten Personalabteilungen anbieten, Peter im Backoffice den administrativen Aufwand bewältigen. Die Honorare würden zu zwei Drittel an Caroline und zu einem Drittel an Peter gehen.

Das Bekanntmachen gelang über Veranstaltungen, zu denen Caroline Vorträge beitrug. Zusätzliche Post in sozialen Netzwerken taten ein Übriges. Mit dem eigentlichen Hauptproblem hätten die beiden nicht gerechnet: Absagen an Kunden, die spät kamen und nicht über acht Monate warten wollten. So weit reichte der Auftragsbestand bereits nach kurzer Zeit.

15.9 Weiter die Welt sehen

Die Sache mit den Länderpunkte mag auf Dritte skurril wirken, für Olaf L. und seine Kollegen war es Teil ihres Berufsverständnisses. Als Revisoren eines Dax 40 Konzerns vergaben sie sich je besuchtem Land einen Länderpunkt. Die Aufgabe bestand darin, mehr Länderpunkte als Lebensjahre zu besitzen. Zu Beginn der Karriere in der Revision eine einfache Sache, aber irgendwann hatte man die meisten Niederlassungen und Länder besucht, sodass zusätzliche Länderpunkte schwierig zu gewinnen wurden, während die Alterspunkte unerbittlich jedes Jahr zunahmen.

Olaf wollte im Ruhestand weiter die Welt bereisen, wobei ihm klar war, dass die Intensität, der Umfang der beruflichen Reisen, nicht mehr möglich wäre. Ein weiteres schmerzvolles Detail war, dass er nunmehr für Reisen zahlen musste, während er vorher dafür bezahlt wurde.

Olaf sah sich verschiedene Möglichkeiten an. Als Seniorexperte in Entwicklungsländern zu arbeiten, war seine Sache nicht. Auch als Interimsrevisor tätig zu sein, würde ihn wenig interessieren, vor allem kurzfristig längere Reisen anzutreten, war seiner Partnerin nach langen Jahren des Verzichts auf seine Anwesenheit nicht mehr zuzumuten. Dann ergab sich eine interessante

Möglichkeit: der Versand, genauer die Begleitung von Organspenden. Diese werden im Rahmen eines internationalen Austauschs weltweit nach Prioritäten verteilt. Der Versand erfolgt primär per Flugzeug, wobei die Spenden sicher und schnell an den Zielort, in der Regel ein Krankenhaus, gelangen müssen. Dies wird durch die persönliche Begleitung gewährleistet. Menschen, die sich für diese Aufgabe interessieren, müssen verschiedene Voraussetzungen erfüllen: kurzfristige Verfügbarkeit, ein Wohnort in der Nähe des Abflughafens, einen gültigen Reisepass und die erforderlichen Unterlagen/ Dokumente, um Länder mit speziellen Anforderungen, bspw. die USA, betreten zu dürfen. Ebenso sollte der Impfschutz aktuell sein und die körperliche Fitness es ermöglichen, Zeit- und Klimaunterschiede zu bewältigen. Dass all dies auf ihn zutraf, konnte Olaf aufgrund seiner beruflichen Aufgaben gewährleisten. Sicherlich wurde er mit den Reisen nicht reich, auch dass er nun Economy anstatt Business Class, fliegen musste, war gewöhnungsbedürftig, aber mit seiner relativ kleinen Körpergröße kein Problem. Dass er die Bonusmeilen weiter persönlich nutzen durfte, ermöglichte ihm die Beibehaltung des Vielflieger Status bei seiner bevorzugten Fluglinienallianz. Weiterhin hatte Olaf die Möglichkeit, auf eigene Kosten länger vor Ort zu bleiben, wenn der spätere Rückflug nicht teuer war. So konnte er tatsächlich noch Länder kennenlernen, die er bisher nicht besucht hatte, seine „Länderpunkte" auch im Ruhestand aufstocken.

15.10 Die Start-up Welt

Anette K. war klar, dass sie sich nach dem Ruhestandeintritt nicht auf die faule Haut legen würde. Ihr großer Freundes- und Bekanntenkreis war ihr wichtig, setzt sich jedoch primär aus Menschen ihres Alters zusammen. Hingegen traf sie am Arbeitsplatz auch junge Menschen. Sicherlich waren die Vorstellungen nicht immer die gleichen, Annette empfand den Austausch jedoch als bereichernd, über die beruflichen Aspekte hinaus. Darauf wollte sie auch im Ruhestand nicht verzichten.

Annette schaute und hörte sich um. Bei ihren Recherchen stieß sie auf ein Gründerzentrum in ihrer Stadt. Neue Unternehmen konnte dort Räume anmieten und von zahlreichen Unterstützungsangeboten profitieren. Annette fuhr einfach mal vorbei und war von den gepflegten, historischen Räumlichkeiten angetan. Es gab sogar die Möglichkeit, in einem Gemeinschaftraum Mahlzeiten einzunehmen. Da Annette die Kantine ihres ehemaligen Arbeitgebers vermisste, ein zusätzlicher Grund hier aktiv zu werden. Sie nahm Eindrücke auf, hörte wie an den Nebentischen über Geschäftsentwicklungen und -ideen gesprochen wurde.

Das Gründerzentrum hatte einen professionellen Internetauftritt, der nicht nur das Konzept erläuterte, sondern auch vielfältige Informationsveranstaltungen anbot. Aber war für Anette das Passende dabei? Sie hatte in einem Industrieunternehmen als Grafikerin gearbeitet. Sicherlich sind handwerkliches Geschick und künstlerische Kreativität Vorrausetzungen, sie verstand ihre Tätigkeit aber bewusst als Handwerk, als Dienstleistung. Nicht sie, sondern das Unternehmen bzw. das Produkt standen im Mittelpunkt. Die Selbstständigkeit erschien ihr nicht als die richtige Option, kannte sie doch den Markt und wusste, wie schwer es viele freiberufliche Grafiker haben, regelmäßige, auskömmliche Umsätze zu erzielen. Zwar war sie aufgrund ihrer Rente nicht auf Geld angewiesen, sich unter Wert zu verkaufen, ging ihr allerdings gegen den Strich. Außerdem wollte sie denjenigen, die auf die Honorare angewiesen sind, nicht die Preise kaputt machen.

Als aber ein Gründungsworkshop über zwei Tage angeboten wurde, entschloss sich Annette zur Teilnahme. Kann schließlich nicht schaden, dachte sie sich. Sie war über die Vielfalt der Teilnehmer erstaunt. Männer und Frauen, Alte und Junge, Menschen mit wagen Idee und konkreten Vorstellungen. Interessant war ebenso der persönliche Austausch in den Pausen. Als es am letzten Tag um die Geschäftsmodelle ging, zeigten sich die unterschiedlichen Situationen. Sobald es konkret wurde, kam unweigerlich der Außenauftritt und damit auch die Grafik ins Spiel. Annette musste manchmal schmunzeln, manchmal den Kopf schütteln, Verbesserungsmöglichkeiten sah sie jedoch bei praktisch alle Präsentationen. Spontan entstand ihre Geschäftsidee: die Verbesserung, die Professionalisierung des grafischen Auftritts. Annette stellte ihre Idee vor, zeigte Beispiele aus ihrem Berufsleben auf, ging auf Vorstellungen anderer Teilnehmer ein. Zu Annettes beruflichem Aufgaben gehört die Beauftragung freiberuflicher Grafiker; von daher kannte sie die Stundensätze genau. Ob die Gründer, die meistens finanziell knapp bei Kasse waren, dafür Geld hätten?

Im Anschluss vereinbarte Annette einen individuellen Beratungstermin für sich persönlich. Der Weg in die eigene Selbstständigkeit konkretisierte sich. Einen eigenen Arbeitsplatz hatte Annette ohnehin Zuhause, die notwendige Hard- und Software würde sie ohne Probleme finanzieren können. Weniger wichtig als Geld zu verdienen, war ihr keines zu verlieren. Deshalb kam der Berechnung des sog. Break – Even – Points entscheidende Bedeutung zu. Wieviel Umsatz müsste sie generieren, um ihre Kosten zu decken und die Gewinnzone zu erreichen? Da bereits zwei kleinere Aufträge monatlich ausreichen würden, ging sie das Risiko ein. Auf der Internetseite des Startup Zentrums konnte sie ihre Leistungen kostenlos anbieten, bei Bedarf einen Arbeitsplatz im Zentrum nutzen und sich dort mit ihren Kunden austauschen. Nicht wenige Startups winkten nach einer genauen Kalkulation ab, wollten oder konnten die Kosten nicht tragen, aber ausreichend Kunden konnte Annette gewinnen. Viele Konzepte waren nicht erfolgreich, einige aber etablierten sich dauerhaft am Markt und blieben ihr als Kunden erhalten. In einzelnen Fällen wuchsen die kleinen Unternehmen so stark, dass der Arbeitsumfang fast einer vollen Stelle entsprechen würde. Daran hatte Annette kein Interesse, ihr alter Arbeitgeber freute sich allerdings, als sie den Kontakt herstellte.

15.11 Andere Ruheständer unterstützen

Markus J. war schon immer ein „Kümmerer". Manchmal beklagten sich Frau und Kinder, dass er so viel Zeit für andere aufbringt, aber irgendwie waren sie auch stolz darauf, dass Markus nicht nur an sich dachte. Handwerklich ist Markus nicht wirklich zu gebrauchen, wenn es aber um Dinge wie Steuern und Rente, Bescheide und Anträge ging, half Markus, wo er konnte. Als Leiter der Verwaltung bei einem Sanitärunternehmen kannte er den bürokratischen Irrsinn gut, wusste, wo es zu widersprechen, zu protestieren galt und wo man den Vorgaben der Ämter schlicht Folge leisten musste.

Weiter seinem persönlichen Umfeld zu helfen war Markus ein Bedürfnis, allerdings wollte er dieses Engagement auch nicht steigern. Dazu ähnelte es doch zu sehr seinem langjährigen Beruf. Das Hobby zum Beruf zu machen, mag eine Alternative nach dem Ruhestand sein, den Beruf zum Hobby machen, das wollte Markus nicht. Er suchte eine sinnstiftende Tätigkeit für einige Wochenstunden, möglichst außerhalb der eigenen vier Wände. Bei einem Gespräch mit der Freiwilligenagentur seiner Stadt fand er rasch eine passende Lösung. Er würde für die Tafel Fahrten übernehmen, bei Geschäften abgelaufene Lebensmittel abholen und zu den Verteilerstellen bringen. Mit seinen 66 Jahre wäre Markus fast eine Nachwuchskraft. Zehn der Fahrer sind über 75, weitere zehn sogar über 80. Markus könnte die Aufgabe voraussichtlich für längere Zeit übernehmen.

Geld war kein Motiv für Markus, aber um eines wollte er sich doch kümmern, sicherstellen, dass alle Ehrenamtler die steuerlichen Möglichkeiten, insbesondere die Pauschale, beantragen und nutzen.

GPSR Compliance

The European Union's (EU) General Product Safety Regulation (GPSR) is a set of rules that requires consumer products to be safe and our obligations to ensure this.

If you have any concerns about our products, you can contact us on

ProductSafety@springernature.com

In case Publisher is established outside the EU, the EU authorized representative is:

Springer Nature Customer Service Center GmbH
Europaplatz 3
69115 Heidelberg, Germany

www.ingramcontent.com/pod-product-compliance
Lightning Source LLC
LaVergne TN
LVHW020331260326
834688LV00037B/972